Wettbewerbsfördernde Anreizregulierung

Veröffentlichungen des Instituts für deutsches und europäisches Wirtschafts-, Wettbewerbs- und Regulierungsrecht der Freien Universität Berlin

Herausgegeben von Franz Jürgen Säcker

Band 2

PETER LANG
Frankfurt am Main · Berlin · Bern · Bruxelles · New York · Oxford · Wien

Franz Jürgen Säcker
Walther Busse von Colbe
(Hrsg.)

Wettbewerbsfördernde Anreizregulierung

Zum Anreizregulierungsbericht der Bundesnetzagentur vom 30. Juni 2006

PETER LANG
Europäischer Verlag der Wissenschaften

Bibliografische Information der Deutschen Nationalbibliothek
Die Deutsche Nationalbibliothek verzeichnet diese Publikation in der Deutschen Nationalbibliografie; detaillierte bibliografische Daten sind im Internet über <http://www.d-nb.de> abrufbar.

ISSN 1863-494X
ISBN 978-3-631-56370-0

www.peterlang.de

Vorwort

Die Bundesregierung hat auf der Grundlage des von der Bundesnetzagentur vorgelegten Anreizregulierungsberichtes Anfang Dezember 2006 Eckpunkte zur geplanten Rechtsverordnung zur Anreizregulierung vorgelegt und erarbeitet zurzeit den Text der Rechtsverordnung, während die Bundesnetzagentur bereits über ergänzende Festsetzungen gemäß § 29 EnWG nachdenkt. Die Verfasser der nachfolgenden Beiträge sehen in dem Instrument der Anreizregulierung gemäß § 21a EnWG die Chance zu einer marktwirtschaftskonformen, wettbewerbsfördernden Regulierung, die Incentives zur Effizienzverbesserung durch Kostensenkungsprogramme und rationalitätssteigernde Zusammenarbeit der Verteilnetz- und der Übertragungsnetzbetreiber setzt. Eine kostenbasierte Regulierung, die zugleich effizienzverstärkend wirken soll, zwingt die Unternehmen zur Rechtfertigung und Verteidigung der tatsächlichen Kosten. Eine Incentive Regulation soll dagegen alle Kräfte im Unternehmen mobilisieren, um bestehende Kosten rentabilitätssteigernd zu senken. Dies ist nur zu erreichen, wenn die von der Bundesnetzagentur vorgegebenen Ziele mit zumutbaren unternehmerischen Maßnahmen übertreffbar sind. Überzogene Zielvorgaben sind dagegen kontraproduktiv, weil sie die Investitionsbereitschaft in die Netze und damit die Erneuerung und den Ausbau der Netze reduzieren. Unrealistische, entgeltabsenkende Vorgaben sind „a strong disincentive for investment", heißt es zutreffend im Memorandum der EG-Kommission vom 12.12.2006.

Die in diesem Band vereinten Beiträge, die aus zwei Workshops im Jahr 2006 hervorgegangen sind, leuchten diese Problematik im Einzelnen aus, betonen aber auch, dass die Sicherung der operationellen Unabhängigkeit der Netzgesellschaft bei netzbezogenen Entscheidungen gegenüber der Konzernspitze im integrierten Energieversorgungskonzern entscheidende Voraussetzung für die Sicherung künftigen Stromerzeugerwettbewerbs in Deutschland und Europa ist. „The independence of the TSO/DSO in the decision making process for new investments is vital for the markets" (Memorandum der EG vom 12.12.2006). Die Netze sind nicht nach den Bedürfnissen der Konzernobergesellschaft, sondern so auszubauen, dass auf der Erzeugerseite ein wirksamer Wettbewerb im europäischen Binnenmarkt möglich wird. Die Netzgesellschaften sind den Zielen des § 1 EnWG verpflichtet (§ 2 EnWG) und haben alles zu tun, damit funktionsfähiger Wettbewerb nicht durch verzögerte Ausbauentscheidungen und daraus resultierende Netzengpässe verhindert wird, auch wenn das Konzerninteresse auf Aufrechterhaltung bestehender Marktbeherrschung gerichtet ist. Strikte Orientierung an den Zielen des § 1 EnWG bedingt eine konzernunabhängige Corporate Governance der Vorstände der Netzgesellschaften. Die Diskussionen zwischen den am vorliegenden Band beteiligten Autoren haben allerdings gezeigt, dass – wie immer im wissenschaftlichen Bereich – der Teufel im Detail steckt.

Viele Einzelheiten sind in den Diskussionen daher bis zuletzt kontrovers geblieben. Alle Autoren eint aber das Ziel, Anreizregulierung wettbewerbsfördernd auszugestalten.

Berlin, im Dezember 2006

F. J. Säcker

Inhalt

Abkürzungsverzeichnis

a.A.	anderer Ansicht
a.a.O.	am angegebenen Ort
Abb.	Abbildung
ABl.	Amtsblatt der Europäischen Gemeinschaften
Abs.	Absatz
Abschn.	Abschnitt
AG	Die Aktiengesellschaft
AktG	Aktiengesetz vom 6.9. 1965 (BGBl. I S. 1089), zuletzt geändert durch Gesetz vom 08.07.2006 (BGBl. I S. 1426)
allg.	allgemein
Anh.	Anhang
AöR	Archiv des Öffentlichen Rechts
Art.	Artikel
AStA	Allgemeines Statistisches Archiv
Aufl.	Auflage
Bd., Bde.	Band, Bände
BDI	Bundesverband der Deutschen Industrie e.V.
Bek.	Bekanntmachung
Beschl.	Beschluss
BGB	Bürgerliches Gesetzbuch, zuletzt geändert durch Gesetz vom 07.07.2005 (BGBl. I S. 1970)
BGBl.	Bundesgesetzblatt
BGH	Bundesgerichtshof
BGHZ	Entscheidungen des Bundesgerichtshofs in Zivilsachen
BKartA	Bundeskartellamt
BMWi/BMWA	Bundesministerium für Wirtschaft/ ~ und Arbeit
BNetzA	Bundesnetzagentur
bspw.	Beispielsweise
BT-Drucks.	Drucksache des Deutschen Bundestages
bzgl.	bezüglich
bzw.	beziehungsweise
CAPM	Capital Asset Pricing Model
DAX	Deutscher Aktienindex
DB	Der Betrieb
ders.	derselbe
d.h.	das heißt
dies.	dieselben
DVBl.	Deutsches Verwaltungsblatt
EEG	Erneuerbare Energien Gesetz vom 29. 3. 2000 (BGBl. I S. 305), zuletzt geändert durch Art. 3 Abs. 35 G. vom 7. 7.2005 (BGBl. I S. 1970)

EG	Europäische Gemeinschaft; Vertrag zur Gründung der Europäischen Gemeinschaften i. d. F. des Vertrages über die Europäische Union vom 7.2.1992, BGBl. II 1253/ 1256, geändert durch Beitrittsvertrag vom 24.6.1994, BGBl. II, 2022 i. d. F. des Beschlusses vom 1.1.1995, ABl. L 1/1, ber. ABl. 1997 L 179/12, geändert durch den Amsterdamer Vertrag vom 2.10.1997, BGBl. II, 387, ber. BGBl. II, 416 und durch den Vertrag von Nizza vom 26.2.2001, BGBl. II, 2001
EK	Eigenkapital
endg.	endgültig
EnWG	Gesetz über die Elektrizitäts- und Gasversorgung (Energiewirtschaftsgesetz) i. d. F. vom 07.07.2005, BGBl I, 2005, 1970
ESt	Einkommensteuer
et	Energiewirtschaftliche Tagesfragen
etc.	et cetera
EU	Europäische Union
EuGH	Gerichtshof der Europäischen Gemeinschaften
EVU	Energieversorgungsunternehmen
FCC	Federal Communications Commission
FK	Fremdkapital
FKVO	Verordnung (EG) Nr. 139/2004 des Rates vom 20. Januar 2004 über die Kontrolle von Unternehmenszusammenschlüssen (EU-Fusionskontrollverordnung) (ABl. Nr. L 24/1 vom 29.1.2004)
Fn.	Fußnote
GasNEV	Verordnung über die Entgelte für den Zugang zu Gasversorgungsnetzen, Gasentgeltverordnung vom 25.07.2005 (BGBl. I S. 2197)
GD	Generaldirektion; General Direction
GewSt	Gewerbesteuer
ggf.	gegebenenfalls
GK	Gesamtkapital
GmbH	Gesellschaft mit beschränkter Haftung
grds.	grundsätzlich
GWB	Gesetz gegen Wettbewerbsbeschränkungen in der Fassung vom 01. 09. 2005, BGBl. I, S. 2676
HGB	Handelsgesetzbuch i. d. ber. F. vom 14.08.2006 (BGBL I S. 1911)
Hrsg.	Herausgeber
Hs.	Halbsatz
i.d.F.	in der Fassung
IR	Infrastruktur Recht Energie, Verkehr, Abfall, Wasser
i.S.	im Sinne
i.S.d.	im Sinne des
i.S.v.	im Sinne von
i.V.m.	in Verbindung mit
JZ	Juristenzeitung
KG	Kammergericht (Berlin)

KSt	Körperschaftssteuer
m.E.	meines Erachtens
Mio.	Million
MMR	Multimedia und Recht
m.w.N.	mit weiteren Nachweisen
NJW	Neue Juristische Wochenschrift
N&R	Netzwirtschaften und Recht
o.ä.	oder ähnlich
o.g.	oben genannt
OECD	Organisation for Economic Cooperation and Development / Organisation für wirtschaftliche Zusammenarbeit und Entwicklung
OLG	Oberlandesgericht
RdE	Recht der Energiewirtschaft, Recht der Elektrizitätswirtschaft
RdNr.	Randnummer(n)
Rn	Randnummer(n)
RegTP	Regulierungsbehörde für Telekommunikation und Post
RL	Richtlinie
Slg.	Amtliche Sammlung der Entscheidungen des Europäischen Gerichtshofes
sog.	sogenannt
StromNEV	Verordnung über die Entgelte für den Zugang zu Elektrizitätsversorgungsnetzen, Stromnetzentgeltverordnung vom 25.07.2005 (BGBl. I S. 2225)
TKG	Telekommunikationsgesetz i. d. F. vom 7.7.2005, BGBl. I, 2004, 1190
TKMR	Telekommunikations- und Medienrecht
u.a.	unter anderem
VDN	Verband der Netzbetreiber e. V. beim VDEW
VersorgungsW	Versorgungswirtschaft Monatszeitschrift für Betriebswirtschaft, Wirtschaftsrecht und Steuerrecht der Elektrizitäts-, Gas- und Wasserwerke
vgl.	vergleiche
VIK	Verband der Industriellen Energie- und Kraftwirtschaft e.V.
VKU	Verband kommunaler Unternehmen e.V.
VO	Verordnung
Vol.	Volume
WACC	Weighted Cost of Capital
WM	Wertpapiermitteilungen, Zeitschrift für Wirtschaft und Bankrecht
WuW	Wirtschaft und Wettbewerb
WuW/E	Wirtschaft und Wettbewerb – Entscheidungssammlung
z.B.	zum Beispiel

ZfbF	Zeitschrift für betriebswirtschaftliche Forschung
ZNER	Zeitschrift für neues Energierecht
z.T.	zum Teil
z.Z.	zur Zeit
zzgl.	zuzüglich

Das volkswirtschaftliche Profil einer effizienten Anreizregulierung

Christian von Hirschhausen[1] und Borge Hess[2]

I. Einleitung

Mit dem Bericht zur Einführung der Anreizregulierung der deutschen Elektrizitäts- und Gaswirtschaft hat die Bundesnetzagentur (BNetzA) eine wichtige Grundlage für Reformen erarbeitet und Deutschland quantensprungartig auf den Stand der international üblichen Regulierungspraxis gebracht. Der Bericht enthält auf 316 Seiten ein umfassendes Kompendium von Methoden und Vorschläge zur Erhöhung der Effizienz der deutschen Elektrizitäts- und Gasnetze, welche aufgrund ihrer natürlichen Monopolstellung einer Regulierung bedürfen. Der Bericht wurde von der neu gegründeten Abteilung Energiewirtschaft der BNetzA mit vergleichsweise bescheidenem Personalaufwand und in Rekordzeit erstellt; der BNetzA standen dabei international erfahrende Wissenschaftlicher und Consultants zur Seite. Bis zum Beginn der Umsetzung der Anreizregulierung im Januar 2008 ist jedoch noch ein umfangreicher politischer Hürdenweg über Regierung und Parlament zu gehen. Auch sollte nicht übersehen werden, dass es sich bei dem Konzept nur um einen Baustein einer Reihe von Reformschritten handelt, welche die richtigen Anreize für eine effiziente Bereitstellung von Elektrizität und Gas auf funktionsfähigen Märkten setzen sollte.

Der Text ist folgendermaßen gegliedert: Im folgenden Kapitel wird die Notwendigkeit für die Regulierung von Infrastruktursektoren und die Wechselwirkung mit Investitionen erläutert. In Kapitel 3 folgt eine Übersicht von Regulierungsansätzen und verschiedener Anreizregulierungsmodellen. Der deutsche Ansatz

---

[1] Prof. Dr. Christian von Hirschhausen ist Professor für Energiewirtschaft und Public Sector Management an der Technischen Universität Dresden und Forschungsprofessor am Deutschen Institut für Wirtschaftsforschung (DIW Berlin).

[2] Dipl.-Vw. Borge Hess ist wissenschaftlicher Mitarbeiter am Lehrstuhl für Energiewirtschaft und Public Sector Management an der Technischen Universität Dresden.

einer Anreizregulierung der deutschen Elektrizitätswirtschaft und dessen Bewertung wird in Kapitel 4 dargestellt. In Kapitel 5 wird ein Fazit gezogen.

II. Wettbewerb und Anreizregulierung

Wettbewerb und (Anreiz-)Regulierung sind in allen Infrastruktursektoren kein Gegensatz, sondern bedingen sich gegenseitig. Die Bereitstellung von Infrastruktur folgt in der Regel den Gesetzen eines „natürlichen Monopols“: Ein Anbieter ist kostengünstiger als es eine Vielzahl von Anbietern wäre; dies wird als Subadditivität der Kosten bezeichnet. Dadurch wird direkter Wettbewerb im Markt der Infrastruktur nicht auftreten. Infrastrukturanbieter verfügen somit über ein hohes Maß an Marktmacht und haben eine Tendenz, ihr Ziel der Gewinnmaximierung durch überhöhte Preise zu verwirklichen. Für den gesellschaftlich wohlfahrtsmaximierenden Preis gilt jedoch, dass er an den Kosten einer effizienten Leistungsbereitstellung orientiert ist (technisch ausgedrückt: den effizienten langfristigen Grenzkosten).

Dies ist bis heute in vielen Infrastrukturbereichen nicht der Fall. Die Abwesenheit einer effektiven Regulierung der (oftmals staatlichen) Monopolbetriebe hat zu tendenziell überhöhten Kosten und Preisen sowie einem, an der tatsächlichen Zahlungsbereitschaft gemessen, zu „guten“ Angebot geführt. So war das Bahnfahren lange Zeit zu preiswert, die Nutzung von Autobahnen (bis vor kurzem) gratis, und auch der öffentliche Personennahverkehr sehr günstig; in diesen Sektoren zahlte der Staat oder der private Steuerzahler (beispielsweise Mineralölsteuer) erhebliche Subventionen. Wo dies nicht der Fall war, wurden hohe Preise berechnet, wie etwa in der Energie- und Wasserwirtschaft.

Ein wesentlicher Grund für diese Ineffizienzen lag in der in Deutschland praktizierten kostenbasierten Regulierung: Für jeden Euro an Kosten erhielt das Unternehmen x Cent garantierten Gewinn. Bei einem solchen Prinzip kommt es nahezu zwangsläufig zu Ineffizienzen, etwa in Form der Bereitstellung von zu viel Kapital, einer zu hohen Qualität oder auch einer ungünstigen Kostenstruktur. Anreizregulierung ist dagegen der Versuch, die Unternehmen dazu zu veranlassen die der Marktnachfrage entsprechende Menge an Infrastruktur zu einem kosteneffizienten Preis anzubieten. Hierbei sind sowohl kurzfristige als auch langfristige Ziele zu berücksichtigen, insbesondere eine nachhaltige Investitionstätigkeit. Internationale Erfahrungen zeigen, dass eine anreizorientierte Regulierung zu besseren Gesamtergebnissen führt als die kostenbasierte Regulierung. Voraussetzung ist allerdings ein besser informierter, vom politischen Tagesgeschäft unabhängiger Regulierer, der auch sektorspezifische Kompetenz hat. Nur dann, wenn Regulierer und Infrastrukturunternehmen sich nicht einigen können, werden weitere Instanzen (wie eine allgemeine Kartellbehörde oder die ordentlichen Gerichte) angerufen.

Anreizorientierte Regulierung hat somit nichts mit „planwirtschaftlichen“ Sektoreneingriffen zu tun, sondern entspricht grundlegenden marktwirtschaftlichen Prinzipien: Dort, wo der Markt nicht von selber funktioniert (Marktversagen), versucht der Staat, durch Regulierung möglichst marktnahe Bedingungen für Unternehmen und Konsumenten zu schaffen. Zu Beginn dieses Jahrzehnts wurden auch in Deutschland, beginnend mit dem Post- und Telekommunikationssektor, die Grundlagen für eine solche anreizorientierte Regulierung in mehreren Infrastrukturbereichen gelegt. Seit Inkrafttreten des Energiewirtschaftsgesetzes im Jahr 2005 ist die aus der Regulierungsbehörde für Telekommunikation und Post hervorgegangene „Bundesnetzagentur“ auch für die Regulierung des Energiesektors (Elektrizität und Erdgas) zuständig; in naher Zukunft sollte hier auch eine effiziente Regulierung des Eisenbahnsektors praktiziert werden.

Und die Versorgungssicherheit? Gegner einer anreizorientierten Regulierung und der vertikalen Trennung verweisen gerne auf die angebliche Vernachlässigung langfristiger Investitionen in diesem Modell, welche zu einer verringerten Versorgungssicherheit in den strategischen Infrastrukturbereichen wie Verkehr, Energie, Wasser oder Telekommunikation führen würde. Diese Argumentation stützt sich im Wesentlichen auf spektakuläre Unfälle, wie etwa die Stromausfälle im Nordosten der Vereinigten Staaten (August 2003) und Italien (September 2003), die Energiekrise in Kalifornien (2001) oder Eisenbahnunglücke in Großbritannien. Dabei wird jedoch übersehen, dass in den USA, insbesondere in Kalifornien, gerade keine anreizorientierten Regulierungsregime herrschten, dass Italien das Land mit den höchsten europäischen Strompreisen ist, und dass in England Zugunglücke bedauerlicherweise seit Jahrzehnten häufig sind. In den genannten Fällen und Sektoren liegt eine langfristige Vernachlässigung der Infrastruktur vor, die oftmals Jahrzehnte zurückreicht. Es gibt jedoch sehr wohl pragmatische Lösungen, Anreizregulierung und Investitionstätigkeit gleichzeitig zu berücksichtigen. So lassen sich neben der Festlegung kurzfristiger Preisziele längerfristige Investitionsvereinbarungen treffen, die bei der Preiskalkulation berücksichtigt werden.

III. Typen von Anreizregulierung

Neben der Anreizregulierung, deren Ausgestaltung in diesem Kapitel genauer beschrieben wird, existieren andere Regulierungsansätze, welche aufgrund ihrer Fehlanreize vermehrt zugunsten der Einführung einer Anreizregulierung ersetzt werden.

1. Alternative Regulierungsansätze

Die traditionelle Regulierungstheorie unterscheidet im Allgemeinen zwischen Preis- und Kostenregulierung. Die Preisregulierung setzt in verschiedenen Varianten die Preise entsprechend der Grenzkosten bzw. der Durchschnittkosten zur

Berücksichtigung der hohen Fixkosten des Unternehmens fest, so dass ein wohlfahrtsmaximierender Preis erzielt wird. Für die Regulierungspraxis hat dieser Ansatz allerdings wenig Bedeutung, da die Grundvoraussetzung, einer perfekte Information des Regulierers über die Kostenstruktur des Unternehmens, wenig realistisch erscheint.

Der Ansatz der bereits oben angesprochenen kostenbasierten Regulierung sieht eine Orientierung an beobachtbaren Größen des Unternehmens vor. So wird im Rahmen der Kostenzuschlagsregulierung ein fixer Faktor x auf die realen Kosten des Unternehmens als Gewinnmarge aufgeschlagen. Ein ähnlicher Ansatz ist die Renditeregulierung, welche dem Unternehmen eine fixe Rendite x auf den eingesetzten Kapitalstock gewährt. Hierbei entstehen Fehlanreize einer suboptimalen Allokation von Arbeit zugunsten Kapital (sog. Averch-Johnson-Effekt). Da eine garantierte Kostendeckung ohne Berücksichtigung des Kostenniveaus erfolgt, entstehen keine Anreize Kosteneinsparpotentiale auszunutzen und Ineffizienzen abzubauen; diese Fehlanreize können sogar zu zusätzlichen Kosten zur Erhöhung des Gewinns führen. In der Regulierungspraxis sind beide Ansätze beobachtbar, doch ist eine Tendenz zugunsten der Adoption der Anreizregulierung zu beobachten.

2. Anreizregulierung

Das zentrale Moment der Anreizregulierung ist der Abbau der Ineffizienzen im Unternehmen unter Berücksichtigung von asymmetrischer Informationsverteilung zugunsten des Unternehmens. Bei diesem Konzept in seinen verschiedenen Ausgestaltungen besitzt das Unternehmen einen monetären Anreiz, Kosteneinsparpotenziale auszunutzen. Der Regulierer setzt diesbezüglich Obergrenzen entweder des Preises (sog. Price-Cap) oder der Erlöse (sog. Revenue-Cap) und die eingesparten Kosten dürfen im Allgemeinen in der Regulierungsperiode im Unternehmen verbleiben. Diese Ansätze werden kurz als CPI-X-Ansätze bezeichnet, da die jährliche Anpassungsformel für die gewährten Preise, bzw. Erlöse, diese eine Zunahme um die Inflationsrate (CPI) und eine Abnahme um den Effizienzfaktor (X) vorschreibt. Die verschiedenen Ausgestaltungen der Anreizregulierung unterscheiden sich bezüglich der Ermittlung des Effizienzziels und dem damit verbundenen X-Faktors und können in vier Typen eingeteilt werden.

Ein erstes Modell wird in der Regel als „Building-Block"-Modell bezeichnet. Bei diesem Ansatz werden die Bedingungen einer CPI-X-Regulierung auf der Basis der in die Zukunft projizierten Kosten des Unternehmens für die nächste Kontrollperiode festgelegt. Dieser eher buchhalterische Regulierungsansatz verwendet einen X-Faktor lediglich zur Glättung der Preise über die Zeit, der nicht direkt einer Effizienzsteigerung entspricht. Der Ansatz stammt ursprünglich dem Vereinigten Königreich, er ist aber auch in Australien und einigen europäischen und südamerikanischen Ländern eingeführt worden.

Das zweite Model ist eine produktivitätsbasierte Regulierung (sog. „productivity based regulation", PBR). Bei diesem Ansatz werden die CPI-X-Pläne auf der Basis historischer Werte für die Inputpreise und den Trend der totalen Faktorproduktivität gesetzt. Dieser Regulierungsansatz ist überwiegend verbreitet in den USA; er wurde jedoch auch in Kanada, Neuseeland sowie einigen Ländern der Karibik und Lateinamerikas angewendet.

Der dritte Typus von Modellen kann als ingenieurwissenschaftlich basierter Ansatz bezeichnet werden. Bei diesem Ansatz ermitteln sich die zugestandenen Preise auf der Grundlage eines analytischer Kostenmodelle, welches die Kosten eines effizienten Modell- bzw. Referenznetzes ermittelt; hierfür werden ingenieurstechnische Grundlagen und Kosten angesetzt. Während die Berechnung der Modellnetze zur Ermittlung von Kostentreibern weniger datenintensiv ist, so benötigt die Abbildung von Referenznetzen zur Ermittlung effizienter Kosten eines realen Netzes sehr detaillierte Informationen über die Netzstruktur. Dieser Regulierungsansatz ist seit langem in Chile im Einsatz und wurde seitdem in anderen lateinamerikanischen Ländern verwendet. In Europa findet es in Spanien sowie neuerdings in Schweden, Österreich und jetzt auch bei der deutschen Energieregulierung Anwendung.

Ökonomische Benchmarking-Analysen spielen oft eine wichtige Rolle in sämtlichen CPI-X-Anwendungen. In der überwiegenden Zahl der Fälle wird Benchmarking als Input für andere Modelle verwendet (z. B. Building-Block- bzw. produktivitätsbasierter Ansatz); in der Regel erfolgt keine direkte Umsetzung der Benchmarking-Ergebnisse. In den letzten Jahren lässt sich jedoch eventuell ein vierter Regulierungsansatz identifizieren, den wir als *„reinen"* Benchmarking-Ansatz für einige Länder bezeichnen würden: Einige Regulierungsbehörden haben versucht, die Werte in der CPI-X-Formel *direkt* und ausschließlich auf der Basis ökonomischer Benchmarking-Ansätze zu wählen. Dabei wird der X-Faktor für die jährliche Anpassung der regulierten Preise ausschließlich auf Basis der Benchmarking-Analysen ermittelt. Bei diesem Ansatz kann grundsätzlich nach verschiedenen Techniken (parametrisch, nicht-parametrisch oder hybrid) und der zugrunde liegenden Kostenbasis (Gesamtkosten (TOTEX) oder deren Komponenten Kapitalkosten oder Betriebs- und Instandhaltungskosten (OPEX)) unterscheiden werden.

Eine Spezialform der Anreizregulierung stellt dabei die Yardstick-Regulierung dar. Diese vergleicht die Kosten eines Unternehmens mit den Kosten einer Referenzgruppe der „Klassenbesten". Dies führt dazu, dass ein einzelnes Unternehmen keinen Einfluss auf die Regulierungsentscheidung besitzt, da sich die Vorgaben an den Kosten anderer Unternehmen orientiert. Zu diesem Zweck ist es notwendig, dass alle Unternehmen ein vergleichbares Effizienzniveau besitzen.

IV. Anreizregulierung in der deutschen Elektrizitätswirtschaft

Diese Kapitel gibt einen Überblick über das Regulierungskonzept der deutschen Elektrizitätswirtschaft der BNetzA und bewertet dessen Grundlegende Komponenten.

1. Ausgestaltung

Das von der BNetzA vorgeschlagene Konzept der Anreizregulierung soll 2008 beginnen und umfasst die Übertragungs- und Verteilungsnetze der deutschen Elektrizitätswirtschaft, da auf diesen Ebenen durch ihre natürliche Monopolstellung im Gegensatz zu den übrigen Wertschöpfungsstufen Erzeugung und Absatz kein Wettbewerb stattfindet. Der Regulierungsansatz soll nun eine wettbewerbliche Situation simulieren und somit Preise durch Produktivitätssteigerungen senken, ohne dabei Qualitäts- oder Investitionsziele zu verfehlen. Bei ansonsten gleich bleibenden Rahmenbedingungen führt Anreizregulierung zu geringeren Preisen und einer effizienteren Aufteilung der Renten zwischen den Unternehmen und den Verbrauchern.

Dies erfolgt durch die Vorgabe von Erlösobergrenzen für Übertragungs- und Verteilnetzbetreiber, welche ein Unternehmen nicht überschreiten darf. Der erste Schritt mit des deutschen Regulierungsansatzes (zwei Regulierungsperioden à 3-5 Jahre) folgt dem Ziel der Angleichung der Effizienzniveaus nach dem Prinzip unternehmensspezifischen Obergrenzen, um danach auf einen „Yardstick"-Mechanismus (zweijährige Regulierungsperioden) übergehen zu können. Die jährlichen Erlösobergrenzen werden in diesem ersten Schritt anhand einer CPI-X-Formel ermittelt, die neben der bekannten Inflationsanpassung und den Effizienzfaktoren (sektorweite und unternehmensspezifische) auch Elemente enthält, die auf internationalen Erfahrungen beruhen. Dazu zählen ein Qualitätsfaktor und Mengenanpassungsfaktoren, welche in kurzfristige („Regulierungskonto") und langfristige („hybrides Element") Veränderungen unterteilt werden. Bezüglich der Ermittlung der unternehmensspezifischen Effizienzziele für die Verteilnetzbetreiber hat sich die BNetzA in ihrem Konzept für die Anwendung hybrider Benchmarking-Techniken auf den vom Unternehmen beeinflussbaren Teil der Gesamtkosten ausgesprochen.

In diesem Zusammenhang ist auch darauf hinzuweisen, dass Anreizregulierung durchaus kompatibel ist mit der Notwendigkeit, Investitionen in Netzausbau und qualitätsverbessernde Maßnahmen vorzunehmen. Für die Verteilnetzbetreiber erfolgt dies durch die kostensenkende Funktion von Investitionen, welche durch eine spezifische Berücksichtigung des Alters des Kapitalstocks beim Benchmarking zu berücksichtigen ist. Auch bei Übertragungsnetzen ist grundsätzlich dasselbe Prinzip anwendbar; für bestimmte große, außerplanmäßige Investitionen, z. B. in Verbindung mit der Einspeisung von Offshore-Windenergie, können individuelle Vereinbarungen „vor die Klammer" gezogen werden (sog. „Building Block"-Ansatz). Dies führt unter anderem zu einer Sonderbehandlung der Übertragungsnetzbetreiber. Im Wesentlichen geschieht dies durch folgende Punkte: Die Gewährung von Investitionsbudgets für Erweiterungs- und Umstrukturierungsinvestitionen im Rahmen eines Menuansatzes und dem damit verbundenen Wegfall des oben angesprochenen, langfristigen Mengenanpassungsfaktors, Referenznetzanalysen zur Investitionskostenermittlung und das Heranziehen internationaler Benchmarking-Analysen zur Effizienzermittlung.

2. Bewertung

Die Konzeption eines individuellen Regulierungsansatzes ist zweckmäßig, da es zum jetzigen Zeitpunkt kein auf Deutschland direkt übertragbares, international erprobtes Regelwerk existiert. Dies liegt hauptsächlich an der in Deutschland sehr großen Anzahl von Verteilernetzbetreibern in der Elektrizitäts- und Gaswirtschaft. Zudem ist aus wissenschaftlicher Sichtweise festzustellen, dass eine wettbewerbsanaloge Anreizregulierung ein geeignetes, international erprobtes Instrument zur Erzielung einer preisgünstigen und effizienten leitungsgebundenen Versorgung der Allgemeinheit mit Energie ist. Der Zeitraum zur Effizienzangleichung mit bis zu acht Jahren scheint auch im Rahmen internationaler Erfahrungen ausreichend und vertretbar. Ein dieser ersten Stufe der Anreizregulierung anschließende Yardstick-Regulierungsansatz stellt derzeit den modernsten Ansatz der Anreizregulierung dar und ist wegen der Entkopplung von Unternehmenseinfluss und Regulierungsentscheidung zu begrüßen.
Bei der Auswahl eines geeigneten Anreizregulierungsmodells ist der Benchmarking-Ansatz für die Verteilnetze sinnvoll, da in Deutschland die Grundvoraussetzung für aussagekräftige Ergebnisse durch die große Anzahl von Unternehmen erfüllt wird. Bezüglich der präferierten, hybriden Benchmarking-Techniken ist festzustellen, dass DEA (Data Envelopment Analysis) und SFA (Stochastic Frontier Analysis) zwar methodisch anspruchsvoll sind und sie vereinfachen notwendigerweise die Realität; sie sind jedoch wissenschaftlich abgesichert und werden international seit Jahrzehnten erfolgreich angewendet. Es bleibt allerdings abzuwarten, nach welchen Kriterien die Gewichte gewählt werden, nach denen die ermittelten Effizienzwerte der einzelnen Techniken in einen hybriden Index eingehen. Die Datengrundlage ist neben den verwendeten Techniken ebenfalls entscheidend. So bietet die Berechnungsgrundlage der beeinflussbaren Gesamtkosten im Vergleich zu partiellen Analysen den Vorteil, ein künstliches Verschieben von Kapital- und Betriebskosten zu vermeiden. Die Berücksichtigung des Alters des Kapitalstocks dient zudem der Sicherstellung der Vergleichbarkeit der Unternehmen, da beispielsweise Kapitalkosten für Ersatzinvestitionen bei einem älteren Kapitalstock verhältnismäßig höher ausfallen.

Obwohl es in der internationalen Erfahrung keine Hinweise darauf gibt, dass Investitionen durch Anreizregulierung über Maßnahmen beeinträchtig werden, wird präventiv einem eventuellen Zielkonflikt zwischen den mit Investitionen verbundenen Kapitalkosten und der Aufrechterhaltung einer entsprechenden Versorgungsqualität mittels des implementieren Qualitätsfaktors Rechnung getragen. Dabei hat sich die BNetzA an internationalen Maßstäben orientiert und die Zahlungsbereitschaft der Kunden als Massastab herangezogen.

Die differenzierte Behandlung von Übertragungs- und Verteilnetzbetreibern und insbesondere die Einführung von kostenbasierten Investitionsbudgets ist aufgrund dreier institutioneller und technischer Unterschiede zu befürworten: Erstens führt die mit vier Unternehmen geringe Anzahl der zu regulierenden Netzbetreibern in der Elektrizitätswirtschaft zu verhältnismäßig geringem Regulierungsaufwand. Zweitens spielen Versorgungsnetze bei der Erzielung von Effizienz auf den Großhandelsmärkten für Energierohstoffe eine wesentliche und integrierende Rolle. So kann es selbst bei überhöhten (ineffizienten) Infrastrukturinvestitionen durch die marktweite Effizienz zu einer effizienten Funktionsweise der Großhandelsmärkte und somit zur Schaffung von Konsumentenrente kommen. Drittens sind die großflächigen Infrastrukturinvestitionen der Versorgungsnetzbetreiber durch eine in der Regel geringere Teilbarkeit der Kosten charakterisiert, sodass diese Investitionen weniger flexibel auf das Wachstum der Energienachfrage reagieren können als Verteilnetzbetreiber.

Die BNetzA berücksichtigt zudem das Problem der Informationsasymmetrie zwischen Regulierer und Unternehmen, welches verstärkt bei kostenbasierten Regulierungsansätzen auftritt. Diese Anreize der Unternehmen, Spielräume der Buchführung mit dem Ziel der Kostensteigerung zu nutzen, werden durch die Anwendung eines Menuansatzes bei der Gewährung des Investitionsbudgets reduziert. Begleitend könnten diesbezüglich spezielle auf die Energiewirtschaft zugeschnittene Buchführungsvorschriften, wie in dem UK jüngst geschehen, eingeführt werden.

Eine internationale Benchmarking-Analyse für die Übertragungsnetzbetreiber scheint mangels einer ausreichenden Anzahl von deutschen Vergleichsunternehmen notwendig und ist zudem international erprobt, dennoch birgt es das Risiko, dass strukturelle Unterschiede zwischen den Ländern keine adäquate Berücksichtigung finden.

V. Fazit

Die Regulierung als Mittel der Wirtschaftspolitik ist grundsätzlich auf Märkten empfehlenswert, wenn sich wegen Marktversagens keine optimale Allokation von Gütern einstellt. In der Elektrizitätswirtschaft ist dies im Bereich der Netze aufgrund der Existenz von natürlichen Monopolen gegeben. Die Konzeption einer Anreizregulierung stellt einen Teil einer Reform der Elektrizitätswirtschaft in Deutschland dar.

Das Konzept einer Anreizregulierung der deutschen Elektrizitäts- und Gaswirtschaft wurde von der BNetzA trotz eingeschränkter Ressourcen und transparent durch einen ständigen und intensiven Austausch mit den betroffenen Industriekreisen entwickelt. Das Ergebnis kann sich sehen lassen: Neben internationalen Erfahrungen in der Regulierungspraxis und neusten wissenschaftlichen Erkenntnissen wurde auch die individuelle Struktur der deutschen Energiewirtschaft entsprechend berücksichtigt. Das Konzept ist langfristig ausgelegt, in sich geschlossen und methodisch robust. Dies sichert einerseits die für Investitionen notwendige Planungssicherheit und bietet andererseits eine gute Basis für eine wohlfahrtssteigernde Berücksichtigung der Interessen von Industrie und Verbrauchern.

Governance-Probleme bei der erfolgreichen unternehmensinternen Umsetzung der Anreizregulierung

Klaus Heine

I. Einleitung

Bereits seit über hundert Jahren wird in der wettbewerbs- und regulierungstheoretischen Literatur diskutiert, wie die Tarife von natürlichen Monopolen so gestaltet werden können, dass die Güter und Dienstleistungen dieser Industrien sowohl technisch effizient als auch in ihrer Preisgestaltung für den Kunden als fair angesehen werden können. Insofern kann zunächst jede Form tariflicher Regulierung als Anreizregulierung verstanden werden, wenn sie darauf abzielt, diese Ziele zu erreichen[1]. Dabei ist die Durchsetzung der genannten Regulierungsziele seit je her eng mit der Frage nach der geeigneten Corporate Governance der regulierten Unternehmen verbunden, wie ein kurzer Blick in die Geschichte der Regulierung natürlicher Monopole verrät.
Die Geburtsstunde der Regulierung natürlicher Monopole kann auf 1887 datiert werden, als mit Verabschiedung des Interstate Commerce Acts in den Vereinigten Staaten begonnen wurde, die Eisenbahngesellschaften zu regulieren. Bis zu diesem Zeitpunkt galt nach Auffassung des Anwalts der Eisenbahngesellschaft von New Jersey *Elder*: „This transportation machine was far and away the most efficient system of transportation the world had ever seen. Both mechanically and financially, it was a magnificient product of private enterprise and initia-

[1] *Joskow* Journal of Law, Economics, and Organization, Vol. 7 (1991), Special Issue, S. 75.

tive."[2] Technologisch und qualitativ war das private amerikanische Eisenbahnsystem somit vorbildlich, aber es wies deutliche Elemente eines natürlichen Monopols auf, so dass die Interstate Commerce Commission von 1887 an dafür Sorge tragen sollte, dass die Bahntarife ein angemessenes Niveau einhielten und sich die Bahngesellschaften nicht diskriminierend beim Angebot ihrer Dienste verhielten.[3] In der nachfolgenden Zeit uferte die staatliche Regulierung der Eisenbahngesellschaften jedoch immer weiter aus und die Interstate Commerce Commission übernahm mit einem dichten Regulierungskatalog schließlich de facto das Management der Eisenbahngesellschaften, wodurch zwar das Regulierungsziel „fairer" Tarife erreicht werden konnte, aber es war festzustellen: „Every such intrusion means a further curtailment of private initiative and enterprise".[4] Und spätestens ab Mitte der dreißiger Jahre des letzten Jahrhunderts kam es zu einer deutlichen Änderung des Governancemechanismus' bei den Eisenbahngesellschaften in den Vereinigten Staaten: Aus ehemals privaten Unternehmen mit hohen persönlichen Anreizen für das Management sowohl Kostenstruktur als auch Qualität zu verbessern, wurden quasi staatliche Unternehmen, in denen sich unternehmerische Initiative für das Management zunehmend nicht mehr lohnte. Institutionenökonomisch gesprochen hatte durch die Änderung der Governance-Struktur hin zu mehr staatlicher Aufsicht eine Verdünnung der Handlungsrechte stattgefunden, die die Anreize für das Management ausschaltete, nach Verbesserungen der angebotenen Produkte und Dienstleistungen zu suchen.

Schreitet man in der Zeit fünfzig Jahre voran, und zwar in die achtziger Jahre des letzten Jahrhunderts, hat man es wiederum mit einem deutlichen Zusammenhang zwischen der Governance-Struktur und den von Regulierungen ausgehenden Anreizen zu tun. Damals begann in den Vereinigten Staaten und Großbritannien eine breite Diskussion nach den Grenzen staatlicher Einflussnahme auf Wirtschaft und Gesellschaft und eine Rückbesinnung auf liberale Staatsideale.[5] Bezogen auf staatlich regulierte Industrien bedeutete dies, dass Industrien, die nicht nachweislich die Kriterien natürlicher Monopole aufwiesen, dereguliert und liberalisiert wurden. Neben der „trucking industry" waren dies in den Vereinigten Staaten insbesondere die Luftfahrtgesellschaften, die schon bald nach der Deregulierung ein stürmisches Wachstum erlebten, das bis heute anhält. Offensichtlich setzte die Veränderung der Struktur der Handlungsrechte, unter de-

---

[2] *Elder* Annals of the American Academy of Political and Social Science, Vol. 171 (1934), S. 263.

[3] *Elder* Annals of the American Academy of Political and Social Science, Vol. 171 (1934), S. 263.

[4] *Elder* Annals of the American Academy of Political and Social Science, Vol. 171 (1934), S. 266.

[5] Mit einem Überblick siehe *Grimm*, Staatsaufgaben, 1996, S. 613 ff.; mit einer kritischen Einschätzung *Offe*, Staatsaufgaben, 1996, S. 317 ff.

nen die Luftfahrtgesellschaften tätig sind, eine große wirtschaftliche Dynamik frei.[6]

Am Beispiel der Deregulierung der Luftfahrtgesellschaften lässt sich aber noch etwas anderes beobachten. Denn nachdem die Luftfahrtgesellschaften in den Wettbewerb entlassen worden waren, veränderten die Gesellschaften in nicht unerheblichem Maße ihre unternehmensinternen Governance-Strukturen (Corporate Governance). Insbesondere der Board wurde verkleinert und umstrukturiert, außerdem änderte sich die Struktur der Anteilseigner. Zudem fand eine Bereinigung der Marktstruktur statt, wobei es zu einer Reihe spektakulärer Fusionen und Insolvenzen kam.[7] Offensichtlich passte sich die Luftfahrtbranche in ihrer Markt-, aber auch in ihrer internen Unternehmensstruktur dem Anreizmechanismus „marktlicher Wettbewerb" an. Eine Folge dieser Anpassung war, dass sich auch unternehmensintern die Anreizsysteme änderten, indem unter anderem die Managergehälter stiegen und erfolgsabhängige Entlohnungssysteme eingeführt wurden.[8]

Das Beispiel der Regulierung der Eisenbahngesellschaften und das Beispiel der Deregulierung der Luftfahrtbranche zeigen, dass sich komplementär zur Marktregulierung die unternehmensinternen Anreizmechanismen ausprägen. Im Falle unregulierter Märkte werden sich dabei evolutorisch diejenigen Anreizmechanismen herausbilden, die das langfristige Überleben des Unternehmens sichern.[9] Diese Anreizmechanismen sind entsprechend „high powered" und zwingen das Management, die Produkte des Unternehmens sowohl kostengünstig herzustellen als auch in der von den Kunden gewünschten Qualität anzubieten. Ein solches automatisches „incentive channeling"[10] von der Marktebene aus in die Corporate Governance von Unternehmen hinein ist in regulierten Industrien hingegen nicht ohne weiteres zu erwarten. Die genannten Beispiele zeigen vielmehr, dass Marktregulierungen zu erheblichen Effizienzeinbußen in der Corporate Governance und den unternehmensinternen Anreizmechanismen führen können. Es stellt sich damit die Frage, wie in regulierten Industrien die unternehmensinternen Governance-Strukturen und Anreizmechanismen komplementär zum Regulierungsregime zu gestalten sind, damit die Regulierungsziele effizient erreicht werden. Denn anders als die Luftfahrtbranche gibt es Industrien, die aufgrund von Merkmalen des natürlichen Monopols nicht vollständig dereguliert werden können. Hierbei sind insbesondere die Netzindustrien zu nennen, die auch in Deutschland im Mittelpunkt des wissenschaftlichen und politischen

---

[6] *Kahn* Journal of Regulatory Economics, Vol. 21 (2002), S. 35 ff.; *Kim/Prescott* Academy of Management Review, Vol. 30 (2005), S. 414 ff.

[7] *Kole/Lehn* Journal of Financial Economics, Vol. 52 (1999), S. 79 ff.

[8] *Kim/Prescott* Academy of Management Review, Vol. 30 (2005), S. 414 ff.

[9] *Kole/Lehn* American Economic Review, Vol. 87 (1997), Papers and Proceedings, S. 421 ff.; *dies.* Journal of Financial Economics, Vol. 52 (1999), S. 79 ff.

[10] *Verma/Mitnick/Marcus* Journal of Public Administration Research and Theory, Vol. 9 (1999), S. 395 ff.

Interesses stehen (siehe jüngst den Bericht zur Anreizregulierung der Bundesnetzagentur).

Im Folgenden soll zunächst das zu untersuchende Regelungsproblem herausgearbeitet werden und gezeigt werden, dass geeignete unternehmensinterne Governance-Strukturen die Regulierungen einer Industrie ergänzen müssen, damit extern gesetzte Anreize adäquat an die handelnden Akteure in Unternehmen übermittelt werden. Dabei liegt das Hauptaugenmerk darauf, die komplexe Fragestellung in einem ersten Schritt systematisch zu strukturieren und einige Hinweise zu geben, auf welche Gestaltungsmerkmale eine Regulierungsbehörde bei der Anreizregulierung achten sollte, damit die gesetzten Anreize innerhalb von Governance-Strukturen die beabsichtigten Wirkungen entfalten. In einem weiteren Schritt wird dann vor dem Hintergrund der deutschen Corporate Governance von Netzindustrien aufgezeigt, welche unternehmensinternen Anreizprobleme auftreten können und welche Möglichkeiten bestehen könnten, um eine bessere Entfaltung von extern gesetzten Anreizen in Unternehmen dieser Industrie zu gewährleisten. Da die Beschäftigung mit der Frage, wie externe Regulierungsanreize durch unternehmensinterne Governance-Strukturen zum Entscheidungsträger übertragen werden, jedoch vergleichsweise neu ist und bislang nur sporadisch von der Wissenschaft aufgegriffen wurde,[11] sind die folgenden Ausführungen eher als „Research-Agenda" zu verstehen und weniger als ein Kanon gesicherter Erkenntnisse.[12] Nichts desto trotz erscheint eine Beschäftigung mit dieser Thematik als dringend geboten, zumal im Entwurf des Berichts zur Anreizregulierung der Bundesnetzagentur Fragen der unternehmensinternen Governance mit keinem Wort angesprochen werden, die Wirkungskanäle der beabsichtigten Regulierungsinstrumente gleichwohl nicht neutral gegenüber der Governance-Struktur sind.

II. Das grundlegende Regelungsproblem

1. Gestaltungsoptionen der Preisregulierung

In Industrien, in denen Unternehmen subadditive Kostenfunktionen aufweisen und somit ein einzelner Anbieter am kostengünstigsten produzieren kann, erweist sich eine Marktstruktur mit einer Vielzahl von Anbietern als wettbewerblich nicht tragfähig, sondern es bildet sich ein natürliches Monopol heraus. Verschärft wird dieses Marktstrukturproblem häufig noch dadurch, dass der für die Subadditivität der Kosten verantwortliche Bereich – z.B. eine Netzinfrastruktur - eine spezifische Investition (versunkene Kosten) darstellt. Dadurch ist

---

[11] *Kim/Prescott* Academy of Management Review, Vol. 30 (2005), S. 414 ff.

[12] Dass es sich bei dem hier zu bearbeitenden Thema um ein noch junges Forschungsfeld handelt, zeigt sich auch in den neueren betriebswirtschaftlichen Diskussionen rund um die Frage der Dekonstruktion von Wertschöpfungsketten unter wettbewerbsstrategischen Gesichtspunkten. Siehe hierzu mit weiterer Literatur *Bresser u.a.*, Winning Strategies in a Deconstructing World, 2000.

das natürliche Monopol für Konkurrenten nicht bestreitbar und die disziplinierende Wirkung des potentiellen Wettbewerbs entfällt ebenfalls.[13]
Für die Nachfrager bedeutet ein natürliches Monopol, dass der Preis der angebotenen Produkte und Dienstleistungen nicht nur weit über den Grenzkosten liegen kann, sondern das Monopol kann ebenfalls mindere Qualitäten anbieten und hat nur geringe Anreize für (Infrastruktur-) Investitionen und technologische Neuerungen. Es liegt damit auf der Hand, solche natürlichen Monopole in Hinblick auf ihre Tarifstruktur, Qualität der Produkte und Investitionen zu regulieren. Mit der Regulierung natürlicher Monopole ist jedoch eine Reihe von nichttrivialen Problemen verbunden, die sich typischerweise als Trade-Off zwischen den verfolgten Regulierungszielen äußern.[14]
Das Kernproblem des Regulierers besteht darin, dass das regulierte Unternehmen einen Informationsvorsprung hat, das es gegenüber dem Regulierer ausspielen kann.[15] Der Regulierte kann beispielsweise seine Kosteneinsparungspotentiale gegenüber dem Regulierer verschleiern, so dass dieser einen höheren Tarif genehmigt als eigentlich zur Kostendeckung nötig wäre. Solche Unternehmen können die Differenz zwischen den tatsächlich realisierten Kosten und den tariflich gebilligten Preisen einstreichen. Daher wurde traditionell versucht, ausgefeilte Rechnungslegungssysteme zu entwickeln, mit denen die tatsächlichen Kosten jedes einzelnen Unternehmens pro Periode erfasst werden sollten, um die „faire" Preisstruktur für den Kunden zu ermitteln.[16] Diese sog. „Cost of Service"- oder „Cost Plus"-Systeme ermöglichen eine an individuellen Daten orientierte Kostendeckung plus einem anteilig gewährten Gewinnaufschlag. Eine solche Art der Tariffierung führt jedoch zu einem gravierenden Problem: Das Management verliert nämlich den Anreiz, nach Kosteneinsparungen zu streben, wenn es den Profit aus einer Effizienzsteigerung jedes Mal sofort wieder über eine Tarifsenkung abgeben muss.[17] Damit ist es unter einer „Cost of Service" Regulierung für das Management deutlich attraktiver, ein „ruhiges Leben" zu führen als nach Produktivitätsverbesserungen zu suchen.[18] Der Nobelpreisträger Hicks hat dies einmal plastisch formuliert: „The best of all monopoly profits is a

---

[13] Mit einem Überblick zur Theorie des natürlichen Monopols siehe *Fritsch/Wein/Ewers*, Marktversagen und Wirtschaftspolitik; sowie weiterführend *Berg/Tschirhart* Land Economics, Vol. 71 (1995), S. 310 ff. Einen Überblick zu den wettbewerbspolitischen Problemen von Netzindustrien geben *Röller/Stehmann* Perspektiven der Wirtschaftspolitik 2006, 355 ff.
[14] Entwurf des Berichtes der Bundesnetzagentur zur Anreizregulierung vom 2.5.2006, S. 32 ff.
[15] *Joskow* MIT Working Paper (January 21 2006), S. 5.
[16] *Joskow* Journal of Law, Economics, and Organization, Vol. 7 (1991), Special Issue, S. 53ff.
[17] Zudem kommt es zum sog. Averch-Johnson-Effekt, demzufolge eine ineffiziente Überkapitalisierung von gewinnregulierten Industrien stattfindet. Siehe *Averch/Johnson* American Economic Review, Vol. 52 (1962), S. 1053 ff.; sowie für eine allgemeine Darstellung und Kritik *Kaufer*, Industrieökonomik, 1980, S. 380 ff.
[18] *Joskow* MIT Working Paper (January 21, 2006), S. 5.

quiet life.“[19] Trotz dieses offensichtlichen Anreizdefekts war die „Cost of Service“ Regulierung über Jahrzehnte das dominante Instrument bei der Tariffierung, mit der Folge, dass die derart regulierten Industrien kaum am allgemeinen Produktivitätsfortschritt teilnahmen und den Kunden oftmals nur ein sehr beschränktes Angebot an Dienstleistungen zur Verfügung stand.
Demgegenüber hat die Genehmigung eines fixen Tarifs ohne Blick auf die individuellen Kosten eines Unternehmens über mehrere Perioden („Price Cap“-Systeme) den Vorteil, dass eine dynamische Anreizwirkung erzeugt wird. Indem es nämlich dem Management gelingt, die Kosten zu senken, erhöht sich der Gewinn des Unternehmens. Somit lohnt es sich bei der „Price Cap“ Regulierung für das Unternehmen, nach Kostensenkungspotentialen zu suchen. Allerdings verbleiben diese Effizienzgewinne im Unternehmen und werden nicht an den Kunden weitergegeben. Volkswirtschaftlich kommt es in einem solchen Fall zu einem gesamtgesellschaftlichen Wohlfahrtsverlust (dead-weight loss) und einer Minderung der Konsumentenrente.
Es leuchtet intuitiv ein, dass das optimale Design eines Regulierungsmechanismus’ zwischen den polaren Fällen der „Cost of Service“ und der „Price Cap“ Regulierung liegt. Allerdings ist das optimale Mischungsverhältnis von ex ante Anreizen (fixer Tarif über mehrere Perioden), ex post Kostenkontrolle (Kontrolle der Rechnungslegung) sowie bestimmten Qualitätsvorgaben (Versorgungssicherheit) für jedes Unternehmen im Prinzip einzeln zu bestimmen. Da für ein solches individuelles Regulierungsdesign der Regulierungsbehörde aber oft keine ausreichenden Informationen zur Verfügung stehen, wird es in einer Industrie regelmäßig zu einer Art Durchschnittsregulierung kommen. Aus diesem Grund wird vorgeschlagen,[20] den zu regulierenden Unternehmen ein „Regulierungsmenü“ anzubieten, das aus unterschiedlichen Mischungen von „Price Cap“ und „Cost of Service“ Regulierungen besteht. Weil der Regulierte über einen Informationsvorsprung bezüglich seiner Kosten- und Wettbewerbssituation verfügt, wird angenommen, dass er aus dem Regulierungsmenü, die für ihn geeignete Regulierung auswählen wird (Selbstselektion).[21]
Festzuhalten bleibt an dieser Stelle, dass jedes Regulierungsschema eine spezifische Anreizwirkung hat und der Regulierer vor der Aufgabe steht, die Anreize so zu dosieren, dass die Trade-Offs, die von einzelnen Regulierungsinstrumenten hinsichtlich der zu erreichenden Regulierungsziele ausgelöst werden, mög-

---

[19] *Hicks* Econometrica, Vol. 3 (1935), S. 8.

[20] *Laffont/Tirole*, A Theory of Incentives in Regulation and Procurement, 1993; *Joskow* MIT Working Paper (January 21, 2006), S. 7 ff.

[21] In der Regulierungspraxis erscheint es tatsächlich so, dass fast ausschließlich Durchschnittsregulierungen Anwendung finden. Dem gehen aber meist umfangreiche formelle und informelle Gespräche zwischen Unternehmen und Regulierungsbehörde voraus, in denen die Unternehmen Einfluss auf das Regulierungsschema nehmen können. Insofern kommt dem Konsultationsprozess zwischen Regulierungsbehörde und Unternehmen de facto eine ähnliche Wirkung zu wie dem Angebot eines differenzierten Regulierungsmenüs, siehe *Joskow* MIT Working Paper (January 21, 2006), S. 17.

lichst minimiert werden. Dem Konsultationsprozess zwischen Unternehmen und Regulierungsbehörde kommt dabei die Aufgabe zu, die regulative Feinabstimmung vorzunehmen.
Mit dem Problemkreis rund um die Gestaltung der Anreizregulierung ist das Regelungsproblem aber noch nicht vollständig beschrieben. Denn bislang ist unterstellt worden, dass der vom Regulierer gesetzte Anreiz auch direkt verhaltenssteuernd auf das betrachtete Unternehmen wirkt. Tatsächlich muss der gesetzte Anreiz aber durch die Governance-Struktur des Unternehmens hindurch geleitet werden an diejenigen Personen, die die entsprechenden Entscheidungen treffen. Eine Gleichsetzung des Unternehmens mit einem einzelnen Akteur, der sich nutzenmaximierend verhält, ist somit stark vereinfachend und je nach Fragestellung wohl auch naiv. „Although the theory predicts effects because of managers' self-interested objectives, the incentive programs built into the newer regulation produce incentives for the *firm*, not necessarily for individual managers".[22]

2. Probleme der unternehmensinternen Umsetzung der Anreizregulierung

Im Folgenden soll die „black box" des Unternehmens geöffnet werden und die Probleme skizziert werden, die sich für die Anreizregulierung stellen, wenn das Unternehmen nicht mehr fiktiv als ein einzelner Akteur mit einer einheitlichen Zielfunktion gedacht wird, sondern als ein korporativer Akteur.[23] Ein korporativer Akteur tritt nach außen als juristische Person mit einer einheitlichen Willensbildung auf und ist selbständiges Objekt der Zurechnung von Ansprüchen und Leistungen. Im Innenverhältnis besteht ein korporativer Akteur hingegen aus einem komplexen Netzwerk von Verträgen, das einzelne Akteure oder Gruppen von Akteuren miteinander schließen. Der Gesellschaftsvertrag ist dabei Dreh- und Angelpunkt der internen Willensbildung.[24] Im Rahmen dieses Willensbildungsprozesses versuchen einzelne Akteure, ihre Zielfunktion zu maximieren, wobei das eigeninteressierte Verhalten Einzelner nicht mit den kollektiven Unternehmenszielen übereinstimmen muss. Diese Problematik wird insbesondere von der Prinzipal-Agent Theorie thematisiert, nach der in Auftragsbeziehungen die Beauftragten über einen Informationsvorsprung verfügen, den sie zu ihren Gunsten ausnutzen können.[25]
Mit Bezug zur Anreizregulierung muss somit gefragt werden, welche Governance-Strukturen eine Transmission der vom Regulierer gesetzten Anreize unternehmensintern unterstützen und welche Governance-Strukturen möglicherweise

---

[22] *Verma/Mitnick/Marcus* Journal of Public Administration Research and Theory, Vol. 9 (1999), S. 408.
[23] Zur Vorstellung von Unternehmen als korporativen Akteur siehe beispielsweise *Vanberg*, Rules and Choice in Economics, 1994, S. 225 ff.; sowie aus dezidiert rechtswissenschaftlicher Sicht jüngst *Röpke*, Gläubigerschutzregime im europäischen Wettbewerb der Gesellschaftsrechte, erscheint 2007.
[24] *Röpke*, Gläubigerschutzregime im europäischen Wettbewerb der Gesellschaftsrechte, 2007.
[25] *Jensen/Meckling* Journal of Financial Economics, Vol. 3 (1976), S. 305 ff.

den extern gesetzten Anreiz abschwächen oder sogar konterkarieren. An eine solche positive Wirkungsanalyse schließt sich dann normativ die Frage an, wie die Governance-Strukturen komplementär zur Anreizregulierung gestaltet werden sollten (sog. *incentive compatibility* zwischen den Zielen des Agenten und des Prinzipals). Welchen Grad an Entscheidungsautonomie sollte beispielsweise das Management einer Netzgesellschaft bei einem „Legal Unbundling" und gleichzeitiger Preisregulierung durch einen „Price Cap" erhalten?
Will man die Regelungsprobleme umfänglich erfassen, die in Bezug auf die Anreizregulierung unternehmensintern bestehen, so sind hierfür insbesondere zwei Forschungszweige maßgeblich zu berücksichtigen: (1) Der neoklassische formal-vertragstheoretische Ansatz und (2) der verhaltensorientierte Ansatz. Trotz seiner Ausdifferenzierungen ist der erste Ansatz durchgängig dadurch gekennzeichnet, dass er als Akteur den rationalen Nutzenmaximierer unterstellt, was den Vorzug hat, dass dieser Ansatz entscheidungslogisch kompatibel mit den preistheoretischen Modellen der Anreizregulierung ist. Die Verwendung eines eindeutigen Handlungsmodells hat darüber hinaus den Vorteil, dass klare Aussagen über die Wirkungsweise spezifischer Vertragskonstruktionen bzw. Governance-Strukturen auf das Verhalten von Akteuren in Unternehmensstrukturen gemacht werden können. Allerdings steht dieser Ansatz bislang vor dem ernsten Problem, dass die durch ihn gewonnenen Vorschläge sich meist nur schwer in die Praxis umsetzen lassen, da die Vorschläge oft nicht genügend an den herrschenden rechtlich-institutionellen Rahmen anschließen. Zudem bleiben empirische Erfahrungen über die Implementation von konkreten Regulierungen häufig ausgeblendet.[26]
Umgekehrt verfügen die verhaltensorientierten Ansätze zwar über ein reichhaltiges empirisches Anschauungsmaterial darüber, wie Anreize tatsächlich in Governance-Strukturen „verarbeitet" werden, auch finden konkrete Institutionen und politische Prozesse Berücksichtigung. Allerdings ist es bislang kaum gelungen, von der Ebene fallstudienartiger Beschreibungen zu allgemeinen theoretischen Aussagen über die Wirkung von Instrumenten der Anreizregulierung in Governance-Strukturen zu kommen.[27] Dies ist jedoch unbedingte Voraussetzung für das Design von Anreizregulierungen, die auch einer konkreten rechtlichen Überprüfung standhalten. Die wirtschafts- und rechtspolitische Beratung steht somit auch bei Verwendung des verhaltensorientierten Ansatzes auf tönernen Füßen.

---

[26] *Verma/Mitnick/Marcus* Journal of Public Administration Research and Theory, Vol. 9 (1999), S. 397 ff.; *Berg, Tschirhart* Land Economics, Vol. 71 (1995), S. 310 ff.
[27] *Verma/Mitnick/Marcus* Journal of Public Administration Research and Theory, Vol. 9 (1999), S. 398 ff.

III. Anreizprobleme in Governance-Strukturen

1. Allgemeine Probleme der Anreizregulierung in Governance-Strukturen

Die Analyse von Governance-Problemen bei der unternehmensinternen Umsetzung der Anreizregulierung ist aus den eben genannten Schwierigkeiten ein noch weitgehend offenes Forschungsfeld – trotz der ganz offensichtlichen praktischen Bedeutung und hohen theoretischen Relevanz zur Fortentwicklung von Modellen der Anreizregulierung. An dieser Stelle kann daher auch kein wissenschaftlich gesicherter Katalog an Problemen und Lösungen präsentiert werden, sondern es handelt sich im Folgenden vielmehr um eine „Research-Agenda", die das Problemfeld weiter strukturieren soll. In einem ersten Schritt erscheint es dabei als sinnvoll, einige allgemeine Erkenntnisse zu präsentieren, die im Zusammenhang mit der Wirkung von Anreizen in Governance-Strukturen in ganz oder teilweise regulierten Industrien vorliegen.

Einen grundlegenden Beitrag zum Forschungsfeld hat in den letzten Jahren die Transaktionskostenökonomik geleistet, in deren Mittelpunkt die Frage nach den Wirkungen unterschiedlicher Gestaltungen von marktlichen und nichtmarktlichen Koordinationsformen steht.[28] Analyseeinheit sind dabei alle möglichen Arten von Verträgen vor dem Hintergrund der gegebenen politisch-institutionellen Umwelt sowie der technologischen Spezifika der Güter und Dienstleistungen, die betrachtet werden. An dieser Stelle ist es allerdings unmöglich, den gesamten Beitrag der Transaktionskostenökonomik zur Regulierung natürlicher Monopole auch nur annähernd wiederzugeben.[29]

Der zentrale Governance-Mechanismus der Transaktionskostenökonomik ist die vertikale Integration. Das heißt, immer wenn in der Wertschöpfungskette ein marktlicher Austauschvertrag wegen zu hoher Transaktionskosten scheitert, soll der Governance-Mechanismus „Hierarchie" an seine Stelle treten. Im Falle von Netzindustrien hieße das, dass Produktion, Netzverteilung und Vertrieb unter einheitliche unternehmerische Leitung gestellt würden, z.B. in Form einer Konzernstruktur, in der die Konzernmutter alle wesentlichen Entscheidungen trifft. Begründet werden kann dieser Governance-Modus vor allem mit den hohen versunkenen Kosten der Netzinfrastruktur und den enormen Koordinationsproblemen rund um den technisch effizienten Betrieb von Netzen, um Versorgungssicherheit zu gewährleisten.[30] Um Kostensenkungspotentiale zu erzielen, erscheint demnach eine interne Governance-Struktur als vorzugswürdig, die weniger auf marktliche, sondern stärker auf zentrale hierarchische Koordination setzt. Daraus entsteht nun aber ein Dilemma: Indem nämlich dem natürlichen Monopolis-

---

[28] *Williamson,* Markets and Hierarchies, 1975; *ders.,* The Economic Institutions of Capitalism; *ders.*, The Economist, Vol. 146 (1998), S. 23 ff.

[29] siehe hierzu mit weiterführender Literatur *Joskow* Journal of Law, Economics, and Organization, Vol. 7 (1991), Special Issue, S. 53ff.; *ders.* MIT Working Paper (January 21, 2006).

[30] *Joskow* Journal of Law, Economics, and Organization, Vol. 7 (1991), Special Issue, S. 77; sowie *ders./Noll* Stanford Law Review, Vol. 51 (1999), S. 1256 ff.

ten ermöglicht wird, eine effiziente interne Governance-Struktur zu wählen, wird mit Blick nach außen der Wettbewerb geschwächt, weil beispielsweise Wettbewerber auf den Endkundenmärkten keinen oder nur beschränkten Zugang zur Netzinfrastruktur erhalten (können), um nicht die Effizienz der internen Governance-Struktur des natürlichen Monopolisten zu gefährden. Die Regulierungsbehörde wird damit nicht nur vor das Problem gestellt, sehr genau die interne Kostenstruktur des integrierten Monopolisten bei der Genehmigung der Tarife zu analysieren, sondern der eingeschränkte Wettbewerb lässt auch weniger Vergleiche zwischen einzelnen Anbietern zu, so dass es für den Regulierer erschwert wird, die Effizienz der Governance-Struktur und das Geschäftsmodell des integrierten Monopolisten zu beurteilen.[31]

Im Prinzip reformuliert und bestätigt die Transaktionskostenökonomik damit in differenzierter Weise die Hypothese, dass über eine entsprechende Governance-Struktur vertikal integrierte natürliche Monopolisten erhebliche Kostenvorteile aufweisen können, dass aber damit gleichzeitig eine notwendige Einschränkung des Wettbewerbs verbunden ist, was zu einem gegenläufigen Effekt hinsichtlich der Gesamtwohlfahrt führt.

Der zuletzt geschilderte Trade-Off mag aufgrund seiner Intuition auf den ersten Blick trivial erscheinen, er ist jedoch von ganz entscheidender Bedeutung. Denn nur wenn dieser Trade-Off auch tatsächlich vorliegt, muss bei der Anreizregulierung in differenzierter Weise auf die unternehmensinterne Governance-Struktur Rücksicht genommen werden, um die Regulierungsziele möglichst effizient zu erreichen. Läge der Trade-Off nicht vor, dann könnten Modelle der Anreizregulierung ohne Rücksicht auf die Effizienzwirkungen der internen Governance-Struktur von Unternehmen formuliert werden. Etwas überspitzt gesagt: Es wäre gleichgültig, ob man die Unternehmensstruktur eines natürlichen Monopolisten in das „Regulierungskorsett" eines „Legal" oder eines „Ownership Unbundlings" presst.

Auch wenn die Erkenntnisse der Transaktionskostenökonomik zum Zusammenhang von interner Governance-Struktur und Anreizregulierung als durchaus plausibel erscheinen, so heißt das jedoch nicht, dass sie bei der Regulierung von Industrien Anwendung finden würden. Joskow stellt vielmehr für die praktische Regulierungspolitik resümierend fest: „However, while transaction cost economics has played a role in the debates about vertical restructuring in these industries, and the precise form that such restructuring should take, it is my sense that the direct role of transaction cost considerations in influencing the direction of public policy has, so far, been quite modest."[32]

Nachdem sich mit Hilfe der Transaktionskostenökonomik zeigen lässt, dass vertikal integrierte Governance-Strukturen bei natürlichen Monopolisten durchaus bedeutende Kostenvorteile in der Wertschöpfungskette ermöglichen können und somit die Gestaltung der unternehmensinternen Governance ein ganz entschei-

---

[31] *Joskow* Journal of Law, Economics, and Organization, Vol. 7 (1991), Special Issue, S. 77.
[32] *Joskow* Journal of Law, Economics, and Organization, Vol. 7 (1991), Special Issue, S. 77.

dender Faktor der Kosteneffizienz ist, ist in einem nächsten Schritt etwas genauer zu untersuchen, wie externe Regulierungsanreize in Governance-Strukturen verarbeitet werden. Hierzu sind auch Erkenntnisse der verhaltensorientierten Organisationswissenschaft mit zu berücksichtigen.

Eine erste wichtige Frage ist hierbei, ob es Anhaltspunkte dafür gibt, dass Anreize in regulierten Industrien anders verarbeitet werden als in unregulierten Industrien. Dass ein solcher Unterschied besteht, dafür spricht ganz generell, dass die Selektionsumwelt, an die sich die Akteure in regulierten und unregulierten Industrien anpassen müssen, eine jeweils andere ist. Auf funktionsfähigen Märkten werden Unternehmen durch den Wettbewerbsprozess selektiert, wobei letztlich die Konsumenten darüber entscheiden, ob ein Produkt oder eine Dienstleistung Anklang findet oder nicht. Anreize zu ökonomisch effizientem Handeln gehen somit direkt vom Konsumenten aus und erfolgreiche Unternehmen sind dadurch gekennzeichnet, dass sie besonders gut die Wünsche der Konsumenten zu erfassen vermögen. Aus wohlfahrtsökonomischer Sicht sind die aus diesem Wettbewerbsprozess hervorgehenden Marktergebnisse zudem effizient.

Anders verhält es sich in regulierten Industrien. Hier wird die Selektionsumwelt quasi künstlich vom Regulierer geschaffen: Für die Gewährung einer mehr oder weniger abgesicherten Monopolstellung müssen bestimmte preisliche und qualitative Auflagen eingehalten werden. Damit steht aber nicht der Konsument im Mittelpunkt der Aufmerksamkeit des Monopolisten, sondern die Regulierungsbehörde mit ihrem Anforderungskatalog.[33] Ein Finanzanalyst bringt diese Perspektive treffend auf den Punkt: „When you buy the securities of a utility, you're buying the public utilities commission.“[34] Es ist deshalb plausibel, anzunehmen, dass die enge Beziehung zur Regulierungsbehörde in Form von Handlungsroutinen[35] in die formellen und informellen Governance-Strukturen des Unternehmens eingebettet wird. Dabei zeigen empirische Ergebnisse aus dem Bereich der amerikanischen Stromwirtschaft,[36] dass je umfassender die behördliche Aufsicht ist, die Abläufe im Unternehmen umso stärker formalisiert werden, unternehmerische Initiative gedämpft wird und paternalistische Arbeitsbeziehungen entstehen. Vereinfachend könnte man auch von einer Behördenmentalität sprechen, die sich in den Unternehmensstrukturen einnistet. Die ganze Problematik dieses Prägungsvorgangs kommt aber erst dadurch zum Ausdruck, dass er persistent bzw. pfadabhängig ist.[37] Das heißt, es lässt sich durch eine Verschärfung der Anreize und die Änderung gesetzlicher Vorschriften hinsichtlich der Governance-Struktur (z.B. ownership unbundling) nicht von heute auf

[33] *Russo* Strategic Management Journal, Vol. 13 (1992), S. 105; sowie *Kahn* Journal of Regulatory Economics, Vol. 21 (2002), S. 45.
[34] A Dark Future for Utilities, Business Week, May 28 1979, S. 114.
[35] *Nelson/Winter*, An Evolutionary Theory of Economic Growth, 1982.
[36] *Russo* Strategic Management Journal, Vol. 13 (1992); sowie *Robertson/Ward/Caldwell* Harvard Business Review, Vol. 60 (1982), S. 20 ff.
[37] *Russo* Strategic Management Journal, Vol. 13 (1992), S. 104.

morgen ein Unternehmen formen, das seine Leistungen von nun an effizient anbietet. Hat ein natürlicher Monopolist beispielsweise in der Vergangenheit intern für seine Mitarbeiter keine leistungsbezogenen Karriere- und Anreizsysteme geschaffen, dann werden funktionsfähige interne Anreizsysteme auch nicht über Nacht entstehen, wenn sich der regulative Rahmen ändert. Vielmehr ist anzunehmen, dass im Rahmen einer Anreizregulierung scharf gesetzte Anreize zumindest in einer Übergangszeit aufgrund mangelnder unternehmensinterner Routinen ins Leere laufen werden. In regulierten Industrien gibt es somit keinen Automatismus, der externe und interne Anreize so kalibriert, dass sich wohlfahrtsökonomisch effiziente Marktergebnisse einstellen - die empirischen Erfahrungen deuten eher auf das Gegenteil hin.[38]

Es lässt sich damit festhalten, dass in regulierten Industrien anders als auf funktionsfähigen Märkten keine automatische Transmission extern gesetzter Anreize durch die Governance-Struktur hindurch zu den Handlungsträgern stattfindet, vielmehr setzt sich der Marktversagenstatbestand, der zur Regulierung der Industrie führt, unternehmensintern fort. Wirtschaftspolitisch folgt daraus die Aufgabe, *komplementär* zur externen Anreizregulierung eine Regulierung der internen Governance-Struktur vorzunehmen, die die externen Anreize an die Handlungsträger im Unternehmen weiterleitet. Dabei sind jedoch die transaktionskostenökonomischen Spezifika der regulierten Industrie zu berücksichtigen, die den optimalen Grad vertikaler Integration beeinflussen. Denn nicht die Schärfe des Anreizes ist das hier zu lösende Optimierungsproblem, sondern die Realisierung dynamischer Effizienz, die immer wieder zu Kostensenkungen führt, die an den Endkunden weitergegeben werden.

2. Spezielle Probleme der Anreizregulierung in Governance-Strukturen

Nachdem im letzten Abschnitt gezeigt wurde, dass die Setzung externer Anreize im Rahmen der Anreizregulierung einer komplementären Regulierung der internen Governance-Struktur unter Berücksichtigung transaktionsökonomischer Spezifika bedarf, stellt sich nun die Frage, wie sich einzelne Anreizproblem konkret äußern und welche Maßnahmen ergriffen werden können, damit Regulierungsanreize in Governance-Strukturen Wirkung entfalten können. Bevor jedoch einigere spezielle Wirkungskanäle von Anreizen in Governance-Strukturen diskutiert werden, erscheint es sinnvoll, ein paar grundlegende Bemerkungen zur Beziehung zwischen dem Sender und dem Empfänger von Anreizregulierungen zu machen.

In einer Vielzahl von Studien aus dem sozialpsychologischen, aber auch aus dem ökonomischen Bereich, wird überzeugend dargelegt, dass hart und klar formulierte Ziele deutlich bessere Ergebnisse hervorbringen, als Ziele, die sich auf die Gestaltung des Leistungsprozesses beziehen.[39] Selbst wenn in langfristigen Beziehungen, eine Verhaltenskontrolle einer Ergebniskontrolle vorzuziehen

---

[38] *Russo* Strategic Management Journal, Vol. 13 (1992), S. 105ff.

[39] *Kahneman/Slovic/Tversky*, Judgement under Uncertainty, 1982.

ist, so sind wenigstens ergebnisorientierte Zwischenziele zu definieren, damit der Leistungserstellungsprozess sich über die Zeit nicht vom eigentlichen Regulierungsziel wegbewegt.[40]
Ganz in Übereinstimmung mit der Prinzipal-Agent Theorie sowie sozialpsychologischen Erkenntnissen ist eine weitere wichtige Anforderung an die gesetzten Anreize, dass die Ziele einfach und verständlich sind, so dass der Empfänger seine Aktivitäten adäquat auf die Zielerfüllung abstellen kann, dass aber auch der Regulierer die Einhaltung der Ziele möglichst problemlos überwachen kann. Komplexe Zielbündel tragen hingegen das Problem in sich, dass es zu unintendierten Zielkonflikten kommen kann mit nicht vorhergesehenen Marktergebnissen. Und schließlich muss der Regulierte über die Möglichkeiten und Fähigkeiten verfügen, die geforderten Ziele auch zu erreichen.[41]
Die eben gemachten Ausführungen klingen einleuchtend und erscheinen fast trivial, dennoch wird gegen sie bei der Regulierung und der Herunterbrechung von Regulierungsanreizen in Governance-Strukturen regelmäßig verstoßen. So werden beispielsweise im Entwurf des Berichts zur Anreizregulierung der Bundesnetzagentur eine Vielzahl scharfsinniger Umsetzungsempfehlungen gegeben, deren wissenschaftliche Begründbarkeit außer Frage steht, allerdings ist vor dem Hintergrund des umfangreichen Datenmaterials, das zur „Fütterung" der Modelle benötigt wird, doch zu fragen, ob die entstehende Komplexität bei der Anreizregulierung das Erreichen der Regulierungsziele nicht letztlich erschwert. Jedenfalls fehlt im Bericht eine analytische Auseinandersetzung mit einem einfach zu handhabenden Instrument der Anreizregulierung, das den oben genannten Anforderungen vergleichsweise gut entspricht, nämlich die Länge und Stabilität der Regulierungsperiode. Denn umso länger eine Preisobergrenze vom Gesetzgeber garantiert wird, desto stärker ist der Anreiz für Unternehmen, die Effizienz zu erhöhen und die Effizienzgewinne zu vereinnahmen. Wobei jedoch reziprok gilt: Umso länger die Regulierungsperiode ist, desto geringer ist der Zugewinn an Konsumentenrente. Daher erfordert zwar auch dieses einfache Anreizinstrument eine Kalibrierung hinsichtlich der Trade-Offs zwischen den Regulierungszielen, dennoch bestehen wesentlich geringere Anforderungen hinsichtlich der Feinsteuerung der Anreize.[42]
Betrachtet man noch mikroanalytischer die internen Governance-Strukturen von Unternehmen, die der Anreizregulierung unterliegen, dann geht es um die Frage, wie eine Anreizkompatibilität zwischen den von „außen" auf das Unternehmen treffenden Anreizen und den „im" Unternehmen verfolgten Zielen der Entschei-

---

[40] *Verma/Mitnick/Marcus* Journal of Public Administration Research and Theory, Vol. 9 (1999), S. 401; sowie *Eisenhardt* Management Science, Vol. 31 (1985), S. 134 ff.
[41] *Verma/Mitnick/Marcus* Journal of Public Administration Research and Theory, Vol. 9 (1999), S. 402.
[42] Siehe grds. zum Instrument des „regulatory lag" *Baumol/Klevorick* Bell Journal of Economics and Management Science, Vol. 1 (1970), S. 162 ff.; sowie *Blackmon*, Incentive Regulation and the Regulation of Incentives, 1994.

dungsträger hergestellt werden kann. Wird beispielsweise ein Legal Unbundling des Netzbetriebs gefordert, bei dem die Manager des Netzunternehmens weitgehend weisungsungebunden von der Konzernzentrale sind, dann steht hinter dieser Forderung nichts anderes als die Überlegung, dass Manager neben dem Regulierungsziel, Netzleistungen effizient und diskriminierungsfrei anzubieten, nicht gleichzeitig Weisungen der Konzernzentrale ausgesetzt sein sollen, die das Regulierungsziel konterkarieren können. Grundsätzlich gilt dabei für die Herstellung der Anreizkompatibilität von Governance-Strukturen, dass sie den in den Governance-Strukturen handelnden Personen die Möglichkeit geben muss, dass sie ihre individuellen Präferenzen befriedigen können. Erlauben die Governance-Strukturen hingegen nicht, dass die Erfüllung der Regulierungsziele auch einen positiven Beitrag zur individuellen Präferenzbefriedigung leisten, dann kann es leicht zu unintendierten Handlungsergebnissen kommen.[43] Hängen beispielsweise die Karrieremöglichkeiten in einem Konzern fast ausschließlich daran, welchen Beitrag die Netztochter zum Konzernergebnis beisteuert, ist aber das Management der Netztochter gleichzeitig per Gesetz verpflichtet, diskriminierungsfreien Zugang zum Netz zu gewährleisten, dann steht das Management vor dem Zielkonflikt, entweder die gesetzlichen Auflagen zu erfüllen und möglicherweise Nachteile bei der Karriere hinzunehmen, oder die Karrierechancen dadurch zu erhöhen, dass die Regulierung durch trickreiche Diskriminierung von Wettbewerbern unterlaufen wird. Im konkreten Einzelfall wird dieses Problem zwar sicherlich gradueller Natur sein, aber es macht nochmals deutlich, dass eine wirkungsvolle Anreizregulierung in jedem Falle einer komplementären Gestaltung rechtlicher Rahmenbedingungen bedarf, die auf die internen Governance-Strukturen abgestimmt ist.

Die hier genannten Beispiele verdeutlichen nicht nur, dass ein erfolgreiches „incentive channeling" von extern gesetzten Anreizen auf komplementäre unternehmensinterne Governance-Strukturen angewiesen ist, sondern dass die Wirkungskanäle der Anreizregulierung zudem höchst komplex sein können. Damit ist aber auch ein bedeutender Vorteil der Anreizregulierung gegenüber anderen Regulierungsinstrumenten bereits angedeutet: Denn die Anreizregulierung als abstrakter Performance-Maßstab überlässt es dem Regulierten selbst, wie er die Effizienzsteigerung realisiert. Das regulierte Unternehmen kann demnach als Agent sein spezifisches Wissen nutzen, während die Regulierungsbehörde als Prinzipal dieses Wissen – im Gegensatz zu spezifischen Verhaltensregulierungen - nicht benötigt.[44] Diese Aussage bezieht sich natürlich auch auf die Wahlmöglichkeiten hinsichtlich geeigneter unternehmensinterner Governance-Strukturen; so mag es beispielsweise in einem Fall für ein reguliertes Netzunternehmen vorteilhaft sein, im Rahmen eines „legal unbundling" ein Netzpachtmo-

---

[43] *Verma/Mitnick/Marcus* Journal of Public Administration Research and Theory, Vol. 9 (1999), S. 402 ff.

[44] *Verma/Mitnick/Marcus* Journal of Public Administration Research and Theory, Vol. 9 (1999), S. 402 ff.

dell unter Bildung einer Netz-AG zu wählen, während sich ein anderes Unternehmen dafür entscheidet, eine Netzgesellschaft als Mutterunternehmen fungieren zu lassen.[45] Durch die Zulassung einer Bandbreite von unterschiedlichen Governance-Strukturen unter der Anreizregulierung wird also ein institutioneller Wettbewerb zwischen Governance-Strukturen ermöglicht, in dem sowohl die Wettbewerber von einander lernen können, welche die kostensparendsten institutionellen Lösungen sind, als auch die Regulierungsbehörde Wissen darüber erlangt, in welchen Governance-Strukturen die Ziele der Anreizregulierung am besten umgesetzt werden. Mit diesem Wissen kann die Regulierungsbehörde beziehungsweise der Gesetzgeber dann immer zielgerichteter bestimmte Unternehmensstrukturen untersagen oder vorschreiben. Insofern ermöglicht die Anreizregulierung besser als andere Regulierungsinstrumente einen „Wettbewerb als Entdeckungsverfahren"[46] und ist ein Instrument, das mit modernen Ansätzen der Institutionenökonomik und der evolutorischen Ökonomik vereinbar ist.[47] Diese Ansicht ist auch im Entwurf des Berichts zur Anreizregulierung der Bundesnetzagentur angedeutet, wenn davon gesprochen wird, dass bei der Verwendung der Regulierungsmethoden eine „Anmaßung von Wissen" vermieden werden soll.[48]

IV. Die Lösung von Anreizproblemen in Governance-Strukturen

Nach dem bisher gesagten bleibt festzuhalten, dass das Instrument der Anreizregulierung einer komplementären Gestaltung der unternehmensinternen Governance-Strukturen bedarf, damit der extern gesetzte Anreiz den Entscheidungsträger zu den von der Regulierungsbehörde intendierten Handlungen veranlasst. Da jedoch die Wirkungskanäle von externen Anreizen in Governance-Strukturen hoch komplex sind, eine Informationsasymmetrie zwischen Regulierungsbehörde (Prinzipal) und reguliertem Unternehmen (Agent) besteht und zudem die einzelnen Unternehmen sehr heterogen sein können, ist es nicht leicht, einfache Empfehlungen zur Lösung von unternehmensinternen Anreizproblemen zu geben. Einige allgemeine Empfehlungen zur Gestaltung einer Anreizregulierung, die berücksichtigt, dass extern gesetzte Anreize die in Governance-Strukturen eingebundenen Personen auch möglichst direkt erreichen müssen, lassen sich dennoch machen:[49]

- Anreizsysteme arbeiten effektiver, wenn die gewünschten Ergebnisse „einfach" sind, gut definiert werden und sowohl vom Regulierer als auch vom

[45] Zu verschiedenen Modelltypen des Legal Unbundling siehe ausführlich *Säcker* DB 2004, 691 ff.
[46] *Hayek*, Der Wettbewerb als Entdeckungsverfahren, 1968.
[47] Siehe für eine solche Einschätzung auch *Joskow* Journal of Law, Economics, and Organization, Vol. 7 (1991), Special Issue, S. 53ff.
[48] Berichtes der BNetzA zur Anreizregulierung vom 30.06.2006, S. 45.
[49] *Verma/Mitnick/Marcus* Journal of Public Administration Research and Theory, Vol. 9 (1999), S. 404 ff.; *Russo* Strategic Management Journal, Vol. 13 (1992), S. 105ff.

Regulierten gleichermaßen verstanden werden. Dazu gehört auch, dass der Regulierer die Kausalität zwischen dem gesetzten Anreiz und der vom Regulierten erbrachten Leistung möglichst genau kennt.

- Die Anreize müssen eine ausreichende Größe haben und vom Regulierten auch präferiert werden. Ansonsten läuft der Anreiz ins Leere.
- Die Anreize müssen wiederholt gesetzt werden und das Regulierungsschema darf nach Möglichkeit nicht verändert werden, damit es vom Regulierten als glaubwürdig eingeschätzt wird. Die Belohnung aus der Anreizregulierung muss zudem unmittelbar aus der Befolgung der Regulierung folgen und darf nicht durch den Regulierten beeinflussbar sein.
- Der Wirkungskanal des gesetzten Anreizes muss möglichst kurz und direkt sein. Der Anreiz darf sich somit nicht in einer Governance-Struktur zerstreuen oder zu unklaren Verantwortlichkeiten führen.
- Die Adressaten der Anreizregulierung müssen die Fähigkeit und formale Berechtigung haben, auf den Anreiz in der gewünschten Weise zu reagieren. Der Vorstand oder die Geschäftsführung einer Netztochter darf beispielsweise hinsichtlich von Investitionsentscheidungen betreffend das Netz nicht an Weisungen des Konzernvorstandes gebunden sein.
- Die Regulierungs- und Governancekultur ist bei der Setzung von Anreizen zu berücksichtigen. Wird ein Anreiz vom Empfänger als nicht legitim eingestuft, kann es zu Abwehrreaktionen kommen. So haben viele ehemalige Staatsmonopole in der Vergangenheit ihren Mitarbeitern umfangreiche Sozialleistungen gewährt oder sogar karitative Leistungen erbracht. Diese dem eigentlichen Geschäftszweck nicht zuordenbaren Kosten stellen ein großes Kosteneinsparungspotential dar. Eine Kürzung dieser Ausgaben wird jedoch insbesondere von den Arbeitnehmern, aber auch staatlichen Gesellschaftern, oft nicht als legitim angesehen. Entscheidungsträger in Unternehmen, die über solche Kürzungen befinden müssen, sind daher häufig einem sozialen Druck ausgesetzt, der das Ziel der Anreizregulierung konterkariert. Allgemein gilt: Je pluralistischer die Gruppe der Stakeholder eines regulierten Unternehmens ist, desto schwieriger wird es, einen Anreiz zu setzen, der in der Governance-Struktur eine eindeutige Handlungsreaktion hervorruft.
- Es bedarf Zeit, bis sich Regulierungsmentalitäten ändern. Ehemals staatliche Versorger haben auf organisationaler und individueller Ebene Handlungsroutinen hervorgebracht und verankert, die nicht auf die Verbesserung der Effizienz unter Wettbewerbsbedingungen ausgerichtet sind, sondern sich an verwaltungsmäßig korrekten Maßstäben orientieren („Aktenmäßigkeit der Verwaltung", Max Weber).
- Die Ziele der Anreizregulierung können ebenfalls verfehlt werden, wenn die Konzernmutter ihrer Netztochter Ineffizienzen verzeiht und beispielsweise negative Betriebsergebnisse toleriert. Für die Gefahr einer solchen nachsichtigen Verhaltensweise der Konzernmutter spricht, dass in der Konzernmutter typischerweise die gleiche Regulierungsmentalität herrscht wie in der Netz-

tochter, da beide in der Vergangenheit gesellschaftsrechtlich und organisatorisch integriert waren.
Die hier genannten Punkte sind freilich nur ein Startpunkt für eine zukünftig noch genauere Analyse, wie die Anreizregulierung und die unternehmensinterne Governance von regulierten Unternehmen aufeinander abgestimmt werden müssen, damit die Regulierungsziele erreicht werden. Allerdings ließ sich bereits in einer empirischen Studie zur Effektivität der Anreizregulierung in der US-amerikanischen Atomstromindustrie zeigen, dass die hier genannten Punkte alle auftauchen und einen signifikanten negativen Einfluss auf das Erreichen der beabsichtigten Regulierungsziele haben.[50]
Welche Lehren lassen sich nun für den deutschen Fall der Anreizregulierung vor dem Hintergrund des Entwurfs des Berichts zur Anreizregulierung der Bundesnetzagentur ziehen?

V. Anwendung auf den deutschen Fall

1. Verständlichkeit des Regulierungsregimes

Ein erster wichtiger Punkt betrifft die Komplexität des beabsichtigten Regulierungsschemas. Im Bericht wird die Komplexität des Regulierungsschemas damit begründet, dass Deutschland über eine einzigartige heterogene Ausgangslage im Bereich der Netzinfrastruktur und der Versorgungsunternehmen verfüge, was eine differenzierte Anreizregulierung erfordere.[51] Darüber hinaus ist in dem Bericht das Bemühen ersichtlich, aus den weltweiten Erfahrungen mit den verschiedensten Regulierungsverfahren zu lernen und eine „perfekte" hybride Anreizregulierung zu entwickeln.[52] Dieses Bemühen gipfelt schließlich in einer „vereinfachten Regulierungsformel"[53], in der versucht wird, alle nur erdenklichen Parameter eingehen zu lassen, die in statistisch aufwendigen Verfahren erhoben und verifiziert werden müssen. Die Bundesnetzagentur versucht damit offensichtlich, einer „Anmaßung von Wissen"[54] vorzubeugen und die jeweils besonderen marktlichen Umstände von Unternehmen zu berücksichtigen.
Sieht man einmal von den statistischen Erhebungs- und Adäquationsproblemen ab,[55] die sich bei dem gewählten Vorgehen der Bundesnetzagentur ergeben, stellen sich vor allem zwei Probleme: Das erste ist, dass das Regulierungsschema für die mit der Umsetzung der Regulierungsanforderungen befassten Unternehmensangehörigen insoweit intransparent bleibt, als die Kausalität zwischen „Inputparametern", Handlungen und Handlungsfolgen zumindest in den ersten Re-

[50] *Verma/Mitnick/Marcus* Journal of Public Administration Research and Theory, Vol. 9 (1999), S. 395ff.
[51] Bericht der BNetzA zur Anreizregulierung vom 30.06.2006, S. 45.
[52] Bericht der BNetzA zur Anreizregulierung vom 30.06.2006, S. 47.
[53] Bericht der BNetzA zur Anreizregulierung vom 30.06.2006, S. 55.
[54] Bericht der BNetzA zur Anreizregulierung vom 30.06.2006, S. 45.
[55] *Heine/Oltmanns* AStA 2002, 242 ff.

gulierungsperioden teilweise unklar bleiben dürfte. Nicht intendierte Regulierungsergebnisse können die Folge sein. Während man dieses Problem noch als transitorisch ansehen mag, das sich durch Routinisierung über die Zeit einspielt, ist ein zweites Problem jedoch von Persistenz. Je ausgefeilter ein Regulierungsschema nämlich ist, desto mehr Koordinationslücken weist es typischerweise auch auf bzw. gibt dem Regulierten die Möglichkeit, es geschickt zu unterlaufen. Das erfordert wiederum ein Nachbessern der Regulierungsbehörde, wodurch die Komplexität des Regulierungsschemas sukzessive weiter ansteigt.[56] Die sachgerechte unternehmensinterne Umsetzung der Anreizregulierung wird damit über die Zeit hin möglicherweise immer weiter erschwert.

Nimmt man die eben geschilderte Problematik ernst, stellt sich die Frage, in welche andere Richtung die Anreizregulierung weiterentwickelt werden könnte, die zum einen einfach hinsichtlich der mit der Regulierung intendierten Kausalitäten ist, andererseits aber der Heterogenität der Unternehmen Rechnung trägt. Ein bereits angesprochenes Instrument der Anreizregulierung, das jedoch im Bericht der Bundesnetzagentur nicht explizit als Steuerungsvariable thematisiert wird, ist die Länge der Regulierungsperiode. Je länger eine Preisobergrenze (price cap) garantiert wird, desto lohnender ist es für einen Netzbetreiber, seine produktive Effizienz zu steigern und die Differenz zwischen Preisobergrenze und (sinkenden) Kosten als Gewinn einzustreichen. Die Länge der Regulierungsperiode muss dabei so gewählt werden, dass nach angemessener Zeit die Konsumenten am Produktivitätsfortschritt beteiligt werden.[57] Über diese verteilungspolitische Frage wird es freilich unterschiedliche Auffassungen geben und hierüber wird letztlich politisch zu entscheiden sein. Ein Vorteil der Regulierungsperiode als zentraler Steuerungsvariable liegt aber darin, dass es nicht nur ein Instrument ist, das sowohl für den Regulierer als auch die Regulierten klar und einfach handhabbar ist, sondern in seiner Wirkungsweise auch für den Konsumenten gut nachvollziehbar ist. Die Akzeptanz und Legitimation dieses Instruments durch den Konsumenten dürfte somit deutlich höher sein, als bei der im Bericht vorgeschlagenen Regulierungsformel.

Um die Heterogenität der zu regulierenden Unternehmen adäquat zu erfassen, könnten die bereits angesprochenen Regulierungsmenüs als Instrument dienen. Die Idee der Regulierungsmenüs besteht darin, dass Unternehmen zwischen verschiedenen Regulierungsschemata wählen können und bei der Wahl ihr spezifisches Wissen über ihre Kostensenkungsmöglichkeiten offenbaren.[58] Der Weg Heterogenitäten abzubilden, würde somit nicht darin bestehen, eine „komplexe Durchschnittsregulierung“ zu betreiben, sondern zu mehr oder weniger unterschiedlichen Regulierungsschemata überzugehen, die parallel Anwendung fin-

---

[56] *Schanze* Journal of Institutional and Theoretical Economics, Vol. 151 (1995), S. 162 ff.

[57] *Baumol/Klevorick* Bell Journal of Economics and Management Science, Vol. 1 (1970), S. 162ff.; *Blackmon*, Incentive Regulation and the Regulation of Incentives, 1994.

[58] *Laffont/Tirole*, A Theory of Incentives in Regulation and Procurement, 1993; *Joskow* MIT Working Paper (January 21, 2006), S. 7 ff.

den. Das Instrument der Regulierungsmenüs wird im Bericht der Bundesnetzagentur zwar kurz angesprochen,[59] spielt aber in der weiteren Diskussion der Anreizregulierung keine Rolle mehr. Es bleibt daher abzuwarten, welche Rolle diesem Ansatz im deutschen Modell der Anreizregulierung zukünftig noch zukommen wird.

2. Corporate Governance in Netzindustrien

Auf funktionsfähigen Märkten passen sich Unternehmen hinsichtlich der von ihnen angebotenen Produkte an die Wünsche der Konsumenten an und davon abgeleitet wählen sie die geeignete Produktionstechnologie, das Geschäftsmodell und die Unternehmensstruktur. Der „Sinn des Wettbewerbs"[60] ist es dabei, dass fortwährende unternehmerische Anpassungen eine immer bessere Erfüllung der Konsumentenwünsche ermöglichen. In Netzindustrien ist aufgrund der Eigenschaften des natürlichen Monopols die Funktionsfähigkeit des Marktes jedoch nicht gegeben, so dass im Bericht der Bundesnetzagentur zu recht argumentiert wird: „Anreizorientierte Regulierungssysteme versuchen deshalb, die Marktkräfte eines funktionsfähigen Wettbewerbs zu imitieren."[61] Dabei kann sich das anreizorientierte Regulierungssystem aber nicht auf die Vorgabe von Tarifstrukturen beschränken, sondern muss sich auch auf anreizorientierte unternehmensinterne Governance-Strukturen beziehen. So sind Energieversorgungsunternehmen durch Inkrafttreten der EG-Beschleunigungsrichtlinien (RL-2003/53/EG; RL-2003/54/EG) und deren deutsche Umsetzung im Energiewirtschaftsgesetz (§§ 6 ff. EnWG) verpflichtet, spätestens zum 1.7.2007 durch Bildung gesellschaftsrechtlich unabhängiger Netzgesellschaften, Netzgeschäft und Vertrieb zu entflechten.[62] Ökonomisch relevant ist dabei die Absicht des Gesetzgebers, dass auch bei einer Einbindung der Netzgesellschaft in einen Konzern, die Netzgesellschaft einen weisungsfreien Kern besitzen muss, der sicherstellt, dass das Management der Netzgesellschaft einen diskriminierungsfreien Zugang für Wettbewerber auf dem Netz ermöglicht und ausschließlich zum Wohle der Netzgesellschaft handelt. Wird die Netzgesellschaft in Form einer AG geführt, sind deshalb etwaige Beherrschungsverträge so zu gestalten, dass der laufende Netzbetrieb und Entscheidungen bezüglich des Netzausbaus ausdrücklich weisungsfrei bleiben. Wird die Netzgesellschaft in Form einer GmbH geführt, ist der Gesellschaftsvertrag analog zu verfassen.[63] Der Gesetzgeber hat damit klar erkannt, dass die Anreizregulierung nur zu den intendierten Marktergebnissen führt, wenn die Anreize auf eine entsprechend gestaltete Governance-Struktur treffen, die die Anreize adäquat „verarbeiten" kann. Dabei hat sich der deutsche Gesetzgeber für das sog. Legal Unbundling entschieden, wobei die

---

[59] Bericht der BNetzA zur Anreizregulierung vom 30.06.2006, S. 25.
[60] *Hayek*, Individualismus und wirtschaftliche Ordnung, 1976, S. 122 ff.
[61] Bericht der BNetzA zur Anreizregulierung vom 30.06.2006, S. 49.
[62] *Säcker* DB 2004, 691.
[63] *Säcker* DB 2004, 691ff.

Netzgesellschaft im Eigentum des Energieversorgers bleibt, aber die besprochene Weisungsfreiheit aufweisen muss. Alternativ wäre auch ein sog. Ownership Unbundling denkbar, wonach die Netzgesellschaft nicht im Eigentum des Energieversorgers bleibt, sondern gesellschaftsrechtlich vollständig eigenständig wird.
Mit dem Legal Unbundling hat der Gesetzgeber eine wichtige Entscheidung hinsichtlich der Gestaltung der Governance von Energieversorgern getroffen. Die Problematik einer anreizkompatiblen Governance-Struktur reicht freilich tiefer. Deshalb sollen im Folgenden entsprechend des deutschen Modells der Unternehmensverfassung weitere Gestaltungsverbesserungen im Bereich von Vorstand und Aufsichtsrat von Netzgesellschaften diskutiert werden.

a) Vorstand

Durch die Sicherstellung der Weisungsungebundenheit soll der Vorstand diskriminierungsfreien Zugang für Wettbewerber zum Netz gewährleisten und nur das Wohl der eigenen Gesellschaft zum Ziel haben. Diese Zielfunktion des Vorstands vorausgesetzt, wird die Anreizregulierung zu den von ihr gewünschten Ergebnissen führen, indem der Vorstand durch Nutzung von Kostensenkungspotentialen bei gegebenen Tarifen den Gewinn zu maximieren versuchen wird.
Zu fragen ist jedoch, ob bei einem Legal Unbundling tatsächlich eine solche Anreizkompatibilität zwischen den von der Regulierungsbehörde extern gesetzten Anreizen und den vom Vorstand bzw. Management individuell verfolgten Zielen bestehen. Der Vorstand wird nämlich primär daran interessiert sein, seine persönliche Position zu verbessern oder zumindest zu halten. Er wird sein Verhalten demnach danach ausrichten, wie er im Konzern weiter aufsteigen kann, indem er beispielsweise Vorstand der Konzernmutter wird, oder wie er sein Einkommen erhöhen kann. Die Realisierung beider Möglichkeiten wird davon abhängen, ob es dem Vorstand gelingt, positive Beiträge für den Gesamtkonzern zu erbringen. Im Sinne des Gesamtkonzerns kann es aber sein, dass der Vorstand der Netzgesellschaft nicht nur Gewinnmaximierung entsprechend der Vorgaben der Anreizregulierung betreibt, sondern ob es ihm gelingt, eine trickreiche Diskriminierung von Wettbewerbern zu bewerkstelligen. Diese Problematik scheint vom Gesetzgeber und der Rechtswissenschaft bereits erkannt zu sein, wenn beispielsweise Rückkehrzusagen in den Konzern nicht vom loyalen Verhalten des Vorstands während seiner Tätigkeit in der Netzgesellschaft abhängig gemacht werden dürfen. Ebenso sind hohe variable Vergütungen problematisch, die auf das Ergebnis des Gesamtkonzerns abstellen, weil sie ein die Wettbewerber diskriminierendes Verhalten des Vorstandes der Netzgesellschaft provozieren könnten.[64] Wie sind aber dann die unternehmensinternen Anreizsysteme zu gestalten, damit das Management der Netzgesellschaft Anstrengungen unternimmt, die produktive Effizienz nachhaltig zu steigern? Hierbei ist sicher-

---

[64] *Säcker* DB 2004, 692.

lich an verschiedene Parameter zu denken, von denen abhängig gemacht werden kann, wie der Vorstand entsprechend seiner Leistung entlohnt wird. In Frage kämen zum Beispiel die Steigerung der produktiven Effizienz im Vergleich zur Vorperiode, das Investitionsniveau in den Netzausbau oder der Grad an Versorgungssicherheit als Qualitätsparameter. Dabei könnte auf Daten der Bundesnetzagentur zurückgegriffen werden, die eine recht objektive Einschätzung zulassen würden, wie effizient eine Netzgesellschaft im relativen Vergleich zu anderen Netzgesellschaften zu beurteilen ist.
Für welche Leistungsbeurteilungskriterien man sich aber auch immer entscheiden mag, zwei Maßnahmen bezüglich der Governance von Netzgesellschaften sind nötig, um ein unternehmensinternes Anreizsystem zu betreiben, das mit der Anreizregulierung kompatibel ist. Die erste erforderliche Maßnahme ist, dass gesetzlich normiert werden muss, welche Leistungskriterien für eine variable Vergütung des Vorstands in Frage kommen. Es ist nämlich nicht zu erwarten, dass sich in Netzindustrien anreizkompatible Vergütungssysteme wie auf funktionsfähigen Märkten von alleine herausbilden. Oder ökonomisch formuliert: Bei der Standardsetzung muss ein Kollektivgutproblem überwunden werden. Denn obwohl die Gesamtheit der Versorgungsunternehmen durchaus mit einem mit der Anreizregulierung kompatiblen Vergütungssystem einverstanden wäre, hat jedes einzelne Versorgungsunternehmen einen Vorteil, wenn es den industrieweiten Standard unterläuft. Damit eng verbunden ist die zweite erforderliche Maßnahme. Der industrieweite Standard des Vergütungssystems muss durch eine dritte Instanz durchgesetzt werden; dies ist bei Kollektivgutproblemen typischerweise der Staat.
Bei der Implementierung anreizkompatibler Vergütungssysteme ist allerdings nicht notwendig an „harte" Gesetze und Vorschriften zu denken. Ebenso wären hybride Standardsetzungsverfahren in Analogie zu Governance-Kodizes (sog. soft law) denkbar, wie beispielsweise dem der Cromme-Kommission, dem des Berliner Netzwerks Corporate Governace oder dem der OECD zur Verbesserung der Corporate Governance. Solche Kodizes würden zudem den Vorteil aufweisen, dass sie den Unternehmen eine Bandbreite an individuellem Anpassungsspielraum belassen, indem „comply or explain" Klauseln Anwendung finden.[65] Umgekehrt hätte die Bundesnetzagentur den Vorteil, dass sie ihrerseits durch Einflussnahme auf die Fortschreibung des Kodizes, die mit den Vergütungssystemen gesammelten Erfahrungen regulativ schneller nutzbar machen könnte, als dies in „normalen" Gesetzgebungsverfahren möglich ist.
Das Beispiel variabler Vergütungssysteme in Netzgesellschaften zeigt bereits, dass bei einem Legal Unbundling elaborierte flankierende Governance-Strukturen als nötig erscheinen, um die Anreizregulierung unternehmensintern möglichst wirkungsvoll umzusetzen. Vor diesem Hintergrund fragt sich, ob ein Ownership Unbundling nicht die vorzugswürdigere ordnungspolitische Lösung wäre, weil von vornherein komplexe Abhängigkeitsverhältnisse zwischen dem

---

[65] Mt einem Überblick siehe *Kirchner* ZfbF 2002, Bd. 48 (Sonderheft), S. 93 ff.

Vorstand der Netzgesellschaft und den übrigen Konzernteilen des Versorgungsunternehmens vermieden würden. Bevor auf diese Frage aber erneut einzugehen sein wird, soll der Blick vom Vorstand als Leitungsgremium der Netzgesellschaft auf den Aufsichtsrat als zugehörigem Kontrollgremium gelenkt werden.

b) Aufsichtsrat

Aufgabe des Aufsichtsrats ist es, die Tätigkeit des Vorstands bzw. der Geschäftsführung zu kontrollieren. Bei einer Netzgesellschaft, die im Rahmen eines Legal Unbundlings entstanden ist, wird die Kontrollmehrheit in aller Regel beim Versorgungsunternehmen als Konzernmutter liegen (Blockholder). Der Aufsichtsrat ist bei seiner Überwachungstätigkeit genauso wie der Vorstand gehalten, nur das Wohl der Netzgesellschaft selbst im Auge zu haben. Allerdings wird es der Aufsichtsrat ähnlich wie der Vorstand in der Praxis schwer haben, sich von den Zielen der Geschäftspolitik der Konzernmutter zu lösen und ausschließlich und unvoreingenommen die Politik der Netzgesellschaft zu kontrollieren. Vor diesem Hintergrund ist zu überlegen, ob eine Verbesserung der Kontrolle durch den Aufsichtsrat nicht durch eine stärkere Beteiligung externer Aufsichtsratsmitglieder erreicht werden sollte.

Den Aufsichtsrat von Netzgesellschaften verpflichtend mit externen Mitgliedern zu besetzen, ist in erster Linie zwar eine Maßnahme, um die Unabhängigkeit der Netzgesellschaft weiter abzusichern. Es gibt für diese Maßnahme aber noch einen weiteren Grund, der sich aus den empirischen Untersuchungen zum Zusammenhang zwischen Unternehmenserfolg und Unternehmensführungsverfassung ableiten lässt.

Die überwiegende Zahl von Untersuchungen zur Führungsverfassung von Unternehmen zeigt, dass Unternehmen mit externen Aufsichtsrats- oder Boardmitgliedern (outside directors) einen langfristig größeren Unternehmenserfolg aufweisen als Unternehmen, die ihren Aufsichtsrat oder Board mit „Insidern" besetzen.[66] Besonders markant scheint dieser empirische Effekt bei insolventen Unternehmen ausgeprägt zu sein; so ist der Anteil an insolventen Unternehmen, die externe Aufsichtsrats- oder Boardmitglieder haben, deutlich geringer als der Anteil an Unternehmen, die „Insider" zur Unternehmensüberwachung bestellt haben.[67] Vor dem Hintergrund dieser Ergebnisse kann der Schluss gezogen werden, dass Unternehmen mit einer größeren Kontrolle durch Externe vergleichsweise bessere Unternehmensentscheidungen treffen als Unternehmen mit keiner oder nur geringer externer Kontrolle.

Auf funktionsfähigen Märkten ist das geschilderte empirische Ergebnis insofern unproblematisch, als dass es für Unternehmen zwar empfehlenswert ist, in die Unternehmenskontrolle verstärkt Externe einzubeziehen, letztlich sorgt aber die Selektion des Marktmechanismus' dafür, dass diejenigen Unternehmen, die eine

---

[66] *Lorsch,* Pawns or Potentates, 1989; sowie *Warther* Journal of Corporate Finance, Vol. 4 (1998), S. 53 ff.

[67] *Daily/Dalton* Academy of Management Journal, Vol. 37 (1994), S. 1603 ff.

„schlechte" unternehmensinterne Governance-Struktur gewählt haben, aus dem Markt ausscheiden müssen. Unternehmen mit stärkerer externer Unternehmenskontrolle weisen somit langfristig einen Überlebensvorteil gegenüber Unternehmen mit ausgeprägter Insiderkontrolle auf.
Der beschriebene Marktmechanismus greift jedoch nicht in gleichem Maße bei regulierten Industrien. Im Falle der Regulierung von Netzindustrien sollen die genehmigten Netzentgelte zur Steigerung der produktiven Effizienz anreizen, die Tarife sollen aber gleichzeitig ausreichend hoch sein, damit das Unternehmen seine Kosten decken kann.[68] Diese Problematik wird auch im Bericht zur Anreizregulierung der Bundesnetzagentur erkannt: „Die *Sicherstellung der finanziellen Überlebensfähigkeit* kann im Widerspruch zur *produktiven* Effizienz stehen, da dadurch der wirksamste Sanktionsmechanismus einer Wettbewerbswirtschaft, nämlich das Ausscheiden eines – nicht wettbewerbsfähigen – Unternehmens aus dem Produktionsprozess, beschränkt wird."[69] Nun ist es zwar prinzipiell vorstellbar, dass Netzgesellschaften insolvent werden und ihren Betrieb einstellen, die Garantie von Versorgungssicherheit und die Verpflichtung des Staates zur Daseinsvorsorge bewirkt aber, dass dies in der Praxis ein höchst seltenes Ereignis sein dürfte. Insofern werden bei Netzgesellschaften schlechte unternehmensinterne Kontrollstrukturen nicht in gleichem Maße durch den Marktmechanismus bewertet und sanktioniert wie in unregulierten Industrien.
Es liegt daher nahe, dass auch vor diesem Hintergrund die Corporate Governance von Netzgesellschaften verbessert werden könnte, wenn im Aufsichtsrat Sitze obligatorisch an Externe gingen. Auf diese Weise würde sichergestellt, dass bei einer mangelhaften Unternehmensführung in bezug auf die Steigerung der produktiven Effizienz im Rahmen der Anreizregulierung, sich der Aufsichtsrat gegenüber dem Vorstand eher zu Wort meldet.
Wie beim Vorstand stellt sich beim Aufsichtsrat die Frage, mit welchen rechtlichen Instrumenten eine Verbesserung der Governance konkret zu erzielen wäre. Dabei ist zunächst wieder auf Verhaltenskodizes hinzuweisen, in denen entsprechend des Prinzips „comply or explain" die Bestellung externer Aufsichtsratsmitglieder für Netzgesellschaften nachdrücklich zu fordern wäre. Zu denken wäre aber auch an explizitere gesellschaftsrechtliche Vorgaben. Sieht man einmal von der Möglichkeit ab, entsprechende Vorgaben für Netzgesellschaften direkt im Aktiengesetz und GmbH-Gesetz vorzusehen, wäre eine vergleichsweise einfache Möglichkeit, die Montanmitbestimmung auf Netzgesellschaften auszuweiten. Damit wäre gewährleistet, dass sowohl von der Arbeitnehmerbank aus als auch von Seiten der Kapitalgeber externe Aufsichtsräte benannt werden müssen. Das neutrale Aufsichtsratsmitglied käme dabei noch hinzu.

---

[68] *Joskow/Noll* Stanford Law Review, Vol. 51 (1999), S. 1269.
[69] Bericht der BNetzA zur Anreizregulierung vom 30.06.2006, S. 33.

c) Ownership Unbundling

Vor dem Hintergrund der diskutierten Vorschläge, wie die unternehmensinternen Governance-Strukturen von Netzgesellschaften gestaltet werden könnten, damit ein möglichst reibungsloses „incentive channeling" der Anreizregulierung im Rahmen eines Legal Unbundlings ermöglicht wird, ist abschließend zu klären, ob nicht ein Ownership Unbundling die grundsätzlich vorzugswürdigere ordnungspolitische Lösung gegenüber dem praktizierten Legal Unbundling wäre.

Für ein Ownership Unbundling spricht als stärkstes Argument, dass die komplexen Abhängigkeitsverhältnisse zwischen der Führung der Netzgesellschaft und dem Versorgungsunternehmen (Holding) aufgelöst würden. Die von der Anreizregulierung gesetzten Anreize würden damit sehr viel weniger in der Gefahr stehen, von konkurrierenden Anreizen, die durch das Versorgungsunternehmen gesetzt werden, in den Governance-Strukturen der Netzgesellschaft abgeschwächt zu werden. Wie gezeigt, gibt es zwar auch im Rahmen eines Legal Unbundlings Möglichkeiten, das „incentive channeling" zu unterstützen, die dabei zum Einsatz gelangenden Maßnahmen erfordern jedoch eine vergleichsweise komplexe Wirkungsanalyse, um zielgerichtet eingesetzt werden zu können. Auch vor diesem Hintergrund erscheint daher das Ownership Unbundling als das robustere Instrument, um die von der Anreizregulierung angestrebten Ziele zu verwirklichen.

Auf einen entscheidenden Vorteil des Ownership Unbundlings sei abschließend noch hingewiesen. Aufgrund der Eigenschaften des natürlichen Monopols muss die Anreizregulierung so dosiert sein, dass Netzgesellschaften unter Ausschöpfung von Effizienzreserven die Chance haben, ihre Kosten zu decken. Diese Anforderung an das Regulierungsregime sowie die Sicherstellung von Versorgungssicherheit im Rahmen der staatlichen Daseinsvorsorge schwächt nach Voraussetzung den Selektionsmechanismus des Wettbewerbs. Durch die unternehmerische Verbundenheit von Versorgungsunternehmen und Netzgesellschaft beim Legal Unbundling wird die Insolvenz einer Netzgesellschaft darüber hinaus noch unwahrscheinlicher.

Im Rahmen eines Ownership Unbundlings bleibt die Problematik des natürlichen Monopols freilich bestehen, ebenso das Erfordernis der Versorgungssicherheit, aber der marktliche Selektionsmechanismus kommt dennoch deutlich stärker zum Zuge. Denn eine rechtlich vollständig unabhängige Netzgesellschaft wird anteilsmäßig wohl nicht mehr zu hundert Prozent, wie es beim Legal Unbundling typisch ist, von einem Versorgungsunternehmen gehalten, sondern die Eigentümerstruktur wird heterogener und kapitalmarktnäher sein. Damit werden Netzgesellschaften, die eine ungünstige Betriebsgröße haben oder vom Management schlecht geführt werden, zu Übernahmekandidaten. Der Markt für Unternehmenskontrolle kann sich somit beim Ownership Unbundling entfalten und zumindest für eine Anpassung der Betriebsgrößenstruktur und der Verbesserung der Managementkompetenz bei Netzgesellschaften sorgen. Dass eine Anpassung der Betriebsgrößen durch horizontale Fusionen der kartellrechtlichen Begleitung bedarf, versteht sich dabei von selbst.

VI. Zusammenfassung

In diesem Beitrag wurde der Frage nachgegangen, welcher komplementären unternehmensinternen Governance-Strukturen es bedarf, damit die von der Anreizregulierung von *außen* an ein Unternehmen gerichteten Anreize möglichst direkt und unverfälscht von den Entscheidungsträgern *im* Unternehmen umgesetzt werden. Dabei handelt es sich um eine Problemstellung, die in der Diskussion zur Ausgestaltung der Anreizregulierung - mit wenigen Ausnahmen[70] - bislang weitgehend unbearbeitet geblieben ist. Die Ausführungen in diesem Beitrag verstehen sich daher weniger als eine Darstellung gesicherter Forschungsergebnisse, sondern als Sensibilisierung für einen notwendig zu bearbeitenden Forschungszweig im Rahmen der Anreizregulierung.
Die Beschäftigung mit der Gestaltung von Governance-Strukturen zur erfolgreichen unternehmensinternen Umsetzung der Anreizregulierung erhält durch den Entwurf des Berichts der Bundesnetzagentur zur Anreizregulierung besondere Aktualität - zumal in dem Bericht die Frage adäquater unternehmensinterner Governance-Strukturen zur Umsetzung der Anreizregulierung keine Rolle spielen. Im Bericht der Bundesnetzagentur werden die zu regulierenden Energieversorgungsunternehmen vielmehr als „black box" betrachtet. Dass dies eine verkürzte Sicht des vorliegenden Regulierungsproblems ist, ist jedoch von der modernen Institutionenökonomik, insbesondere der Transaktionskostenökonomik, deutlich herausgearbeitet worden.[71]
Mit Bezug zur deutschen Anreizregulierung von Energieversorgungsunternehmen kann die Institutionenanalyse an drei Punkten ansetzen und Verbesserungsvorschläge unterbreiten:
1. Die gesetzlichen Vorgaben zur unternehmensinternen Governance-Struktur von Energieversorgungsunternehmen werden als Datum konstant gesetzt. Das Instrumentarium der Anreizregulierung kann dann darauf hin untersucht werden, ob es Gestaltungsalternativen gibt, die seine Umsetzung bei gegebener Governance-Struktur verbessern. Ergebnis dieser Analyse ist, dass die von der Bundesnetzagentur vorgeschlagene Regulierungsformel nicht dem Postulat von Einfachheit und Klarheit der Regulierung entspricht. Die Kausalitäten zwischen angestrebten Regulierungszielen, Handlungen und Handlungsfolgen werden damit für den Regulierten schwerer erkennbar, geben ihm aber auch die Möglichkeit, Regulierungen geschickt zu unterlaufen. Daher wäre zu prüfen, ob eine einfa-

---

70 *Verma/Mitnick/Marcus* Journal of Public Administration Research and Theory, Vol. 9 (1999), S. 395ff.; *Russo* Strategic Management Journal, Vol. 13. (1992), S. 105ff.
71 *Joskow* Journal of Law, Economics, and Organization, Vol. 7 (1991), Special Issue, S. 53ff.

chere und robustere Regulierungsformel nicht letztlich einen höheren Zielerreichungsgrad in Hinblick auf die angestrebten Regulierungsziele hätte.
2. Das Regime der Anreizregulierung wird als gegeben betrachtet und es wird nach Verbesserungsmöglichkeiten der bestehenden unternehmensinternen Governance von Netzgesellschaften gefragt. Konkret geht es dann um die Gestaltungsmöglichkeiten des Legal Unbundlings. Hierbei zeigt sich, dass die Unabhängigkeit von Vorstand und Aufsichtsrat von Netzgesellschaften verbesserungsfähig ist. Hinsichtlich des Vorstands ist diese Frage eng mit der Gestaltung von anreizkompatiblen Vergütungs- und Karrieresystemen verbunden. Bezüglich des Aufsichtsrates geht es im Wesentlichen um den stärkeren Einbezug externer Aufsichtsratsmitglieder in die Überwachung der Geschäftspolitik der Netzgesellschaft.
3. Schließlich kann bei gegebener Gestaltung der Anreizregulierung untersucht werden, ob nicht eine grundsätzlich andere Governance-Struktur von Netzgesellschaften zu besseren Regulierungsergebnissen führen würde. Es ist also zu fragen, inwiefern ein Ownership Unbundling einem Legal Unbundling vorzuziehen ist. Der Übergang zu einem Ownership Unbundling stellt zweifellos den ordnungspolitisch stärksten Eingriff in den bestehenden Regulierungsrahmen dar. Das Ownership Unbundling vermeidet jedoch viele der in diesem Beitrag diskutierten Governanceprobleme und schafft unternehmensinterne Governance-Strukturen, die anreizkompatibel mit der von der Bundesnetzagentur vorgeschlagenen Anreizregulierung sind.

Konzernzugehörigkeit contra Unbundling – ein (un-)lösbarer Konflikt?

Ansgar Schönborn

I. Einleitung

Der Netzbetrieb auf Verteiler- und Übertragungs- bzw. Fernleitungsebene stellt ein natürliches Monopol dar, da der Bau eines neuen Netzes parallel zu den bereits in den jeweiligen Versorgungsgebieten bestehenden Netzen in der Regel wirtschaftlich nicht realisierbar ist. Die Verwirklichung des Binnenmarktes für Energie hängt aufgrund dieser natürlichen Monopole im Netzbereich entscheidend davon ab, dass die Nutzung der bestehenden Netze allen Anbietern und Nachfragern zu objektiven, transparenten und diskriminierungsfreien Bedingungen unabhängig von konzernmäßigen Verflechtungen der vertikal integrierten Energieversorgungsunternehmen offen steht.

Die Anreizregulierung soll im Gegensatz zu „Cost of Service" bzw. „Cost Plus"-Tarifsystemen für die Netzgesellschaften die Motivation schaffen, aus freien Stücken innovations- und effizienzsteigernd zu handeln, um dadurch höhere Gewinne zu erzielen. Die Netzgesellschaften können aber ihre ganz Kreativität und konstruktive Phantasie nur dann auf die Frage richten, wie eine möglichst effiziente Leistungsbereitstellung zu erreichen ist, wenn sie hierbei nicht durch konzerninterne Vorgaben des vertikal integrierten Energieversorgungsunternehmens eingeschränkt oder behindert werden. Die Unabhängigkeit der Netzgesellschaft ist daher Voraussetzung dafür, dass die externen Vorgaben der Regulierungsbehörden im Rahmen der Anreizregulierung intern überhaupt umgesetzt werden können. Das Management der Netzgesellschaft muss rechtlich und tatsächlich die Möglichkeit haben, auf den Anreiz in der von der Regulierung erwünschten Weise zu reagieren. Die Einbindung in eine Konzernstruktur birgt demgegenüber die Gefahr einer die Regulierungsanreize abschwächenden oder diesen gar entgegenlaufenden Abhängigkeit von den Konzerninteressen des vertikal integrierten Energieversorgungsunternehmens.

II. Entflechtungsvorgaben im EnWG

Dass das EnWG a.F.[1] sein ursprüngliches Ziel, die Nutzung der bestehenden Netze allen Anbietern und Nachfragern zu objektiven, transparenten und diskriminierungsfreien Bedingungen unabhängig von konzernmäßigen Verflechtungen der Netzbetreiber zu ermöglichen, nicht erreichte, wurde unter anderem auf unzureichende Entflechtungsvorgaben zurückgeführt, die nur ein informatorisches und ein buchhalterisches Unbundling vorsahen.[2]
In den §§ 6 bis 10 des im Juli vergangenen Jahres in Kraft getretenen EnWG[3] wurden daher in (größtenteils wortgetreuer) Umsetzung der Vorgaben der Beschleunigungsrichtlinien Strom[4] und Gas[5] aus dem Jahr 2003 deutlich verschärf-

---

[1] Gesetz über die Elektrizitäts- und Gasversorgung (Energiewirtschaftsgesetz) vom 24.4.1998 (BGBl. I S. 2521) i.d.F. des Ersten Gesetzes zur Neuregelung des Energiewirtschaftsrechts vom 20.5. 2003 (BGBl. I S. 686).

[2] *Kommission,* Mitteilung an den Rat und das Europäische Parlament – Die jüngsten Fortschritte bei der Schaffung eines Elektrizitätsbinnenmarktes, KOM (2000) 297 endg., S. 4, 13; *Kommission,* Grünbuch – Hin zu einer europäische Strategie für Energieversorgungssicherheit, KOM (2000) 769 endg., S. 83f., 87; *Kommission* Mitteilung an den Rat und das Europäische Parlament – Vollendung des Energiebinnenmarktes, KOM (2001), 125 endg., Punkt 2; *Kommission,* Zweiter Benchmarkingbericht über die Vollendung des Elektrizitäts- und Erdgasbinnenmarktes, SEK (2002), 1038, S. 4, 8; *Koenig/Kühling/Rasbach* RdE 2003, 221.

[3] Gesetz über die Elektrizitäts- und Gasversorgung (Energiewirtschaftsgesetz) i.d.F. des Zweiten Gesetzes zur Neuregelung des Energiewirtschaftsrechts vom 7.7.2005 (BGBl. I S. 1970).

[4] Richtlinie 2003/54/EG des Europäischen Parlaments und des Rates vom 16.6.2003 über gemeinsame Vorschriften für den Elektrizitätsbinnenmarkt und zur Aufhebung der Richtlinie 96/92/EG, ABl. EG Nr. L 176 vom 15.7.2003, S. 37 ff. (im Folgenden: EltRL 2003).

te Entflechtungsregelungen eingeführt, die unter anderem die rechtliche Entflechtung nach § 7 und die operationelle Entflechtung nach § 8 vorschreiben. Die verschärften Entflechtungsvorgaben sollen nunmehr die organisatorischen und strukturellen Voraussetzungen schaffen, um den beschriebenen Missständen abzuhelfen und einen diskriminierungsfreien, transparenten Netzbetrieb zu ermöglichen

1. Legal Unbundling

Das rechtliche Unbundling gemäß § 7 EnWG setzt zunächst nur rein formal voraus, dass die betroffenen Netzbetreiber hinsichtlich ihrer Rechtsform unabhängig von anderen Tätigkeitsbereichen der Energieversorgung sind. Das bedeutet, dass ein bisher vertikal integriertes Unternehmen verpflichtet ist, den Netzbetrieb getrennt von den Bereichen der Erzeugung/Gewinnung und des Vertriebs in die Hände einer separaten (Netz-)Gesellschaft zu legen.[6] Ausdrücklich nicht vorgeschrieben ist eine eigentumsrechtliche Entflechtung.[7] Weder muss das Eigentums an den Vermögenswerten des Netzes auf die neugegründete Netzgesellschaft übertragen werden,[8] noch muss die Netzgesellschaft als solche auf einen konzernfremden Dritten übertragen werden.

Durch die rein formalen Anforderungen der rechtlichen Entflechtung ist aber in Bezug auf die Gewährleistung eines diskriminierungsfreien und transparenten Netzbetriebs und die interne Umsetzung der Regulierungsanreize noch wenig erreicht. Da die Netzgesellschaften weiterhin Teil des integrierten Energieversorgungskonzerns sind, bestehen die Anreize fort, die konzerneigenen Erzeugungs- und Vertriebsunternehmen gegenüber Wettbewerbern zu bevorzugen, sei es durch Quersubventionierung, Kapazitätsplanung, Gestaltung der Netzzugangsbedingungen oder Investitionssteuerung.

2. Operational Unbundling

Um dies zu verhindern, schreibt § 8 EnWG zusätzlich eine operationelle Entflechtung vor. Die vertikal integrierten Energieversorgungsunternehmen müssen die Unabhängigkeit ihrer verbundenen Netzbetreiber hinsichtlich der Organisation, der Entscheidungsgewalt und der Ausübung des Netzgeschäfts sicherstellen. Hierfür wird in § 8 Abs. 2 EnWG zunächst eine personelle Trennung vorgeschrieben. Das Leitungspersonal des Netzbetreibers muss einer betrieblichen

---

5 Richtlinie des Europäischen Parlaments und des Rates vom 26.6.2003 über gemeinsame Vorschriften für den Erdgasbinnenmarkt – „Gasrichtlinie" und zur Aufhebung der Richtlinie 98/30/EG, ABl. EG Nr. L vom 15.07.2003, S. 57 ff. (im Folgenden: GasRL 2003).

6 Vermerk der GD Energie und Verkehr zur EltRL 2003 und der GasRL 2003 vom 16.1.2004, Die Entflechtungsregelung, S. 12.

7 BT-Drucks. 15/3917, S. 52; Erwägungsgrund 8 EltRL 2003, Erwägungsgrund 10 GasRL 2003. Zum Ownership Unbundling vgl. *Baur/Pritzsche/Klaue,* Ownership Unbundling, 2006; *Müller* et 56 (2006), Heft 1/2, S. 34ff.

8 Gemeinsame Auslegungsgrundsätze der Regulierungsbehörden des Bundes und der Länder zu den Entflechtungsbestimmungen, S. 13.

Einrichtung des Netzbetreibers angehören und darf nicht gleichzeitig einer betrieblichen Einrichtung des vertikal integrierten Energieversorgungsunternehmens angehören. § 8 Abs. 3 EnWG verpflichtet die vertikal integrierten Energieversorgungsunternehmen dazu, die berufliche Handlungsunabhängigkeit der Leitung des Netzbetriebs zu gewährleisten. Hierdurch sollen einerseits Anreize unterbinden werden, die den einzelnen Netzleiter dazu verleiten könnten, zur Verbesserung der persönlichen Karrierechancen oder der persönlichen Vergütung Marktaktivitäten des eigenen vertikal integrierten Unternehmens gegenüber den Wettbewerbern zu bevorzugen. Andererseits soll sichergestellt werden, dass das Leitungspersonal keine Nachteile treffen, wenn es ausschließlich die Interessen der Netzgesellschaft wahrnimmt. Gemäß § 8 Abs. 4 EnWG müssen die Leitungen der Netzgesellschaften tatsächliche Entscheidungsbefugnisse in Bezug auf das Netzgeschäft besitzen und diese unabhängig von der Leitung und den anderen betrieblichen Einrichtungen des vertikal integrierten Energieversorgungsunternehmens ausüben können. Weisungen zum laufenden Netzbetrieb sind ausdrücklich untersagt. Zur Wahrnehmung seiner wirtschaftlichen Interessen insbesondere in Bezug auf die Rentabilität der Netztochter darf das vertikal integrierte Energieversorgungsunternehmen aber gesellschaftsrechtlichen Einfluss unter anderem durch die Festlegung allgemeiner Verschuldensobergrenzen oder die Genehmigung jährlicher Finanzpläne nehmen.

III. Konflikte zwischen Konzernrecht und Unbundling

Während die rechtliche Entflechtung relativ unproblematisch erfolgt,[9] stellt die operationelle Entflechtung nach § 8 die Unternehmen und die Regulierungsbehörden vor große Herausforderungen. Die Netzgesellschaften sind in aller Regel einhundertprozentige Tochtergesellschaften der Energieversorgungsunternehmen, meist in Form der GmbH,[10] und daher gemäß §§ 18 Abs. 1 S. 3, 17 Abs. 2 AktG als Teil eines Konzerns anzusehen. Teilweise bestehen auch zur Absicherung einer steuerlichen Organschaft Beherrschungsverträge nach § 291 Abs. 1 S. 1 AktG. Gleichzeitig sind aber die konzern- und gesellschaftsrechtlichen Einflussmöglichkeiten durch § 8 EnWG stark begrenzt, der gerade eine Unabhängigkeit des Managements der Netzgesellschaft vorschreibt und die Eigenständigkeit der Netzgesellschaft betont.

1. Die Ebene der Netzgesellschaft

Es besteht mithin eine Konfliktlage zwischen der Konzernverbundenheit der Netzgesellschaft auf der einen Seite und ihrer energierechtlich vorgegebenen Eigenständigkeit auf der anderen Seite. Auf der Ebene der Netzgesellschaft ist die dortige Leitung energierechtlich den Interessen der Netzgesellschaft verpflichtet und darf auf Konzerninteressen keine Rücksicht nehmen. Sie müsste

9 *VKU*, Unbundling im Elektrizitätsbinnenmarkt, 2002, Folge 644, S. 4.

10 *Büdenbender/Rosin*, Energierechtsreform 2005, 2005, S. 126.

stets im Rahmen des § 8 Abs. 4 ihre tatsächlichen Entscheidungsbefugnisse gegen Eingriffsversuche der Muttergesellschaft verteidigen. Gleichzeitig wird die Leitung aber durch den mit Vertretern der Muttergesellschaft besetzten Aufsichtsrat bzw. die Gesellschafterversammlung ernannt und abberufen.[11] Will die Leitung der Netzgesellschaft ihre späteren Aufstiegschancen im Konzern nicht gefährden, steht sie faktisch unter dem Druck, ein konzernloyales Verhalten zu zeigen. Auch wächst aufgrund der Entgeltregulierung der Kostendruck auf die Netze, so dass eventuelle Schwierigkeiten bei der Erfüllung konzerninterner Renditevorgaben die Neigung zu konzernfreundlichem Verhalten an anderer Stelle erhöhen können.

2. Die Ebene der Muttergesellschaft

Auf der Ebene der Muttergesellschaft besteht ebenfalls ein ständiger Konflikt zwischen dem Interesse an einer umfassenden und einheitlichen Steuerung des Konzerns einerseits und den Beschränkungen des Einflusses durch § 8 EnWG andererseits. Von dem in der Energiebranche tradierten Verständnis ausgehend, dass alle Stufen der Wertschöpfungskette trotz der Unbundling-Vorgaben weiterhin als unternehmerische Einheit zu sehen sind,[12] wird jede Muttergesellschaft versuchen, auch zukünftig einen möglichst umfassenden Einfluss auf die Netzgesellschaft zu behalten.

IV. Entwicklung in der Praxis

1. Schlankes Unbundling

In der Praxis scheint diese Konfliktlage wenigstens zur Zeit zugunsten der Konzernverbundenheit aufgelöst zu werden. Kennzeichnend ist zum einen die Durchführung eines schmalen oder schlanken Unbundlings.[13] Hierbei wird die Netzgesellschaft nur in geringem Umfang mit personellen und sachlichen Mitteln ausgestattet und wird zur Erfüllung ihrer Aufgaben in großem Umfang zur Nutzung der Dienstleistungen konzernangehöriger „shared service"-Gesellschaften verpflichtet. Dies betrifft insbesondere Kundenservice, Buchhaltung, Rechnungswesen, Datenverarbeitung, Personalwesen und juristische Dienste,[14] teilweise aber auch die technische Betriebsführung der Netze oder die Entgeltkalkulation.[15] Vorgaben der Anreizregulierung können aber nicht greifen, wenn die Netzgesellschaft durch langfristige überteuerte Serviceverträge an die Konzernmutter oder konzernangehörige Servicegesellschaften gebunden ist. Kennzeichnend für die Problematik der Auslagerung von Netztätigkeiten auf kon-

---

[11] *Säcker* RdE 2005, 85, 87, 90; A.A. wohl *Herrmann*, Europäische Vorgaben zur Regulierung der Energienetze, 2005, S. 100.
[12] *Büdenbender/Rosin*, Energierechtsreform 2005, 2005, S. 130.
[13] *von Oelhafen* VersorgungsW 2006, 105.
[14] *Schwarz* et 56 (2006), Heft 1/2, S. 22, 23.
[15] *von Oelhafen* VersorgungsW 2006, 105.

zernangehörige Servicegesellschaften sind die Aussagen des Vorstandsvorsitzenden der RWE Systems AG, *Pottgießer*, in einem Interview vom Juni diesen Jahres: „Jede Sparte hat eigene unternehmerische Verantwortung, immer aber unter Berücksichtigung vitaler Konzerninteressen. Es gilt, die Fähigkeit nachzuweisen, wirtschaftlich zu arbeiten und, wenn Konzerninteressen im Vordergrund stehen oder überlagern, diesen Konzerninteressen auch nachzukommen.“[16]

2. Internes und externes Regulierungsmanagement

Gleichzeitig widmen sich die vertikal integrierten Energieversorgungsunternehmen in umfassender Weise dem euphemistisch so benannten „externen und internen Regulierungsmanagement“.[17] Im Rahmen des externen, also nach außen gerichteten Regulierungsmanagements bringt sich die Muttergesellschaft in Verwaltungsverfahren zwischen der Netztochter und den Regulierungsbehörden ein. Dies geschieht durch die Abgabe eigener Stellungnahmen, das Aussuchen des Rechtsanwalts, die Entscheidung über Akzeptanz oder Anfechtung behördlicher Verfügungen bis hin zur eigenen Verhandlungsführung. Zum anderen wird als Maßnahme des externen Regulierungsmanagements ein umfassendes Lobbying der Muttergesellschaft in Netzfragen betrieben.[18]
Im Rahmen des internen, also nach innen gerichteten Regulierungsmanagements zielt die Muttergesellschaft darauf ab, in Fragen des Netzausbaus, des Netzzugangs und des Netzanschlusses eine einheitliche konzernweite Steuerung und Koordination zu erreichen. Dies geschieht durch die Erarbeitung juristischer Interpretationsansätze, die ökonomische Bewertung von Handlungsalternativen, die Organisation konzerninterner Abstimmungen, die Festlegung konzerninterner Zuständigkeiten oder auch direkte Weisungen an den Netzbetreiber.[19] Die Herausbildung eines eigenen Selbstverständnisses des Netzbetreibers und ein Mentalitätswechsel hin zu einer Unabhängigkeit von den Konzerninteressen des vertikal integrierten Energieversorgungsunternehmens kann so nicht erwartet werden.

V. Ownership Unbundling als Lösung?

Die radikale Antwort auf die festgestellten Schwächen bei der Umsetzung der operationellen Entflechtung wäre eine Maximalentflechtung in Form des Ownership Unbundling, wie sie in acht Mitgliedstaaten zumindest bezüglich der Übertragungsnetze schon verwirklicht ist. Hierbei müsste zwangsweise das Ei-

---

[16] Interview in et 56 (2006), Heft 6, S. 16.
[17] *Büdenbender/Rosin*, Zulässigkeit von Maßnahmen des Regulierungsmanagements, 2005, S. 12ff.
[18] *Büdenbender/Rosin*, Zulässigkeit von Maßnahmen des Regulierungsmanagements, 2005, S. 16f.
[19] *Büdenbender/Rosin*, Zulässigkeit von Maßnahmen des Regulierungsmanagements, 2005, S. 17f.

gentum am Netz an eine konzernexterne Netzgesellschaft veräußert werden.[20] Kernbestandteil einer solchen Lösung wäre das Verbot, gleichzeitig direkt oder indirekt Anteile zu halten einerseits an Unternehmen, die im Netzbetrieb tätig sind und andererseits an Unternehmen, die in der Erzeugung oder im Vertrieb tätig sind. Denkbar wäre auch eine Verstaatlichung der Netze durch Ankauf oder formelle Enteignung oder die Schaffung einer nationalen Netzgesellschaft. In ihrem vorläufigen Bericht zur sector inquiry der Gas- und Elektrizitätsmärkte führt die Kommission aus, dass eine eigentumsrechtliche Entflechtung zu erwägen ist, sollte die Umsetzung der bisherigen Entflechtungsvorschriften keine Fortschritte im Hinblick auf diskriminierungsfreien Wettbewerb auf den Energiemärkten bringen.[21]

1. Rechtliche Probleme

Der Lösungsvorschlag eines Ownership Unbundling stößt aber zum einen auf rechtliche Probleme. Diese betreffen sowohl die Kompetenz der EG als auch die Frage der Grundrechte. Aus Art. 295 EG folgt, dass die EG keine Kompetenz für „reine" Enteignungen hat.[22] Maßnahmen, die eine Regelung von Eigentumsfragen enthalten, dürfen keinen eigentumsspezifischen Charakter haben, sondern müssen primär der Verfolgung anderer Zwecke dienen. Überwindet man die Sperrwirkung des Art. 295 EG, was unter Hinweis auf vorrangige Rechtsangleichungs- und Wettbewerbsgesichtspunkte nicht ausgeschlossen erscheint, wäre ein Vorgehen der Kommission gestützt auf die Rechtsangleichungskompetenz des Art. 95 EG denkbar.[23]

Die Einführung des Ownership Unbundling wäre aber jedenfalls ein Eingriff in das auch gemeinschaftsrechtlich geschützte Eigentumsgrundrecht.[24] Im Rahmen der Verhältnismäßigkeitsprüfung müsste die Kommission nachweisen, dass die aktuellen Unbundlingvorschriften in Zusammenhang mit dem regulierten Netzzugang sich tatsächlich als unzureichend erwiesen haben, einen diskriminierungsfreien Netzbetrieb zu gewährleisten. Überprüfungsmöglichkeiten bestehen für die Kommission insoweit unter anderem aufgrund des jährlich von ihr zu erstellenden Fortschrittsbericht gem. Art. 28 EltRL 2003 bzw. Art. 21 GasRL 2003. Da § 7 Abs. 3 EnWG aber in Übereinstimmung mit den Richtlinien für die rechtliche Entflechtung der *Verteiler*netzbetreiber eine Übergangsfrist bis zum 1. Juli 2007 einräumt, lässt sich dieser Nachweis wenigstens derzeit noch nicht führen.[25]

---

[20] Vgl. zu den verschiedenen Formen des ownership unbundling *Baur/Pritzsche/Klauer*, Ownership Unbundling, 2006, S. 26ff.

[21] Preliminary Report, Sector Inquiry under Art. 17 Regulation 1/2003 on the gas and electricity markets, 16.2.2006, S. 8.

[22] EuGH Slg. 1997, I-7505 *Annibaldi*.

[23] *Baur/Pritzsche/Klauer*, Ownership Unbundling, 2006, S. 48f., 52ff.

[24] Art. 17 EU-Grundrechtscharta.

[25] *Baur/Pritzsche/Klauer*, Ownership Unbundling, 2006, S. 74.

2. Tatsächliche Probleme

Neben diese rechtlichen Probleme treten auch Probleme tatsächlicher Art. Ein Ownership Unbundling beseitigt zwar sämtliche Anreize für den Netzbetreiber, konzernfremde Wettbewerber gegenüber verbundenen Erzeugungs- und Vertriebsunternehmen zu diskriminieren. Die Loslösung aus dem Konzernverbund nimmt dem Netzunternehmen aber nicht die Motivation, seine Netzentgelte möglichst zu optimieren.[26] Im Gegenteil könnten private Finanzinvestoren noch stärker versucht sein, die Monopolrendite des Netzes abzuschöpfen, da sie keine sonstigen Verbundvorteile aus dem Betrieb des Netzes ziehen können. Eine umfassende Entgeltregulierung durch Regulierungsbehörden wäre also weiterhin erforderlich. Auch deuten Untersuchungen in England[27] an, dass die Investitionen in die Netze tendenziell zurückgingen, nachdem diese aus dem Konzernverbund herausgelöst wurden, so dass ein Ownership Unbundling der Versorgungssicherheit nicht unbedingt zuträglich sein muss. Schließlich erfordert das Ownership Unbundling hohe Transaktionskosten und ist im Gegensatz zu verhaltensorientierten Regulierungsmaßnahmen durch die Regulierungsbehörden auch kaum reversibel.[28] Das Ownership Unbundling ist daher jedenfalls zur Zeit keine realistische Lösungsmöglichkeit.

VI. Lösungsmöglichkeiten unter dem geltenden Entflechtungsregime

Es stellt sich mithin die Frage, ob das Ziel einer weitgehenden Unabhängigkeit der Netzgesellschaft zur Gewährleistung eines diskriminierungsfreien Netzbetriebs und zur unternehmensinternen Umsetzung der Regulierungsanreize auch unter dem derzeitigen Entflechtungsregime erreicht werden kann.

1. Shared Services

Hierzu müssten die Netzgesellschaften zunächst in die Lage versetzt werden, auf die Anreizregulierung mit der Hebung von Effizienz- und Produktivitätspotentialen bei der Erbringung der Netzdienstleistungen zu reagieren. Die von den vertikal integrierten Energieversorgungsunternehmen als Muttergesellschaft verfügte Auslagerung von Netztätigkeiten in konzernangehörige Servicegesellschaften müsste daher eingeschränkt werden.

---

[26] *Dannischewski,* Unbundling im Energierecht, 2003, S. 183f.; *Müller* et 56 (2006), Heft 1/2, S. 34.

[27] *Sheffield Energy & Ressources Information Service (SERIS)* The Advantages of Full Ownership Unbundling in Gas Transportation and Supply: How the European Commission Got It Wrong about the UK, April 2006, S. 8f. (www.seris.co.uk).

[28] *Baur/Pritzsche/Klauer,* Ownership Unbundling, 2006, S. 85f.

a) Vergaberecht

Vergaberecht ist hierzu, soweit es gemäß § 98 Abs. 2 Nr. 2 und 4 GWB anwendbar sein sollte, in aller Regel nicht geeignet.[29] § 10 Vergabeverordnung enthält einen Ausnahmetatbestand für die Vergabe von Dienstleistungsaufträgen an verbundene Unternehmen, sofern das beauftragte Unternehmen mindestens 80 Prozent seiner Dienstleistungsumsätze innerhalb des Konzerns erzielt. Da es hierbei nur auf die Dienstleistungsumsätze ankommt, also nicht auf die Gesamtumsätze unter Einbeziehung bspw. der Umsätze aus Energielieferungen, greift der Ausnahmetatbestand des § 10 Vergabeverordnung, solange sich die Servicegesellschaft überwiegend auf die Erbringung von Dienstleistungen im Konzern beschränkt.

b) Richtlinienkonforme Auslegung

Bei richtlinienkonformer Auslegung ist allerdings bereits die generelle Zulässigkeit der Nutzung von shared services zweifelhaft. Der deutsche Gesetzgeber hat in Abweichung von den Richtlinientexten in § 8 Abs. 2 Nr. 2 EnWG vorgesehen, dass Personen, die sonstige Tätigkeiten des Netzbetriebs ausüben, arbeitsrechtlich aber nicht der Netzgesellschaft zugeordnet sind, bei Tätigkeiten für den Netzbetrieb den fachlichen Weisungen der Leitung des Netzbetriebs unterstehen. Hieraus wird vielfach geschlossen, dass das EnWG die umfassende Nutzung von shared services billige.[30] Das Servicepersonal den fachlichen Weisungen der Leitung der Netzgesellschaft zu unterstellen, während gleichzeitig das Arbeitsverhältnis zur Servicegesellschaft aufrecht erhalten bleibt, führt für das Servicepersonal aber zu unlösbaren Loyalitätskonflikten. Wie der BGH in anderem Zusammenhang ausgeführt hat, ist „die Spaltung einer Person mit kollidierenden Pflichten...nicht möglich".[31]

aa) Grundsätzlicher Ausschluss von shared services

Daher sehen die Richtlinien eine derartige Gestaltungsmöglichkeit auch nicht vor. Vielmehr ergibt sich aus den Richtlinientexten, wie sie in § 8 Abs. 4 EnWG umgesetzt wurden, dass die in Frage stehenden Dienstleistungen in aller Regel bei der Netzgesellschaft dupliziert werden müssen.[32] Gemäß Abs. 4 S. 1 haben die vertikal integrierten Energieversorgungsunternehmen zu gewährleisten, dass die Netzbetreiber tatsächliche Entscheidungsbefugnisse in Bezug auf die für den Betrieb, die Wartung und den Ausbau des Netzes erforderlichen Vermögenswerte besitzen und diese unabhängig von der Leitung und den anderen betrieblichen

---

[29] Vgl. *von Oelhafen* VersorgungsW 2006, 105ff.

[30] *Beisheim/Edelmann,* Unbundling, 2006, S. 94; *Büdenbender/Rosin,* Zulässigkeit von Maßnahmen des Regulierungsmanagements, 2005, S. 88.

[31] BGH vom 21.12.1979, WM 1980, 163 (zu Interessenkollisionen, wenn Aufsichtsratsmitglieder zwei Gesellschaften angehören).

[32] Vermerk der GD Energie und Verkehr zur EltRL 2003 und der GasRL 2003 vom 16.1.2004, Die Entflechtungsregelung, S. 9.

Einrichtungen des vertikal integrierten Energieversorgungsunternehmens ausüben können. Hieraus ergibt sich nicht nur, dass dem Netzbetreiber rechtlich die notwendigen Entscheidungskompetenzen zustehen müssen. Vielmehr folgt aus dem Adjektiv „tatsächlich" und der Zusammenschau mit dem Gebot der unabhängigen Ausübung dieser Entscheidungsbefugnisse in § 8 Abs. 4 S. 1 EnWG am Ende, dass auch die wirtschaftliche Unabhängigkeit des Netzbetreibers dergestalt gesichert sein muss, dass dieser die gewährten Rechte praktisch realisieren kann.[33] Das Netzunternehmen muss also über ausreichende physische, personelle und finanzielle Ressourcen verfügen, um seine Aufgaben unabhängig von den anderen Teilen des integrierten Unternehmens wahrnehmen zu können.[34] Insoweit ist an eine Parallelwertung zu der aus dem europäischen Wettbewerbsrecht[35] bekannten Abgrenzung zwischen Teilfunktions- und Vollfunktionsgemeinschaftsunternehmen denken.[36] Auch bei den Gemeinschaftsunternehmen geht es um das Spannungsverhältnis zwischen gesellschaftsrechtlicher Abhängigkeit („Kontrolle") einerseits und marktbezogener Selbständigkeit andererseits.[37]
Bei diesem Verständnis sind die Möglichkeiten des „schmalen" oder „schlanken" Unbundlings begrenzt, da der Netzbetrieb als solcher selbständig handlungsfähig bleiben muss. Zumindest die technische Betriebsführung der Netze und die Entgeltkalkulation muss durch die Netzgesellschaft selbst durchgeführt werden können.

bb) Neue Zielkonflikte

Beschränkt man die Zulässigkeit der Nutzung von shared services noch weiter, entsteht allerdings ein neuer im EnWG angelegter Zielkonflikt: die umfangreiche Ausstattung der Netzgesellschaft mit eigenen sachlichen und personellen Mitteln und der Verzicht auf gemeinsame konzernweite Dienstleistungen führt zwar zu größerer Unabhängigkeit und damit zu geringeren Diskriminierungsanreizen, gleichzeitig aber auch zu Synergieverlusten und damit zu höheren Kosten, was dem Ziel einer preisgünstigen Versorgung der Allgemeinheit nach § 1 EnWG widerspricht. Auch die Regulierung der Netzentgelte durch die Regulie-

---

33 Vermerk der GD Energie und Verkehr zur EltRL 2003 und der GasRL 2003 vom 16.1.2004, Die Entflechtungsregelung, S. 12; a.A. anscheinend *Büdenbender/Rosin*, Energierechtsreform 2005, 2005, S. 164.

34 Vermerk der GD Energie und Verkehr zur EltRL 2003 und der GasRL 2003 vom 16.1.2004, Die Entflechtungsregelung, 16.1.2004, S. 12. Dies ergibt sich auch aus § 8 Abs. 4 S. 3 EnWG, der das vertikal integrierte Energieversorgungsunternehmens verpflichtet, die Einhaltung der §§ 11-16, also der Aufgaben des Netzbetreibers, sicherzustellen.

35 Art. 3 Abs. 2 Unterabs. 2 FKVO; Mitteilung der Kommission über den Begriff des Vollfunktionsgemeinschaftsunternehmens, ABl. C 66 vom 2.3.1998, S. 1.

36 Für diesen Hinweis danke im meinem Kollegen *Maik Wolf*.

37 Zum Problem der Gemeinschaftsunternehmen vgl. allg. *Immenga/Mestmäcker* EG-Wettbewerbsrecht, 1997, FKVO RdNr. 75ff.

rungsbehörden wirkt tendenziell einem umfänglichen Unbundling entgegen, da die gemeinsame Erbringung von Serviceleistungen im Konzern zumindest vordergründig kostengünstiger sein kann. Beispielsweise wäre eine eigene Rechtsabteilung der Netzgesellschaft deren Unabhängigkeit sicher zuträglich. Ob die Regulierungsbehörde aber eine eigene Rechtsabteilung im Rahmen der kostenorientierten Entgeltregulierung nach § 21 Abs. 2 EnWG akzeptieren würde bzw. ob im Rahmen der Anreizregulierung der Netzgesellschaft eine eigene Rechtsabteilung als unvermeidbarer Kostenfaktor erscheint, ist fraglich.

c) Lösungsmöglichkeit

Um den Richtlinienvorgaben nachzukommen und gleichzeitig Effizienzsteigerungen zu ermöglichen, kommt es daher darauf an, dass die Netzgesellschaft die Kontrolle über ihre Serviceverträge behält. Um ihre tatsächliche Entscheidungsbefugnis sicherzustellen, muss es der Netzgesellschaft möglich sein, überteuerte Serviceverträge mit konzernangehörigen Servicegesellschaften zu beenden und derartige Verträge mit externen Anbietern zu schließen. Auch hier bietet die Entscheidungspraxis zu den Vollfunktions- und Teilfunktionsgemeinschaftsunternehmen Anschauungsmaterial. Im Fall *Nokia/Autoliv* wurden Serviceverträge, die das Gemeinschaftsunternehmen mit der Muttergesellschaft abgeschlossen hatte, dann als unproblematisch angesehen, wenn sie durch das Gemeinschaftsunternehmen jederzeit kündbar sind.[38]

Fehlt es an der jederzeitigen bzw. kurzfristigen Kündbarkeit, sind langfristige Verträge der Netzgesellschaft mit einer konzernangehörigen Servicegesellschaft, die, beeinflusst durch die Konzernmutter oder aus freien Stücken, zu überhöhten Preisen (bspw. aufgrund höherer Personalkosten im Konzern) abgeschlossen wurden, unwirksam. Für die Leitung der Netzgesellschaft stellt der Abschluss derartiger überteuerter Verträge einen Missbrauch der Vertretungsmacht dar, da sie entgegen den Unbundlingvorschriften ihre Pflicht zur Wahrnehmung der Interessen der Netzgesellschaft verletzt. Für die Leitung der Service- bzw. der Muttergesellschaft ist dieser Missbrauch der Vertretungsmacht zumindest evident erkennbar,[39] wenn nicht sogar ein kollusives Zusammenwirken[40] im Konzern vorliegt. Langfristige Altverträge genießen keinen Vertrauensschutz, sofern sie nach 1998 bzw. zumindest nach 2003 abgeschlossen wurden, da spätestens mit Inkrafttreten der EltRl 2003 und der GasRL 2003 absehbar war, dass aufgrund der Unbundlingvorschriften die Netzgesellschaften tatsächliche Handlungsfreiheiten wahrnehmen können und müssen.

---

[38] *Kommission* IV/M.686 – *Nokia/Autoliv* vom 5. Februar 1996.

[39] Vgl. zur Fallgruppe der Erkennbarkeit BGHZ 113, 315, 320; Palandt/*Heinrichs* § 164 RdNr. 14.

[40] Vgl. zur Fallgruppe der Kollusion BGH NJW 1989, 26; Palandt/*Heinrichs* § 164 RdNr. 13.

2. Internes und externes Regulierungsmanagement

Weiterhin müsste das sogenannte interne und externe Regulierungsmanagement durch die Muttergesellschaften auf ein verträgliches Maß begrenzt werden. Möglichkeiten hierzu bietet bei richtigem Verständnis ebenfalls § 8 Abs. 4 EnWG. Nach § 8 Abs. 4 S. 2 EnWG ist in Einschränkung der grundsätzlichen Unabhängigkeit des Netzbetreibers aus § 8 Abs. 4 S. 1 EnWG dem vertikal integrierten Energieversorgungsunternehmen die Nutzung gesellschaftsrechtlicher Instrumente der Einflussnahme und Kontrolle, unter anderem der Weisung, der Festlegung allgemeiner Verschuldungsobergrenzen und der Genehmigung jährlicher Finanzpläne oder gleichwertiger Instrumente, zur Wahrnehmung seiner wirtschaftlichen Interessen gestattet. § 8 Abs. 4 S. 4 EnWG untersagt ausdrücklich Weisungen zum laufenden Netzbetrieb und zu baulichen Maßnahmen, solange sich diese im Rahmen eines genehmigten Finanzplanes halten. Teilweise wird hieraus geschlossen, dass das Energieversorgungsunternehmen immer dann alle denkbaren Maßnahmen des Regulierungsmanagements bis hin zu Einzelfallweisungen ergreifen kann, wenn seine wirtschaftlichen Interessen im Sinne des § 8 Abs. 4 S. 2 EnWG betroffen sind. Dies gelte auch dann, wenn sich Verfügungen der Regulierungsbehörde an die Netzgesellschaft richteten.[41] Die Rentabilitätsinteressen der Muttergesellschaft sind aber bei fast allen Maßnahmen des Netzbetreibers betroffen, sei es bei Entscheidungen über den Netzausbau, die Kalkulation der Netzentgelte oder die Gewährung von Rabatten bei Baukostenzuschüssen.

a) Richtlinienkonforme Auslegung

Gegen derart umfassende Eingriffsbefugnisse der Muttergesellschaft spricht eine richtlinienkonforme Auslegung des § 8 Abs. 4 S. 2 EnWG. Im Gegensatz zur deutschen Umsetzung nennt der Richtlinientext als Beispiele für zulässige Instrumente der Einflussnahme und Kontrolle nur die Genehmigung jährlicher Finanzpläne und die Festlegung genereller Verschuldungsgrenzen, aber gerade nicht die Weisung.[42] „Gleichwertige Instrumente" im Sinne des Richtlinientextes können daher nur solche sein, die in ihrer Funktion und Wirkung einem jährlichen Finanzplan entsprechen oder hinter diesem zurückbleiben.[43] Einzelfallbezogene Eingriffe der Muttergesellschaft sind bei richtlinienkonformer Auslegung des § 8 Abs. 4 S. 2 EnWG ausgeschlossen.

---

[41] *Büdenbender/Rosin,* Zulässigkeit von Maßnahmen des Regulierungsmanagements, 2005, S. 43, 80ff.

[42] Art. 10 Abs. 2 lit. c), 15 Abs. 2 S. 2 lit. c) EltRL 2003, Art. 9 Abs. 2 lit. c), 13 Abs. 2 S. 2 lit. c) GasRL 2003.

[43] Vermerk der GD Energie und Verkehr zur EltRL 2003 und der GasRL 2003 vom 16.1.2004, Die Entflechtungsregelung, 12; a.A. ohne Berücksichtigung der Richtlinientexte *Büdenbender/Rosin,* Zulässigkeit von Maßnahmen des Regulierungsmanagements, 2005, S. 43.

Beispielsweise kann die Muttergesellschaft im Rahmen der Genehmigung der jährlichen Finanzpläne den oberen finanziellen Rahmen der baulichen Investitionen abstecken, wobei aber gemäß § 8 Abs. 4 S. 3 EnWG der nach § 11 Abs. 1 S. 1 EnWG energierechtlich notwendige bedarfsgerechte Ausbau mindestens genehmigt werden muss. Innerhalb dieses Rahmens trifft die Netzgesellschaft die Entscheidung über das „Ob“ und „Wie“ einer konkreten Investitionsmaßnahme.[44] Da sich die Netzgesellschaft nach Abs. 4 S. 4 auch nur an den Rahmen des genehmigten Finanzplans halten muss, ist sie nicht an die eventuelle Festlegung einzelner Baumaßnahmen gebunden.[45] Auch ein Einschreiten der Muttergesellschaft in Verfahren zwischen der Regulierungsbehörde und der Netzgesellschaft, sei es direkt oder mittelbar über die Mandatierung eines Rechtsanwalts, ist nicht erlaubt, solange es sich um ein Einzelverfahren handelt, beispielsweise einen Streit über die Verpflichtung zu einem bestimmten Netzausbau, dessen wirtschaftliche Auswirkungen den Rahmen eines jährlichen Finanzplans noch nicht überschreiten.

b) Aufsichtsmaßnahmen

Die Regulierungsbehörden können zur Durchsetzung der Entflechtungsregelungen nach § 65 EnWG Aufsichtsmaßnahmen ergreifen.[46] Gemäß § 95 Abs. 1 Nr. 3 EnWG sind Zuwiderhandlungen bußgeldbewehrt. Die Monitoringbefugnisse der BNetzA für eine systematische und flächendeckende Ermittlung von Marktinformationen gemäß § 35 EnWG erstrecken sich gemäß Nr. 5 jedoch nur auf die tatsächliche Entflechtung der Rechnungslegung nach § 10 EnWG, nicht auf die Umsetzung der sonstigen Entflechtungsvorschriften.

Problematisch ist insoweit, dass für die Regulierungsbehörden nur das externe Regulierungsmanagement unmittelbar sichtbar ist, also bspw. das Auftreten der Muttergesellschaft in Verfahren zwischen der Regulierungsbehörde und der Netzgesellschaft. Das interne Regulierungsmanagement dürfte nur schwer aufzuspüren und noch schwerer abzustellen sein.

3. Berufliche Handlungsunabhängigkeit

Eine Begrenzung des Einflusses der Muttergesellschaft wird aber ohne durchgreifenden Erfolg bleiben, solange sich die Leitung der Netzgesellschaft von sich aus an den Konzernvorgaben orientiert. Hier soll § 8 Abs. 3 EnWG Abhilfe

---

[44] Ebenso *Lecheler/Herrmann* WuW 2005, 482, 488; einschränkend *Büdenbender/Rosin*, Energierechtsreform 2005, 2005, S. 167, die das „Ob“ einer Investitionsmaßnahme der Muttergesellschaft zuordnen.

[45] Im Ergebnis ebenso *Lecheler/Herrmann* WuW 2005, 482, 488; unklar *Otto* RdE 2005, 261, 265; a.A. *Büdenbender/Rosin*, Zulässigkeit von Maßnahmen des Regulierungsmanagements, 2005, S. 69f., die es der „Finanzhoheit“ der Muttergesellschaft anheim stellen, den Finanzplan mehr oder weniger detailliert auszugestalten.

[46] Sie sollen nach der Gesetzesbegründung aber bei der Durchsetzung der Entflechtungsbestimmungen die Grenzen des dem betroffenen Unternehmen technisch, zeitlich und wirtschaftlich Zumutbaren beachten, BT-Drucks. 15/3917, S. 51.

schaffen, der die vertikal integrierten Energieversorgungsunternehmen verpflichtet, die berufliche Handlungsunabhängigkeit der Leitung des Netzbetriebs zu gewährleisten. Es sollen also einerseits Anreize unterbunden werden, die die Leitung des Netzbetriebs dazu verleiten könnten, Marktaktivitäten des eigenen vertikal integrierten Energieversorgungsunternehmens gegenüber den Wettbewerbern zu bevorzugen. Als Kehrseite soll sichergestellt werden, dass die Leitung des Netzbetriebs keine Nachteile trifft, wenn sie ausschließlich die Interessen der Netzgesellschaft wahrnimmt.[47]

a) Vergütung

Daher dürfen sich leistungsabhängige Vergütungselemente nur am Erfolg der Netzgesellschaft orientieren und nicht am Erfolg anderer Einheiten wie Vertrieb oder Erzeugung.[48] Sonst bestünden Anreize, trotz der Diskriminierungsverbote der §§ 20 Abs. 1, 21 Abs. 1 EnWG Entscheidungsspielräume zugunsten der Vertriebs- und Erzeugungsinteressen des verbundenen Energieversorgungsunternehmens und damit zugunsten der eigenen Vergütung zu nutzen. Diese Gefahr besteht auch bei einer Orientierung der leistungsabhängigen Vergütung am Erfolg des Gesamtkonzerns.[49] Der unternehmerischen Realität der Orientierung des einzelnen am Erfolg des Gesamtkonzerns soll durch die Unbundlingvorschriften gerade entgegengewirkt werden.[50] Bezieht man die leistungsabhängige Vergütung der Netzleitung demnach ausschließlich auf den Erfolg der Netzgesellschaft, entsteht aber ein neues Problem.[51] Da der Erfolg der Netzgesellschaft zu einem erheblichen Anteil durch Preisregulierungsvorgaben bestimmt ist, besteht die Gefahr, dass die Vergütung bzw. zumindest die Vergütungschancen der Netzleitung hinter denen der Leitung anderer Konzerngesellschaften zurückbleiben. Dies kann zum einen in sich eine wiederum unzulässige Schlechterstellung der Leitung der Netzgesellschaft darstellen und erhöht zum anderen nicht die Motivation unabhängiger Führungskräfte, die Leitung einer Netzgesellschaft anzustreben.

---

[47] Gemeinsame Auslegungsgrundsätze der Regulierungsbehörden des Bundes und der Länder zu den Entflechtungsbestimmungen, S. 19.

[48] BT-Drucks. 15/3917, S. 54; Gemeinsame Auslegungsgrundsätze der Regulierungsbehörden des Bundes und der Länder zu den Entflechtungsbestimmungen, S. 19; Vermerk der GD Energie und Verkehr zur EltRL 2003 und der GasRL 2003 vom 16.1.2004, Die Entflechtungsregelung, S. 8; *Säcker* RdE 2005, 85, 87; *Jones*, EU-Energy Law, Bd. 1, RdNr. 4.27; *Schlotjunker/Rubner* et 54 (2004), S. 11, 13.

[49] Vermerk der GD Energie und Verkehr zur EltRL 2003 und der GasRL 2003 vom 16.1.2004, Die Entflechtungsregelung, S. 8; *Säcker* RdE 2005, 85, 87; *Jones*, EU-Energy Law, Bd. 1, RdNr. 4.27; *Schlotjunker/Rubner* et 54 (2004), S. 11, 13; a.A. *Büdenbender* et 56 (2006), Heft 4, S. 81, 88; teilweise auch *Otto* RdE 2005, 261, 263; *Büdenbender/Rosin*, Energierechtsreform 2005, 2005, S. 153 (nur wesentliche Anteile ausgeschlossen).

[50] A.A. *Otto* RdE 2005, 261, 264.

[51] Vgl. *Büdenbender* et 56 (2006), Heft 4, S. 81, 89.

b) Laufzeiten der Anstellungsverträge

Zur Gewährleistung der beruflichen Handlungsunabhängigkeit zählt auch die Verhinderung mittelbarer oder längerfristig angelegter beruflicher Nachteile. Eingegangen werden soll hier nur auf die Laufzeiten der Anstellungsverträge.

Die grundsätzliche Zulässigkeit von Befristungen ergibt sich für die Netzgesellschaft in Form der AG schon aus der in § 84 Abs. 1 S. 5, 1. Hs. AktG enthaltenen Beschränkung auf fünf Jahre. In relativer Hinsicht dürfen die Laufzeiten der Anstellungsverträge der Leitung der Netzgesellschaft jedenfalls nicht nach unten von denen in anderen Konzerngesellschaften abweichen.[52] Dies ist aber für sich genommen nicht ausreichend.[53] Im Gegensatz zu den Leitungen anderer Konzerngesellschaften ist für die Leitung der Netzgesellschaft die berufliche Handlungsunabhängigkeit gemäß § 8 Abs. 3 besonders zu gewährleisten. Auch steht nur die Leitung der Netzgesellschaft gemäß § 8 Abs. 4 unter dem Druck, tatsächliche Entscheidungsbefugnisse unter Umständen entgegen den Konzerninteressen durchzusetzen.

Daher muss auch in absoluter Hinsicht eine Mindestlaufzeit der Anstellungsverträge sichergestellt werden. Laufzeiten von mindestens einem Jahr sind keinesfalls ausreichend,[54] da hierdurch bereits eigenständige Investitionsentscheidungen innerhalb des nach Abs. 4 S. 2 zulässigerweise vorgegebenen jährlichen Finanzplans faktisch nicht ohne Rücksichtnahme auf die Interessen der Muttergesellschaft zu erwarten sind. Aber selbst wenn man orientiert an § 84 AktG eine Laufzeit von fünf Jahren fordern würde, ist zumindest bei Managern, die noch nicht das 60. Lebensjahr erreicht haben und daher wiederbestellt werden wollen, kaum zu erwarten, dass sie sich von Sorgen um ihre zukünftige Karriere frei machen und ihre weitgehende Unabhängigkeit nach § 8 Abs. 4 gegen Konzerninteressen verteidigen.

Der Konflikt zwischen konzernrechtlicher Abhängigkeit und der von § 8 Abs. 4 vorgeschriebenen Unabhängigkeit führt daher zu einer systematischen normativen Überforderung der Leitung des Netzbetriebs.

VII. Zusammenfassung

Damit die Anreizregulierung ihre volle Wirkung entfalten kann, müssen die Netzgesellschaften als Adressaten rechtlich und tatsächlich in der Lage sein, den Anreizen entsprechend zu reagieren. Die hierfür erforderliche und durch die Entflechtungsregelungen angestrebte Unabhängigkeit der Netzgesellschaft konfligiert mit deren konzernbedingter Abhängigkeit. Dieser Konflikt ist in weiten Teilen nicht lösbar.

---

[52] Gemeinsame Auslegungsgrundsätze der Regulierungsbehörden des Bundes und der Länder zu den Entflechtungsbestimmungen, S. 19.

[53] A.A. *Büdenbender/Rosin,* Energierechtsreform 2005, 2005, S. 153.

[54] A.A. *Büdenbender* et 56 (2006), Heft 4, S. 81, 88.

Ein Ownership Unbundling beseitigt zwar alle Diskriminierungsanreize, führt aber unter Umständen zu höheren Netzentgelten sowie geringeren Investitionen und ist aus grundrechtlichen Erwägungen zumindest derzeit nicht umsetzbar. Das interne und externe Regulierungsmanagement der vertikal integrierten Energieversorgungsunternehmen verstößt zwar in weiten Teilen gegen § 8 Abs. 4 EnWG. Für die Regulierungsbehörden ohne weiteres abstellbar ist aber nur das nach außen in Erscheinung tretende externe Regulierungsmanagement.
Eine der Netzgesellschaft durch die Konzernmutter auferlegte verpflichtende Nutzung von shared services konzernangehöriger Dienstleistungsgesellschaften verstößt gegen § 8 Abs. 4 S. 1 und 3 EnWG. Die Netzgesellschaft muss die Wahl haben, Serviceverträge mit konzernangehörigen Gesellschaften oder externen Anbietern abzuschließen, um Effizienzsteigerungen zu erreichen. Langfristige, überteuerte Serviceverträge mit Konzerngesellschaften sind wegen evidenten bzw. kollusiven Missbrauchs der Vertretungsmacht unwirksam. Die Durchsetzung dieser Freiheiten hängt allerdings von der persönlichen Handlungsunabhängigkeit der Leitung des Netzbetriebs ab, die sich lässt mit rechtlichen Mitteln nicht erzwingen lässt.
Allerdings kann das Recht insoweit weitere Hilfestellungen geben. Hält man sich vor Augen, dass die Richtlinienvorgaben zur Entflechtung nur Mindestvorgaben sind,[55] ist der deutsche Gesetzgeber nicht gehindert, über die bis jetzt praktizierte annähernd wortgetreue Umsetzung hinauszugehen. Denkbar wäre zum einen, für die Netzgesellschaft die Rechtsform der AG vorzuschreiben. Hierdurch würde zumindest im Ansatz die Unabhängigkeit der Leitung der Netzgesellschaft gestärkt. Denkbar wäre weiterhin eine Verpflichtung zur markenmäßigen Entflechtung.[56] Getrennte Marken könnten zur stärkeren Ausbildung einer getrennten Unternehmenskultur im Bewusstsein der Mitarbeiter beitragen. Bereits de lege lata ist schließlich zu überlegen, ob aufgrund der Entflechtungsvorschriften das Konzernprivileg im Rahmen des Kartellrechts[57] nicht mehr greift, da den Netzgesellschaften nach § 8 Abs. 4 EnWG eigene Handlungsfreiheiten zugestanden werden müssen. Dann könnte bei Verstößen gegen die Art. 81f. EG auch die Kommission über Art. 7 Abs. 1 VO 1/2003 ermächtigt sein, weitere strukturelle Entflechtungsmaßnahmen anzuordnen.

---

[55] Vermerk der GD Energie und Verkehr zur EltRL 2003 und der GasRL 2003 vom 16.1.2004, Die Entflechtungsregelung, S. 15.
[56] Vermerk der GD Energie und Verkehr zur EltRL 2003 und der GasRL 2003 vom 16.1.2004, Die Entflechtungsregelung, S. 15.
[57] Zum Konzernprivileg EuGH, C-73/95P, Slg. 1996, I-5457 *Viho/Parker Pen.*

Die geplante Anreizregulierung in der deutschen Elektrizitätswirtschaft: Einige ökonomische Anmerkungen

Justus Haucap[1] und Peter Rötzel[2]

I. Einleitung

Die Elektrizitätswirtschaft hat in den vergangenen acht Jahren in Deutschland einen drastischen Wandel ihres ordnungspolitischen Rahmens erlebt. Nachdem sich der deutsche Gesetzgeber 1998 zunächst für den verhandelten Netzzugang entschieden hatte,[3] wobei verschiedene Interessenverbände aus der Elektrizitätswirtschaft strukturelle Ausgestaltung der Netznutzungspreise sowie weitere Netzzugangsbedingungen in Form der sog. Verbändevereinbarungen selbst festschreiben durften,[4] obliegt nach der Novelle des Energiewirtschaftsgesetzes (EnWG) im Jahr 2005 die Kontrolle der Netznutzungsgebühren seit 2006 der Bundesnetzagentur (BNetzA). Mit §112a EnWG wurde die BNetzA beauftragt, bis zum 1. Juli 2006 einen Bericht zur Einführung einer Anreizregulierung vor-

---

[1] Ruhr-Universität Bochum, Fakultät für Wirtschaftswissenschaft, Lehrstuhl für Wettbewerbstheorie und -politik, Universitätsstr. 150, GC3/62, D-44780 Bochum, Germany. Fax: ++49 234 32 14311, email: justus.haucap@rub.de.

[2] Ruhr-Universität Bochum, Fakultät für Wirtschaftswissenschaft, Lehrstuhl für Wettbewerbstheorie und -politik, Universitätsstr. 150, GC3/53, D-44780 Bochum, Germany. Fax: ++49 234 32 14311, email: peterroetzel@bundeswehr.org.

[3] Die 1997 erlassene Strombinnenmarktrichtlinie (1996/92/EG) sah grundsätzlich drei Optionen für die Öffnung des Netzzugangs vor: Den verhandelten Netzzugang (nTPA), das Alleinabnehmermodell (SB) und den regulierten Netzzugangs (rTPA).

[4] Die tatsächliche Einhaltung der vereinbarten Netzentgelte und die Vereinbarkeit der Verbändevereinbarung mit dem Wettbewerbsrecht sollte dabei im Rahmen einer Ex-Post-Missbrauchskontrolle durch die Kartellämter überprüft werden, vgl. z.B. *Bier* Regulierter oder verhandelter Zugang zum Stromnetz? Eine ökonomische Analyse unter Berücksichtigung imperfekter Aufsichtsbehörden, 2002.

zulegen, der ein umsetzbares Konzept enthält. Am 30. Juni 2006 ist die Bundesnetzagentur dieser Pflicht nachgekommen und hat ihren Bericht zur Einführung der Anreizregulierung veröffentlicht.

In dem vorliegenden Beitrag sollen einige Aspekte der geplanten Anreizregulierung kritisch beleuchtet werden. Zu diesem Zweck werden wir zunächst noch einmal auf die ordnungspolitische Notwendigkeit der Anreizregulierung eingehen, bevor wir uns einigen ausgewählten Problemen der geplanten Regulierung zuwenden werden. Besonders thematisieren wollen wir in dem vorliegenden Beitrag die Vor- und Nachteile der Erlösobergrenzenregulierung (Revenue Cap) im Vergleich zu anderen Formen der Regulierung, wobei wir insbesondere auf Fragen der Versorgungsqualität eingehen werden. Anschließend sollen einige weitere Aspekte des geplanten Anreizregulierung und des Vergleichswettbewerbs (Yardstick Competition) kritisch beleuchtet werden.

II. Motiv und Objekt der Regulierung in netzbasierten Industrien

Eine grundsätzliche Eigenheit regulativer Eingriffe in netzgebundene Industrien ergibt sich aus der Erkenntnis, dass der Begriff der Liberalisierung dieser Märkte nicht ohne weiteres mit einer Deregulierung gleichgesetzt werden darf. Während mit Liberalisierung die Öffnung des Marktes für neue Anbieter gemeint ist, wird nämlich unter Deregulierung der Abbau staatlicher Vorschriften über das Verhalten der Marktteilnehmer verstanden (vgl. Vogelsang, 2003; Haucap, Heimeshoff und Uhde, 2006; Haucap und Uhde, 2006). Zwar kann durch eine *erfolgreiche* Liberalisierung eine Deregulierung im Bereich der Endkundenpreise erfolgen, da die Gefahr des *Ausbeutungsmissbrauchs* bei einer konsequenten Liberalisierung abnimmt. Zugleich steigt aber die Gefahr des *Behinderungsmissbrauchs* durch die ehemaligen, oftmals vertikal integrierten Gebietsmonopolisten. Damit also eine Liberalisierung erfolgreich ist und neue Anbieter auf einem liberalisierten Markt auch Fuß fassen können, ist es notwendig, bestimmte Teile netzbasierter Industrien – nämlich die Zugänge zu sog. wesentlichen Einrichtungen – zu regulieren. Somit erfordert eine erfolgreiche Marktliberalisierung netzgebundener Industrien in der Regel auch eine umfassende Re-Regulierung bestimmter Netzbereiche, wobei sich der Fokus vom *Ausbeutungsmissbrauch* hin zum *Behinderungsmissbrauch* verschiebt.

Die Grundvorstellung einer liberalen marktwirtschaftlichen Ordnung besteht allerdings darin, dass der Markt und die in ihm stattfindenden Wettbewerbsprozesse grundsätzlich besser dazu in der Lage sind, wirtschaftliche Probleme zu lösen, als politisch induzierte regulative Steuerungsmechanismen. Folglich ist eine Abkehr von dieser Grundvorstellung ökonomisch und auch ordnungspolitisch zu begründen, wenn die Frage nach der Notwendigkeit der gesonderten

Behandlung einzelner Teilbereiche netzgebundener Industrien beantwortet werden soll.[5]

Als eine solche Begründung genügt der *normativen* neoklassischen Theorie der Regulierung die Existenz von Marktversagen aufgrund spezifischer Besonderheiten eines Wirtschaftssektors (vgl. von Weizsäcker, 1982). Die Begründung für eine Re-Regulierung netzgebundener Industrien ergibt sich genauer gesagt aus der Tatsache, dass zwar einige Teile der Wertschöpfungskette nach der Liberalisierung des netzgebundenen Marktes effizient in wettbewerblichen Strukturen organisiert werden können, in anderen Teilbereichen eine Marktöffnung aufgrund objektiver ökonomischer Faktoren jedoch (noch) nicht möglich ist. Der ökonomische Tatbestand, dass spezifische Teilbereiche netzbasierter Industrien nicht pauschal liberalisiert werden können, erschließt sich wiederum aus der Theorie natürlicher Monopole (vgl. Train, 1991) in Verbindung mit marktspezifischer Irreversibilität (vgl. Kruse, 2001).

Natürliche Monopole liegen genau dann vor, wenn die Kostenfunktion des monopolistischen Unternehmens im relevanten Bereich strikte Subadditivität aufweist, sodass ein einzelnes Unternehmen einen bestimmten Leistungsumfang kostengünstiger bereitstellen kann als zwei oder mehr Unternehmen (vgl. z.B. Panzar, 1989). Als ein klassisches Argument für Subadditivität gelten sinkende Durchschnittskosten aufgrund von steigenden Skalenerträgen.[6] Jedoch können auch Verbund- oder Dichtevorteile zur Subadditivität der langfristigen Kostenfunktion führen (vgl. Kruse, 2001).

Die marktspezifische Irreversibilität hingegen bezeichnet den Umfang versunkener Investitionen, welche für die Errichtung solcher Netzinfrastrukturen erforderlich sind. Da Netzinfrastrukturen häufig eine lange Lebensdauer aufweisen und einen wesentlichen Teil der Kosten ausmachen, stellen sie nicht nur eine beträchtliche Austrittsbarriere für den etablierten Anbieter dar, sondern sie bedeuten vor allem ein nicht unwesentliches Investitionsrisiko für potenzielle Wettbewerber, sodass der Markteintritt für neue Anbieter in den meisten Fällen nicht profitabel ist.

Erst die Kombination von Subadditivität und Irreversibilität erzeugt bei etablierten Anbietern Monopolresistenz. Und nur wenn es potenziellen Wettbewerbern auf vor- oder nachgelagerten Wertschöpfungsstufen nicht möglich ist, ohne Zu-

---

[5] Vgl. auch *Knieps*, Der Wettbewerb und seine Grenzen, 2003, S. 3f.; *Kreis*, Deregulierung und Liberalisierung der europäischen Elektrizitätswirtschaft, 2004, S. 32f.

[6] Sinkende Durchschnittskosten sind eine hinreichende aber keine notwendige Voraussetzung für das Vorliegen eines natürlichen Monopols.

gang zu diesen resistenten Monopolbereichen in einen nachgelagerten Markt einzutreten, wird auch von monopolistischen Engpassbereichen oder *Bottlenecks* (Knieps, 1999) bzw. von wesentlichen Einrichtungen (*essential facilities*) gesprochen (vgl. Areeda, 1990; Lipsky und Sidak, 1999; Rottenbiller, 2002). Für die Eigentümer solcher wesentlichen Einrichtungen bestehen in aller Regel Anreize, die Einführung von Wettbewerb auf den nachgelagerten Märkten zu unterbinden oder zumindest zeitlich zu verzögern, indem sie potenziellen Wettbewerbern den Zugang zu diesen Einrichtungen per se verweigern bzw. die Zugangsentgelte derart hoch ansetzen, dass sich ein Markteintritt nicht als profitabel erweist.

Die mangelnde Bestreitbarkeit eines Marktes stellt allerdings nur eine notwendige und noch keine hinreichende ökonomische Bedingung für einen regulativen Staatseingriff dar. Hinreichend begründbar wird eine bestimmte Form der Regulierung eines resistenten Monopols erst dann, wenn dieser regulative Staatseingriff zu den *größtmöglichen* gesamtwirtschaftlichen Effizienz- bzw. Wohlfahrtsgewinnen führt, verglichen mit allen anderen, realistischerweise umsetzbaren Alternativen wie z.B. einer Ex-post-Aufsicht (vgl. Williamson, 1996; Dixit, 1996; Haucap und Kruse, 2004, Haucap und Uhde, 2006).

Dass ein unreguliertes resistentes Monopol in aller Regel zu Ineffizienzen führt, ist aus ökonomischer Sicht ziemlich klar: So wird ein gewinnorientiert arbeitendes Monopolunternehmen sein Angebot künstlich verknappen, um einen gewinnmaximalen Preis zu erzielen. Die Folge dieses Verhaltens ist allokative Ineffizienz, d.h. unter *Pareto*-Effizienz-Gesichtspunkten wird wenig produziert und konsumiert. Aus einer polit-ökonomischen Sicht können zudem die Verteilungswirkungen des Monopols eine wichtige Rolle spielen, da im Vergleich zur Wettbewerbssituation ein Teil der Konsumentenrente zu Produzentenrente wird, d.h. es findet ein Transfer von Verbrauchern zum Monopolisten statt. Diese Verteilungswirkung ist zwar für die Beurteilung der gesamtwirtschaftlichen ökonomischen Effizienz zunächst irrelevant, sie kann jedoch zu weiteren Ineffizienzen führen, wenn sie Verteilungskämpfe in Form von *Rent Seeking* und andere volkswirtschaftlich betrachtet unproduktive Tätigkeiten induziert (vgl. Tullock, 1967).

Um solche Ineffizienzen zu vermeiden, und auch aus verteilungspolitischen Motiven, hatten die meisten Staaten in den Versorgungsbereichen entweder die Endverbraucherpreise unter regulatorische Aufsicht gestellt (wie z.B. für den Elektrizitätssektor in Deutschland), oder aber die Leistungen wurden direkt staatlich erbracht (wie im Bereich der Telekommunikation), wobei das Angebot und auch die Preise dann ebenfalls überwiegend politisch determiniert wurden. Ziel dieser Regulierung war es, die Bereitstellung von netzgebundenen Leistungen flächendeckend und zu sozial erwünschten Preisen zu gewährleisten, um mithin eine Einschränkung der Konsumentensouveränität durch einen potenziellen Ausbeutungsmissbrauch zu verhindern (vgl. Knieps, 2003, S. 2).

Trotz des Paradigmenwechsels, den es bei der Regulierung der Elektrizitätsbranche mittlerweile gegeben hat, spielen verteilungspolitische Ziele nach wie vor eine erhebliche Rolle. So hat die Bundesnetzagentur in dem vorgelegten Bericht zur Anreizregulierung sehr deutlich gleich auf der ersten Seite in Textziffer 3 auf diese Verteilungsaspekte hingewiesen. Dort heißt es: „Eine Effizienzsteigerung kann dabei nicht ausschließlicher Zweck der Anreizregulierung sein. Ziel des staatlichen Eingriffs muss es auch sein, Gewinne aus natürlichen Monopolen zu begrenzen“ (Bundesnetzagentur 2006, S. 13). Und in Textziffer (166) heißt es etwas ausführlicher: „Eine Effizienzsteigerung und die damit verbundene Möglichkeit für die Unternehmen, die erzielten Gewinne einzubehalten, kann dabei nicht ausschließlicher Zweck der Anreizregulierung sein. Ziel des staatlichen Eingriffs muss es auch sein, Gewinne aus natürlichen Monopolen zu begrenzen und Effizienzgewinne an die Kunden weiterzugeben. Neben ökonomischen Aspekten spielen auch Fragen der öffentlichen und politischen Akzeptanz eine Rolle. Wird ein Regulierungsregime von der Öffentlichkeit abgelehnt oder produziert es unerwünschte Ergebnisse, kann es dauerhaft nicht bestehen“ (Bundesnetzagentur 2006, S. 46). In der Tat hat die empirische Arbeit von Henisz, Holburn und Zelner (2006) jüngst gezeigt, dass fehlende politische Akzeptanz zu instabilen Rahmenbedingungen führt. Dies wiederum wirkt sich gerade in netzgebundenen Industrien, welche sich durch ein hohes Maß an spezifischen Investitionen und damit verbunden irreversiblen Kosten auszeichnen, äußerst negativ auf die Investitionsanreize aus. Somit ist die politische Akzeptanz, welche durch eine „faire“ Verteilung der Effizienzgewinne erreicht wird, nicht zwangsläufig als außerökonomisches Ziel anzusehen. Vielmehr wird durch eine faire Verteilung der Effizienzgewinne das Regulierungssystem stabilisiert und durch die dadurch abgesicherten Investitionsanreize auch die langfristige Effizienz des Marktes unterstützt. Verteilungs- und Effizienzziele müssen sich somit nicht widersprechen, legt man einen institutionenökonomischen Effizienzbegriff à la Williamson (1996) und Dixit (1996) zugrunde.

Während traditionell versucht wurde, einen potenziellen Ausbeutungsmissbrauch und überhöhte Preise durch die Regulierung der Endkundentarife zu unterbinden, hat sich mittlerweile die Vorstellung durchgesetzt, dass funktionierender Wettbewerb der beste Verbraucherschutz ist. Für funktionierenden Wettbewerb ist allerdings eine konsequente Marktliberalisierung erforderlich. Diese Liberalisierung der ehemaligen monopolistischen Versorgungsunternehmen ist in Europa vor allem vor dem Hintergrund der folgenden beiden Erkenntnisse geschehen.

Erstens hat man festgestellt, dass Monopole nicht nur zu allokativer Ineffizienz, sondern aufgrund des fehlenden Wettbewerbsdrucks ebenso zu X-Ineffizienzen (vgl. Leibenstein, 1966) bzw. produktiver Ineffizienz führen. Das Monopolunternehmen produziert dann zu ineffizient hohen Kosten.[7] Dieser Fokus auf die produktive Effizienz durchzieht auch den gesamten Bericht der Bundesnetzagentur zur Anreizregulierung. Gleich in den allerersten beiden Textziffern heißt es: „Im Gegensatz zu wettbewerblich organisierten Märkten besteht im Bereich der Energienetze kein Eigeninteresse der Unternehmen, die Kosten zu senken und Kostensenkungen an die Kunden weiterzugeben (....). Mit der Anreizregulierung werden den regulierten Unternehmen Anreize gegeben, eigene Anstrengungen zu unternehmen, ihre Effizienz zu steigern" (Bundesnetzagentur, 2006, S. 13).[8]

Und *zweitens* ist es nicht sinnvoll, alle Aktivitäten von der Stromerzeugung bis hin zum Vertrieb monolithisch als natürliches Monopol zu beschreiben. Eine disaggregierte Betrachtung der Wertschöpfungskette zeigt, dass netzgebundene Industrien oft in natürliche Monopolbereiche und potenziell kompetitive Bereiche unterteilt werden können (vgl. Knieps, 1999). Letztere sind nicht zuletzt aus ordnungsökonomischen Gründen zu liberalisieren, sodass heute nicht mehr nur der direkte Schutz der Nachfrager als Ziel der Regulierung netzgebundener Industrien angesehen wird, sondern auch die Eindämmung eines potenziellen Behinderungsmissbrauches durch den Monopolisten hinsichtlich des Zugangs zu den wesentlichen Einrichtungen.

Für eine regulierungsökonomische Analyse empfiehlt es sich somit, die deutsche Elektrizitätswirtschaft zunächst vertikal disaggregiert zu betrachten. Vereinfacht lassen sich so die vorgelagerte Produktion (Stromerzeugung), die Netzinfrastruktur (Übertragung) sowie die Dienstleistungen aus dem Netz (Verteilung und Versorgung) differenzieren. Während sich die Bereiche Stromerzeugung und -versorgung grundsätzlich als konkurrenzfähige Bereiche charakterisieren lassen, sind die Bereiche der Übertragung sowie Verteilung über das Netz als monopolistische *Bottlenecks* des Marktes zu identifizieren, deren Zugang die Zahlung eines Netznutzungsentgelts an die Eigentümer dieser wesentlichen Einrichtungen erforderlich macht (vgl. bereits Joskow und Schmalensee, 1983, sowie aus neuerer Zeit Bier, 2002; Brunekreeft, 2003).

---

[7] X-Ineffizienzen sind möglich, da ein Monopolist anders als Unternehmen im Wettbewerb aufgrund fehlender Substitutionsmöglichkeiten für die Nachfrager auch bei ineffizienter Produktion am Markt bestehen bleiben kann.

[8] Dies ist natürlich ökonomisch betrachtet nicht ganz richtig, denn auch Monopole haben Anreize zur Kostensenkung und geben Kostensenkungen teilweise an Nachfrager weiter (der gewinnmaximierende Monopolpreis und der Monopolgewinn hängen ja in aller Regel von der Höhe der Grenzkosten ab). Nichtsdestotrotz ist natürlich richtig, dass die Anreize zur Kostensenkung im Monopol typischerweise (wenn auch nicht immer und überall) niedriger sind als bei Wettbewerb, vgl. z.B. *Scotchmer* Innovation and Incentives, 2004.

Der Markt für Stromerzeugung ist aufgrund des technologischen Fortschritts, durch welchen auch kleinere Kraftwerke rentabel auf dem Markt agieren können, grundsätzlich als ein wettbewerbsfähiger Teilsektor anzusehen. Zudem ist durch die Etablierung der Strombörse die Handelbarkeit von Strom stark erhöht worden, sodass auch ohne feste Abnehmer der Bau und Betrieb eines Kraftwerks möglich ist. Die Wettbewerbsintensität auf dem Markt für Stromerzeugung ließe sich jedoch weiter durch eine konsequente, wettbewerbsfreundliche Regulierung der grenzüberschreitenden Durchleitung durch die transeuropäischen Verbundnetze erhöhen.

Sowohl das Übertragungs- als auch das Verteilnetz sind aus einer industrieökonomischen Perspektive hingegen als resistente Monopole zu beschreiben. Neben der Subadditivität der Kosten, welche sich aus den Verbund- und Dichtevorteilen gerade im regionalen Bereich erklären lassen, existiert zudem ein erhebliches Maß an versunkenen Kosten im Zuge der Errichtung solcher Netze (vgl. Kumkar, 2000; Kreis, 2004). Auch wenn in Deutschland gleich vier Verbundunternehmen (VU)[9] als Netzbetreiber auf dem Markt agieren, handelt es sich dennoch um resistente Monopolbereiche. Aufgrund der geographisch eindeutigen Abgrenzung stellt jedes Teilnetz für sich ein regionales Monopol dar.

Während die Netzbetreiber auf der Ebene der Stromversorgung für den physikalischen Anschluss des Verteilnetzes an die Endkunden zuständig sind, besteht zwischen den Versorgungsunternehmen und den Endkunden nahezu eine rein wirtschaftliche Beziehung. Indem die Versorger im Rahmen von Lieferungsverträgen zunächst Strom ein- und anschließend an die Endkunden weiterverkaufen, nehmen sie eine klassische Intermediationsposition ein. Aufgrund der Tatsache, dass im Rahmen dieser Funktion kaum versunkene Kosten auftreten und auch Skaleneffekte vernachlässigbar gering sind, gilt der Bereich der Stromversorgung in einem sehr starken Maße als wettbewerbsfähig (vgl. auch Brunekreeft und Keller, 2003).

Die soeben skizzierte disaggregierte Betrachtung des deutschen Elektrizitätsmarktes führt zu der Schlussfolgerung, dass ein funktionsfähiger Wettbewerb auf der Erzeugungs- und Versorgungsstufe den Zugang potenzieller Wettbewerber zu den Übertragungs- und Verteilnetzen erfordert. Allerdings gilt es zu beachten, dass der deutsche Markt durch ein nicht unerhebliches Maß an vertikaler Integration zwischen den wettbewerbsfähigen und monopolistischen Bereichen gekennzeichnet ist. So sind die Verbundunternehmen zunächst sowohl in den Bereichen der Erzeugung als auch der Übertragung integriert; zudem entfällt die Dienstleistung aus dem Netz (Verteilung und Versorgung) auf zahlreiche regionale und kommunale Versorgungsunternehmen, an denen die Verbundunter-

[9] Nach horizontalen Zusammenschlüssen auf der Verbundebene sind dies RWE, E.ON, EnBW, Vattenfall.

nehmen allerdings nahezu flächendeckend ebenfalls vertikale Haupt- und Minderheitsbeteiligungen auf der regionalen Ebene halten, sodass nur wenige Versorger als tatsächlich unabhängig bezeichnet werden können (vgl. Hense und Schäffner, 2004).

Die folgende Abbildung verdeutlicht die vertikale Marktstruktur der deutschen Elektrizitätswirtschaft.

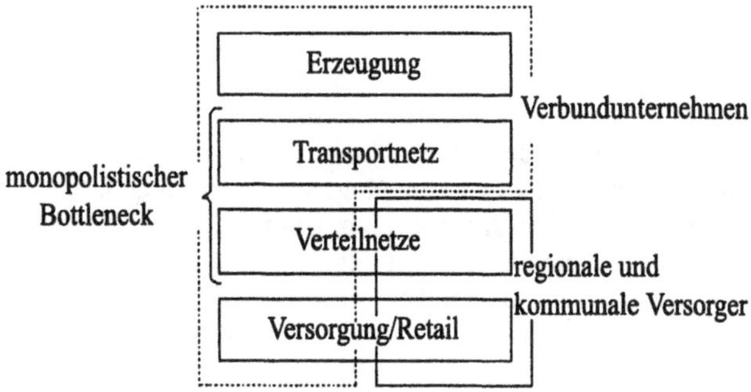

Abb.: Disaggregation der Elektrizitätswirtschaft. Quelle: Brunekreeft/Keller, 2000.

Aus einer rein *wettbewerbsorientierten* Perspektive sind solche vertikalen Verflechtungen des deutschen Elektrizitätsmarktes zunächst einmal als negativ zu beurteilen, denn eine erfolgreiche Regulierung setzt – wie gezeigt wurde – eine eindeutig abgegrenzte Disaggregation der netzgebundenen Industrie in wettbewerbsfähige und monopolistische Bereiche voraus. Aus einer an *gesamtwirtschaftlicher Effizienz* orientierten Sicht ist die Beurteilung der vertikalen Verflechtung hingegen ungleich schwieriger. Die möglichen Kostenersparnisse und auch die potenziellen Effizienzgewinne aus einer vertikalen Integration verschiedener Wertschöpfungsstufen sind hinlänglich bekannt (vgl. z.B. Bühler, 2004, 2005), sodass eine strikte vertikale Entflechtung aus ökonomischer Sicht nicht zwangsläufig geboten ist. Wichtig ist jedoch, dass potenziellen Wettbewerbern auch bei einer fortbestehenden vertikalen Integration der Zugang zum Übertragungs- und Verteilnetz als einer wesentlichen Einrichtung ermöglicht wird.

Bis heute spielt der Wettbewerb durch unabhängige Erzeuger auf der vorgelagerten Ebene kaum eine Rolle; allenfalls in dem relativ kleinen Segment der regenerierbaren Energien ist hier ein intensiverer Wettbewerb zu beobachten (vgl. BMWA, 2003). Damit konsistent ist die Beobachtung, dass sich seit 1998 stetige Steigerungen der Netznutzungsentgelte haben feststellen lassen. So haben sich die Preissteigerungen für die Nutzung des Übertragungsnetzes in einem Korridor von knapp 30% (RWE AG) bis zu 46% (Vattenfall AG) für den Zeitraum von 2001 bis 2005 bewegt (vgl. VDN, 2005). Auch in Relation zu den anderen EU-Mitgliedstaaten fallen die Netznutzungsgebühren in Deutschland hoch aus (vgl. VIK, 2004). Begleitet werden diese hohen Entgelte von einer – allerdings auch in anderen Staaten zu beobachtenden – geringen Wechselquote für den Haushalts- und Industriekundenbereich auf dem deutschen Versorgungsmarkt. Diese lagen im Jahr 2003 nach Schätzungen lediglich bei 4 bis 6% (vgl. VIK, 2004).

III. Vor- und Nachteile der Anreizregulierung

1. Allgemeine Überlegungen

In der ökonomischen Fachliteratur herrscht heute weitgehend Einigkeit darüber, dass anreizorientierte Regulierungssysteme sowohl der rein kostenbasierten Regulierung als auch der einfachen Renditeregulierung (Rate-of-Return Regulierung) überlegen sind (vgl. z.B. Viscusi, Vernon und Harrington, 2000). Weder die rein kostenbasierte Regulierung noch die einfache Renditeregulierung bieten den regulierten Unternehmen adäquate Anreize, effizient zu produzieren, sodass produktive Ineffizienz als Ergebnis dieser Regulierung schwer zu vermeiden ist. Im Gegensatz dazu versucht die Anreizregulierung, durch eine weitgehende Entkoppelung von Erlösen und Kosten Anreize zur unternehmerischen Effizienzsteigerung zu gewähren.

Ganz grob lassen sich zwei Arten der Anreizregulierung unterscheiden: Das Festsetzen von Preisobergrenzen (Price Cap) und die Regulierung von Erlösobergrenzen (Revenue Cap), für welche sich die Bundesnetzagentur in ihrem Bericht ausgesprochen hat. Während bei der Preisobergrenzenregulierung entweder Höchstgrenzen für Einzelpreise oder gewichtete Durchschnittspreise (Global Price Cap) festgelegt werden, ist die Erlösobergrenzenregulierung weniger eingriffsintensiv, da lediglich eine Höchstgrenze für die Gesamterlöse aus dem Netzbetrieb festgelegt wird. Somit sind sowohl Preise als auch Mengen aus Sicht des Unternehmens variabel, während bei der Preisobergrenzenregulierung lediglich die Mengen variabel sind. Hier liegt auch gleich ein Problem der Erlösobergrenzenregulierung. Ein Netzbetreiber kann die regulatorische Erlösobergrenze auf vielfältige Weise erreichen. Selbst bei einer nur schwach fallenden Nachfragekurve nach Durchleitungsleistungen kann der Netzbetreiber zwischen verschiedenen Punkten auf der Nachfragekurve wählen, welche dieselben Erlöse generieren. Dies könnte z.B. ein hoher Preis mit einer niedrigen Nachfragemenge sein oder aber ein niedriger Preis mit einer hohen Nachfragemenge (vgl. auch den Beitrag von Säcker in diesem Band). Die Bundesnetzagentur ist somit gut beraten, einen Rückgang bei der Netzleistung besonders kritisch zu beobachten.

Dies gilt insbesondere auch deshalb, weil die Anreize zur Mengenausdehnung, sofern sie überhaupt vorhanden sind, für den Netzbetreiber bei der Erlösobergrenzenregulierung deutlich geringer ausfallen als bei der Preisobergrenzenregulierung. Während bei der Preisobergrenzenregulierung durch eine Mengenausdehnung auch die Gewinne gesteigert werden können, solange die Preisobergrenze über den zusätzlichen Kosten liegt, ist dies bei der Erlösobergrenzenregulierung nicht möglich. Gewinnsteigerungen sind hier lediglich durch Kosteneinsparungen zu erzielen. Auf die daraus resultierende Problematik werden wir weiter unten eingehen. Die mangelnden Anreize zur Mengenausdehnung können allerdings durch die von der Bundesnetzagentur vorgesehenen Erweiterungsfaktoren bei der Festlegung der Erlösobergrenzen gemildert werden. Inwiefern durch die geplanten Erweiterungsfaktoren allerdings wirklich ein effizientes Investitionsverhalten induziert werden kann, bleibt abzuwarten. Prinzipiell wäre dies möglich, die Informationsanforderungen an die Bundesnetzagentur sind allerdings nicht zu vernachlässigen.

Festzuhalten ist also, dass die Flexibilität, welche die Erlösobergrenzenregulierung den Netzbetreibern gewährt, durchaus nicht unproblematisch ist. Allerdings ist in dieser Flexibilität auch gerade der große Vorteil der Erlösobergrenzenregulierung zu sehen. Erstens sind die Informationsanforderungen für die Bundesnetzagentur gering. Und zweitens bleibt den Unternehmen eine größere Flexibilität auf aktuelle Nachfrageveränderungen zu reagieren. Auch ließe sich prinzipiell eine Art Ramsey-Preisbildung mit einer Erlösobergrenzenregulierung vereinbaren. Die Bundesnetzagentur sollte allerdings darauf achten, dass die den Unternehmen gewährte Flexibilität nicht von vertikal integrierten Anbietern missbräuchlich zur Diskriminierung von potenziellen Wettbewerbern auf der Erzeugungs- oder Versorgungsebene verwendet wird. Hier ist sicherlich eine flankierende Ex-post-Aufsicht notwendig.

2. Anreizregulierung und Versorgungsqualität

Kritischer als die o.g. Problematik erscheint zunächst, dass die Erlösobergrenzenregulierung – sofern keine adäquaten Gegenmaßnahmen ergriffen werden – noch stärkere Anreize zur Qualitätsverschlechterung induziert als die Regulierung der Preisobergrenzen. Bei der Price Cap Regulierung ist ein Rückgang der Absatzmenge für den Netzbetreiber mit geringeren Erlösen verbunden, sodass der Netzbetreiber bei der Festlegung seines für ihn optimalen Qualitätsniveaus berücksichtigt, inwiefern durch eine Qualitätsabsenkung die Absatzmenge zurückgeht. Ein Verlust an Qualität führt somit nahezu unweigerlich (sofern die Nachfrage nicht völlig unelastisch ist) zu einem Erlösrückgang. Aus der einzelwirtschaftlichen Sicht des Netzbetreibers ist das Qualitätsniveau dann optimal, wenn die Gewinne maximal sind. Im betriebswirtschaftlichen Optimum entsprechen somit die Zusatzkosten der Qualitätssicherung gerade den durch eine Qualitätsverbesserung induzierten Zusatzerlösen, welche sich wiederum aus dem regulierten Preis multipliziert mit der durch eine Qualitätsverbesserung induzierte Absatzmengensteigerung ergeben.[10] Im Gegensatz dazu kann bei einer Regulierung der Erlösobergrenze auch der Preis angepasst werden. So muss eine Qualitätsabsenkung unter einem Revenue Cap, anders als bei der Price Cap Regulierung, nicht zu einem Rückgang der Erlöse führen. Einem durch einen Qualitätsverlust induzierten Rückgang der Erlöse (aufgrund geringerer Absatzmengen) kann der Anbieter ggf. durch eine Preiserhöhung entgegensteuern, um so die Erlöse konstant zu halten.

Daher besteht bei einer Revenue Cap Regulierung in noch stärkerem Maße als beim Price Cap die Befürchtung, dass eine zu geringe Versorgungsqualität erreicht wird. Es ist davon auszugehen, dass – sofern nicht adäquate Gegenmaßnahmen implementiert werden – das einzelwirtschaftliche Optimum des Netzbetreibers nicht identisch mit dem gesamtgesellschaftlichen Optimum ist. Vielmehr ist es für einen Netzbetreiber bei einer Regulierung durch Price Cap und noch stärker bei einem Revenue Cap lohnend, seine Qualität solange zu reduzieren, bis die damit erzielten Kosteneinsparungen gerade den entgangenen Erlösen entsprechen (vgl. Spence, 1975, und Sheshinski, 1976), wobei die zu erwartende Qualitätsreduktion bei der Erlösobergrenzenregulierung noch deutlicher ausfällt.

In der Tat existieren empirische Studien für liberalisierte Netzmärkte in Westeuropa und den USA, welche darauf hindeuten, dass die Qualität im Rahmen der Anreizregulierung abnimmt (vgl. Ajodhia und Hakvoort, 2005). Daher räumt die Bundesnetzagentur der Sicherung der Versorgungsqualität zu Recht von Anfang an einen hohen Stellenwert ein (vgl. Bundesnetzagentur, 2006, S. 123 ff.).

Allerdings ist zugleich darauf hinzuweisen, dass aus ökonomischer Sicht nicht die höchstmögliche Qualität auch die optimale Qualität ist. Dies hat auch die Bundesnetzagentur (2006, S. 139) in ihrem Bericht festgestellt. Wie immer müssen Kosten und Nutzen verglichen werden bzw. genauer gesagt Grenz- oder Zusatzkosten und Grenz- oder Zusatznutzen. Von daher ist ein Rückgang der Versorgungsqualität, gerade wenn im früheren Regulierungsregime tendenziell eine zu hohe Qualität angeboten wurde, ökonomisch betrachtet nicht unbedingt verwerflich. Im Gegenteil, eine Qualitätsreduktion könnte aus Effizienzgründen sogar geboten sein. Zugleich müssen allerdings auch bei der Sicherung der Versorgungsqualität in der Realität politökonomische Aspekte wie die politische Akzeptanz des Regulierungsregimes mit einbezogen werden. Die Energie-Krisen in Kalifornien und andernorts machen deutlich, wie wichtig die Sicherung der Versorgungsqualität für die gesamte Stabilität des Regulierungsregimes ist, sodass bei einer Absenkung der Versorgungsqualität, selbst wenn sie vorder-

[10] Wir nehmen an, dass die regulatorisch festgelegte Preisobergrenze bindend ist, d.h. die Preisobergrenze liegt unterhalb des Monopolpreises.

gründig ökonomisch geboten zu sein scheint, auch die Auswirkungen hinsichtlich der politischen Akzeptanz des Regulierungsregimes zu bedenken sind.

Somit stellt sich für die Bundesnetzagentur die schwierige Aufgabe, durch eine geeignete Regulierung möglichst die optimale Versorgungsqualität sicherzustellen. Bei der Versorgungsqualität werden von der Bundesnetzagentur (2006, S. 52 und S. 123 f.) vier Dimensionen unterschieden: Technische Sicherheit, Produktqualität, Netzzuverlässigkeit und Servicequalität.

Mindestanforderungen an technische Sicherheit und an die Produktqualität können durch Regelungen und Gesetze definiert werden, sodass sich gewisse Standards etablieren. Mit Hilfe von Haftungsrechten und Schadensersatzpflichten kann hier ein effizientes Qualitätsniveau erreicht werden. Schwieriger dürfte die Regulierung der Netzzuverlässigkeit und der Servicequalität sein, welche zumindest mittelfristig flexibel sind, sodass eine Revenue Cap Regulierung Kosteneinsparungen zulasten der Netzzuverlässigkeit und der Servicequalität induzieren kann. Konkret würde dies reduzierte Investitionen der Netzbetreiber in die Netzinfrastruktur und eine Verringerung des Kundenservice bedeuten. Dabei ist eine Reduktion der Investitionstätigkeit langfristig als noch gravierender einzuschätzen als eine Veränderung in der Servicequalität.

IV. Maßnahmen zur Sicherstellung der Versorgungsqualität

Für die drei Qualitätsdimensionen technische Sicherheit, Produktqualität und Servicequalität sollen nach den Vorstellungen der Bundesnetzagentur (2006, S. 57) Normen bzw. Mindeststandards etabliert werden. Im Bereich der Netzzuverlässigkeit ist neben der Festlegung von Mindeststandards auch eine Publikation von Qualitätskenngrößen geplant sowie die Implementierung eines Qualitätsanreizsystems (vgl. Bundesnetzagentur, 2006, S. 135 f. und S. 139 ff.). Erweiterungsinvestitionen sollen bei den Verteilnetzen durch eine angemessene Anhebung der zugestandenen Erlösobergrenzen induziert werden, während bei den Transportnetzbetreibern eine Genehmigung von Investitionsbudgets anvisiert ist. Zugleich soll ein Ausbleiben von Ersatzinvestitionen verhindert werden, indem technisch-wirtschaftliche Anlagenregister erstellt werden. Bei einem starken Unterschreiten der sich ergebenden Referenzwerte sind in letzter Konsequenz Pönalen für die Netzbetreiber vorgesehen.

In diesem Bereich begibt sich die Bundesnetzagentur relativ weit in das Mikromanagement der Unternehmen hinein. Aus den oben genannten politökonomischen Erwägungen mag dies zu Beginn des Reformprozesses sinnvoll sein, um die politische Akzeptanz und somit die Stabilität des Systems zu gewährleisten, für welche gerade die Versorgungszuverlässigkeit bedeutsam ist. Daher ist die Bundesnetzagentur auch gut beraten, zumindest anfänglich Investitionsvorhaben großzügig zu prüfen. Auch die von der Bundesnetzagentur (2006, S. 133) geplante Einbeziehung der kalkulatorischen Kosten für Ersatzinvestitionen zusätzlich zur Erlösobergrenze während der ersten Regulierungsperiode ist aus dieser Perspektive richtig. Wichtig ist allerdings auch, dass die angekündigte regulatorische Kostenprüfung dieser Ersatzinvestitionen in der zweiten Regulierungsperiode nicht so streng ausfällt, dass die Anreize für nachfolgende Investitionen dezimiert werden. Hier wäre ein Signal der Bundesnetzagentur wichtig.

Mittelfristig ist eine Abkehr von diesem Mikromanagement der Investitionstätigkeit wünschenswert. Erste Ansätze bietet das von der Bundesnetzagentur (2006, S. 139 ff.) anvisierte Anreizsystem zur Qualitätssicherung, welches markt- bzw. wettbewerbsähnliche Züge aufweist. Das geplante Anreizsystem sieht vor, dass ein Bonus/Malus-System angewendet wird, nach dem Anbieter mit hoher Versorgungsqualität einen Zuschlag bei den genehmigten Erlösen und Anbieter mit niedriger Versorgungsqualität eine Pönale in Form einer Reduktion der Erlösobergrenze erfahren. Dies geschieht mit Hilfe eines Q-Faktors, welcher in die sog. „Anreizformel" integriert wird (vgl. Bundesnetzagentur, 2006, S. 140 ff.). Im Folgenden soll nun die Logik der einzelnen Instrumente der geplanten Qualitätssicherung etwas detaillierter analysiert werden.

1. Kundenumfragen und Qualitätskenngrößen

Die Idee, Kundenumfragen zu nutzen, entspringt den Erfahrungen der britischen Regulierungsbehörde Ofgem, welche seit Anfang der 90er Jahre Kundenumfragen für ihre Analyse und Entscheidungsfindung nutzt (vgl. Ofgem, 2005). Die Bundesnetzagentur plant ebenfalls, zukünftig die Zahlungsbereitschaft der Kunden in Bezug auf die Versorgungsqualität mit Hilfe von Umfragen zu ermitteln. Der große Vorteil dieser Methode liegt in der schnellen und insgesamt relativ einfachen (und kostengünstigen) Durchführung. Der Nachteil ist jedoch, dass die Qualität der Ergebnisse, vorsichtig ausgedrückt, unsicher ist. Die Ergebnisse können ggf. verzerrt oder unbrauchbar sein. Die Problematik liegt zum einen darin, dass die befragten Konsumenten oft die zu tiefgehend ökonomischen Fragestellungen, bspw. über das Konzept von Versorgungsunterbrechungen, nur partiell durchdringen, zum anderen, dass unter Umständen sogar bewusst falsche Antworten gegeben werden.[11] Dies kann, wie im Fall Großbritanniens, teils zu widersprüchlichen Ergebnissen führen. Auch aus anderen Bereichen (z.B. im Fall der Nummernportabilität in der Telekommunikation) ist bekannt, dass der angebliche Kundennutzen von den Befragten hoffnungslos überbewertet wird. Während viele Befragte angeben, eine bestimmte Zahlungsbereitschaft für einen

---

[11] Die Problematik besteht u.a. auch in der Kommunikation ökonomischer Sachverhalte an Nichtökonomen. Ohne ausreichende Differenzierung und Anpassung an die relevante Zielgruppe kann sich der inhaltliche Irrtum der quantitativen Erhebung weit über dem ex ante prognostizierten Wert befinden. Damit würde das notwendige *n* für statistisch signifikante Ergebnisse recht stark ansteigen.

Dienst o.Ä. zu haben, zeigt sich später oft, dass dies nicht dem tatsächlich offenbarten Verhalten der Individuen entspricht. Es ist in den Sozialwissenschaften hinlänglich bekannt, dass die Formulierung und der Kontext der Fragestellung (das sog. Framing) die Ergebnisse oft sehr stark beeinflussen (vgl. Tversky und Kahneman, 1981; De Martino et al., 2006).

2. Mindeststandards

Mindeststandards für Servicequalität sollen der internationalen Praxis folgend festgelegt werden. Dabei orientiert sich die Bundesnetzagentur an dem Bericht des *Council of European Energy Regulators* (CEER). Eine Verletzung der Mindeststandards würde zu ex ante festgelegten Strafzahlungen an die betroffenen Letztverbraucher führen. Es werden verschiedene Aspekte des Service seitens der Netzbetreiber reguliert, wobei. allerdings keine Anreize zur Qualitätsverbesserung erzeugt werden, sondern nur ein Mindestmaß an Service festgelegt wird.

Neben der Servicequalität soll es auch für die Netzzuverlässigkeit Mindeststandards geben. Für die maximale Unterbrechungsdauer und für die Häufigkeit der Unterbrechungen werden ebenfalls Pönalen festgelegt. Im Gegensatz zur Servicequalität wird allerdings geraten, die Grenzen in der ersten Regulierungsperiode nicht entsprechend des Letztverbraucherbedarfs zu setzen, sondern in einer Höhe, dass sie von den Netzbetreibern nicht unterschritten werden. Die Zahlung dieser Strafe soll direkt automatisch von den Netzbetreibern an die betroffenen Letztverbraucher erfolgen (vgl. Bundesnetzagentur, 2006, S. 137).

Insgesamt werden die Mindeststandards primär zum Erhalt des Status Quo eingesetzt. Dabei sollen bei Beginn der Regulierung die Unternehmen selbst den Maßstab bei den Unterbrechungen bilden und nur starke Abweichungen nach unten geahndet werden. Da das deutsche Stromnetz als eines der zuverlässigsten weltweit gilt, ist die Orientierung an internationalen Mittelwerten eher kritisch zu sehen, bedenkt man die Auswirkungen auf die politische Akzeptanz der Regulierung.

3. Qualitätsanreizsystem

Mit einem geeigneten Anreizsystem soll mit Hilfe von Bonus- und Maluszahlungen ein gesamtwirtschaftlich möglichst optimales Qualitätsniveau erreicht werden. Dabei soll sich die Höhe der Bonus- und Maluszahlungen an der durch Umfragen ermittelten Wertschätzung der Letztverbraucher orientieren, wobei Ober- und Untergrenzen für die Boni und Mali festgesetzt werden (vgl. Bundesnetzagentur, 2006, S. 139 ff.).

Theoretisch und auch in der Realität haben verschiedene Kunden und Kundengruppen sicher unterschiedliche Wertschätzungen für Qualität. Daher existieren zumindest theoretisch bei verschiedenen Kombinationen von Zahlungsbereitschaft und Qualität unterschiedliche Optima, je nachdem wie die Kundenstruktur und die Kostenfunktion eines Netzbetreibers aussieht. In der Praxis ist eine solche Form der Regulierung aufgrund von Informationsproblemen kaum zu implementieren. Weder die wahre Qualitätskurve noch die wahren Zahlungsbereitschaften sind der Bundesnetzagentur bekannt. Daher soll eine Orientierung an Durchschnittswerten erfolgen (vgl. Bundesnetzagentur, 2006, S. 53).

Die Erlösanpassung soll auch innerhalb der Regulierungsperioden jährlich erfolgen. Dabei sollen die Differenzen zwischen den tatsächlichen Erlösen und der Erlösobergrenze auf einem sog. Regulierungskonto gesammelt und in der folgenden Periode überprüft werden. Darüber hinaus soll ein Qualitätsmanagementsystem eingeführt werden, das jedoch bisher noch nicht näher spezifiziert worden ist (vgl. Bundesnetzagentur, 2006, S. 145).

Prinzipiell ist das Qualitätsanreizsystem ein wichtiger Schritt in Richtung hin zu einer marktbasierten Qualitätskontrolle, bei der der Zusatznutzen der Qualitätssicherung (hier gemessen durch Kundenbefragungen) mit den Zusatzkosten in Relation gesetzt wird. Dies passiert, indem profitmaximierende Netzbetreiber Bonus- und Maluszahlungen (und ggf. auch Reputationsgewinne und -verluste) mit den (Zusatz-)Kosten der Qualitätssicherung vergleichen und ihre Qualität bis zu dem Punkt sichern, an dem die Zusatzkosten der Qualitätssicherung gerade dem erwarteten Bonus bzw. Malus entsprechen. Problematisch ist jedoch, wie schon oben ausgeführt, die Ermittlung der Zahlungsbereitschaft durch Umfragen, welche nicht zu unterschätzende Probleme bergen können.

4. Ein Alternativvorschlag zur Regulierung der Netzzuverlässigkeit

Mittelfristig ist daher ein Übergang zu einem marktorientierten System zur Sicherung der Versorgungsqualität wünschenswert. Dieses System könnte über einen Markt für Stromausfallrechte, die man auch als Ausfall-Zertifikate bezeichnen könnte, umgesetzt werden. In Anlehnung an Dales (1968) würden sich viele Probleme der Qualitätsabsicherung in einem (Global) Price Cap oder Revenue Cap Modell vermeiden lassen, wenn der An- und Verkauf von Ausfallrechten bzw. Störungslizenzen marktlich organisiert ist. Im Vergleich zu Mindeststandardverfahren würden die regulatorischen Eingriffe sowie der Verwaltungsaufwand des Regulierers deutlich reduziert. Zugleich entfällt die eher zweifelhafte Schätzung der Bewertung einer erhöhten Versorgungsqualität durch Umfragen. Zudem gibt es bereits eine entsprechende Infrastruktur, insbesondere eine funktionale Handelsplattform für Zertifikate, im Rahmen des CO_2-Emissionshandels. Darüber hinaus führt der Zertifikathandel durch die Abwägung der Betreiber zwischen Netzerhaltung und Zertifikatkauf in aller Regel zur Implementierung der kostengünstigsten Vermeidungsmaßnahme, sodass die Kosten der Qualitätssicherung insgesamt minimiert werden.

Eine Alternative zu den bisher anvisierten Qualitätssicherungsmaßnahmen und -anreizen ist daher, die Versorgungssicherheit des Strommarktes ähnlich sicherzustellen wie die CO_2-Emissionsregulierung. Stromausfälle sind hier als das zu regulierende Übel (die Emission sozusagen) anzusehen, deren erlaubte Gesamtmenge vom Staat respektive dem Regulierer ex ante vorgegeben wird. Bei dieser Form der Mengensteuerung greift der Regulierer innerhalb der Regulierungsperiode nicht mehr ein. Ein Vorteil des Strommarktes ist hierbei, dass Stromausfälle deutlich exakter gemessen und einem Verursacher zugeordnet werden können als Kohlendioxidemissionen.

Ausfall-Zertifikate sind ein regulierungspolitisches Instrument, mit dem der Staat durch die Ausgabe oder den Verkauf von Ausfallrechten seine regulierungspolitischen Ziele im Hinblick auf die Versorgungsqualität durchsetzen kann. Durch einen vorgegebenen und langfristig bestehenden Versorgungsqualitätsstandard bestimmt sich die Anzahl der am Markt verfügbaren Zertifikate. Dieser Standard kann z.B. durch die momentane Höhe der Ausfälle bestimmt werden. Das Zertifikat gibt dem Netzbetreiber das Recht auf einen Stromausfall einer bestimmten Dauer und Höhe. Zur Überwachung ist ein Monitoring-System erforderlich.

Veranschaulichen wir die Idee an einer Grafik. Die Nachfrage nach den Ausfall-Zertifikaten ist im gesamten Bereich fallend, wie in Abb. 1 abgebildet durch die Zertifikatnachfragekurve (ZNK). Die ZNK ist gleichzeitig auch die Grenzvermeidungskostenkurve (GVK). Jede weitere Ausfallminute würde also zu geringeren Vermeidungskosten führen. Andersherum würden mit zunehmender Reduzierung der Ausfallzeit höhere Vermeidungskosten entstehen. Die Nachfragekurve nach Zertifikaten aggregiert daher individuelle Grenzausfallvermeidungskosten der Stromversorger, also diejenigen marginalen Kosten, die anfallen würden, um Stromausfälle zu vermeiden. Die Angebotskurve an Zertifikaten (ZAK) ist hingegen völlig unelastisch. Sie entspricht dem gewünschten bzw. angestrebten Qualitätsstandard. Dieser wird bei neutralem Verhalten des Regulierers nicht verändert.

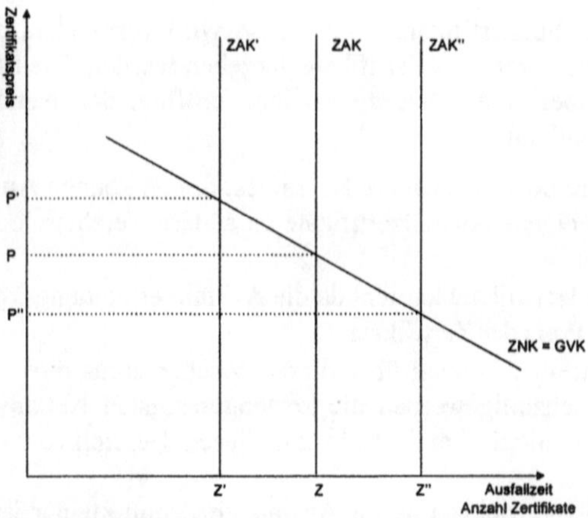

Abb. 1: Ausfall- und Störungsrechte

Die Höhe des maximal zulässigen Ausfalls ist die Gesamtanzahl an Zertifikaten Z. Der Regulierer, respektive der Staat, muss ex ante eine tolerierbare Ausfallbelastung festlegen. Diese bildet den Qualitätsstandard. Der Regulierer würde also eine obere Begrenzung von Stromausfällen festsetzen, die im Folgenden nicht unterschritten wird. Diese Begrenzung könnte den Charakter einer garantierten Mindestqualität oder einer Zielqualität haben. Ersteres wäre konform zu den Planungen der Bundesnetzagentur.

Die Gesamtzahl der Zertifikate bestimmt sich aus der Art der Stückelung und dem festgelegten Qualitätsstandard.[12] Der Regulierer könnte nun von jedem Stromversorger den Kauf von Zertifikaten verlangen. Diese gewähren dem Netzbetreiber das Recht auf Ausfall, d.h. ein Ausfallzertifikat ist nichts Anderes als das verbriefte Recht, in einer bestimmten Zeitperiode eine bestimmte Summe an Ausfällen zu erleben, ohne dafür Strafzahlungen leisten zu müssen.[13] Eine andere Möglichkeit wäre, die Zertifikate mit sog. High Level-Indikatoren wie SAIDI zu verknüpfen (vgl. Brockmann, Stronzik und Bergmann., 1999).

Hierbei kann ein Teil der Zertifikate für spätere Nutzungen zurückgehalten werden. Es muss die Möglichkeit bestehen, diese Zertifikate auch zu handeln, also neben der Strombörse eine Börse als Handelsplattform für Stromausfallzertifikate zu schaffen. Zu Beginn können die Zertifikate an die Netzbetreiber ausgegeben werden. Im Anschluss haben diese das Recht, mit den Zertifikaten zu handeln. Es ist von wesentlicher Bedeutung, dass die Behörde zu jedem Zeitpunkt

[12] Die Stückelung der einzelnen Zertifikate muss zweckmäßig sein. Während eine ungenügende Stückelung potentiell Handel ganz unterbindet, kann der Überblick über die Besitzverhältnisse schwierig werden, wenn es eine zu große Anzahl an Zertifikaten gibt. Hierdurch können hohe Überwachungskosten für den Regulierer bzw. für die Börsenaufsicht entstehen.

[13] Natürlich müssen diese Strafen über dem Preis für die Zertifikate liegen.

weiß, wem welche Zertifikate gehören. So wird vermieden, dass es zu mehr Ausfällen kommen kann als Zertifikate vergeben wurden. Die Möglichkeit, Ausfallzertifikate über eine Börse zu handeln, eröffnet den Netzbetreibern somit folgende Alternativen:

- Durch höhere oder effizientere Netzinvestitionen können Ausfälle vermieden werden und eigene Ausfallzertifikate an andere Netzbetreiber weiterverkauft werden, oder
- Neue Ausfallzertifikate kaufen, da die Ausfallvermeidungskosten noch höher sind als der Preis der Zertifikate.
- Die Netzbetreiber können über diesen Mechanismus ihre Netzkosten minimieren. Gleichzeitig werden die kostengünstigsten Netzinvestitionen realisiert und technologischer Fortschritt in diesem Bereich vorangetrieben.

Wenn der Gleichgewichtspreis für Ausfallzeit Z nun kleiner ist als der des gewünschten Niveaus an Versorgungssicherheit, so muss die Behörde Zertifikate zurückkaufen, um die Ausfallzeit zu reduzieren und damit den Preis zu erhöhen. Der Regulierer betreibt damit eine Art der Offenmarktpolitik und würde damit die Angebotskurve an Zertifikaten nach links verschieben. Damit würde sich die neue Angebotskurve ZAK' ergeben und zu einem höheren Gleichgewichtspreis P' führen. Spiegelbildlich würde eine Absenkung des Qualitätsniveaus zu einer neuen Angebotskurve ZAK" führen.

Der Zertifikathandel erlaubt die flexible Anpassung an Veränderungen in Präferenzen und Versorgungssicherheit. Die Anpassung erfolgt über den Marktmechanismus von Kauf und Verkauf von Zertifikaten zwischen den von Stromausfällen betroffenen Unternehmen. Die Zertifikate werden als Instrument der Allokation benutzt, der Regulierer gibt nur die Menge vor. In anderen Bereichen hat sich eine solche Regelung bereits als vorteilhaft gegenüber anderen Eingriffsformen erwiesen (vgl. Tietenberg, 1984, S. 280).

Insgesamt würde die Einrichtung eines Marktes für Versorgungsqualität zur weiteren Reduzierung von regulatorischen Eingriffen und Verwaltungskosten auf Seite der Bundesnetzagentur führen. Als Alternative zu Mindeststandards könnte die Zertifikatelösung eine höhere Transparenz bieten und bei den Netzbetreibern ex ante die Angst vor Opportunismus und Unsicherheit verringern. Der Handel mit Ausfallzertifikaten entspricht dem Ziel, langfristig stabile Regulierung der Qualität des Netzes durch Methodenregulierung bei geringen Implementierungs- und Überwachungskosten zu ermöglichen. Während die produktive Ineffizienz der Netzbetreiber durch die Revenue Cap Regulierung sukzessive abgebaut wird, lägen die Netz- und Instandhaltungskosten und damit die gesamtwirtschaftlichen Vermeidungskosten bei jedem vom Regulierer vorgegebenen Standard langfristig im Minimum. Bei einer kostenlosen Ausgabe der an den jetzigen Standard angepassten Zertifikate würden Unternehmen, die dem

Standard entsprechen keine weiteren Kosten haben. Netzbetreiber, die eine bessere Qualität erzielen, können ihre Zertifikate an schlechtere Unternehmen verkaufen. Über eine solche innovative Marktlösung könnte lang- bis mittelfristig nachgedacht werden.

V. Weitere Aspekte der geplanten Anreizregulierung

Um den Umfang dieses Beitrages nicht zu sprengen, wollen wir im Folgenden einige ausgewählte weitere Aspekte der vorgeschlagenen Anreizregulierung nur kurz ansprechen. Zunächst ist festzuhalten, dass die von einigen Verbänden kritisierte initiale Absenkung der Kosten nicht als eine harte Maßnahme einzustufen ist, bedenkt man, dass die eigentliche Marktliberalisierung schon acht Jahre zurück liegt. Insofern hätten Ineffizienzen schon längst abgebaut werden müssen, denn selbst unter der vorherigen kostenorientierten Regulierung gab es – zumindest aus juristischer Sicht – keinen Freifahrtsschein für eine ineffiziente Unternehmensführung. Die Absenkung der Netzdurchleitungsentgelte ist daher dringend geboten und längst überfällig.

Bei der Ermittlung der Effizienz ist die Bundesnetzagentur in der komfortablen Lage, dass sie aufgrund der Vielzahl der Netzbetreiber in Deutschland auch auf statistische Methoden zurückgreifen kann, welche im Ausland aufgrund der viel schlechteren Datenlage nicht zur Verfügung stehen. So liegt insbesondere in der sog. Stochastischen Effizienzgrenzenanalyse (SFA) ein Instrument, das unbedingt genutzt und auf welches ein hoher Wert gelegt werden sollte. Sowohl die Dateneinhüllungsanalyse (DEA) als auch analytische Kostenmodelle können ggf. zu übermäßig optimistischen Schätzungen hinsichtlich der Effizienzpotenziale führen, sodass eine Validierung durch die SFA, wie von der Bundesnetzagentur geplant, geboten ist. Die Bundesnetzagentur ist hier auf dem richtigen Weg. Dass die erhobenen Daten, anders als ursprünglich geplant, nach dem nun ausgehandelten Kompromiss nicht publiziert werden, ist weniger dramatisch als zu vermuten ist. So lässt sich auch der Druck auf die effizienten Netzbetreiber zu weiteren Effizienzverbesserungen aufrecht erhalten und kollusives Verhalten bei der Datenaufbereitung besser vermeiden. Dazu muss allerdings der Datenaustausch auch unter den Netzbetreibern strengstens untersagt werden! Für wissenschaftliche Zwecke und zur externen Überprüfung ihrer Analysen sollte die Bundesnetzagentur ggf. ein Forschungsdatenzentrum einrichten, in dem Wissenschaftler oder interessierte Parteien mit den anonymisierten Daten arbeiten und so die Analysen überprüfen können.

Als letzter kritischer Punkt sei schließlich noch erwähnt, dass ein Übergang zum Vergleichswettbewerb (Yardstick Competition) ab der dritten Regulierungsperiode zwar sinnvoll ist, die ab dann geplante Dauer der Regulierungsperiode von nur zwei Jahren jedoch sehr kurz erscheint. In lediglich zwei Jahren ist es schwierig, erhebliche Kostensenkungen vorzunehmen. Insbesondere zeigt die Erfahrung anderer Jurisdiktionen, dass die Effizienzverbesserungen zu Beginn der Regulierungsperiode hoch sind und gegen Ende immer geringer werden. Der Grund liegt auf der Hand: Je länger die betroffenen Unternehmen von den Effizienzverbesserungen profitieren können, desto höher sind die Anreize, Anstrengungen für Effizienzverbesserungen vorzunehmen. Von daher sollte die Bundesnetzagentur hier mehr Mut beweisen und eine längere Regulierungsperiode als lediglich zwei Jahre in der dritten Stufe der Anreizregulierung, dem Vergleichswettbewerb, anvisieren.

VI. Fazit

In diesem Beitrag haben wir die prinzipielle Notwendigkeit der Anreizregulierung ordnungspolitisch herausgearbeitet. Bei der Umsetzung stand die Bundesnetzagentur vor einer wahren Herkulesaufgabe, die sie jedoch – trotz der hier auch vorgetragenen kritischen Anmerkungen – hervorragend gemeistert hat. Die Bundesnetzagentur verfolgt dabei momentan noch einen relativ weichen Kurs gegenüber den Netzbetreibern, die vorgeschlagenen Effizienzsteigerungen von 1,5-2,0 % sollten relativ mühelos zu erreichen sein, bedenkt man auch, dass die Netzbetreiber eigentlich seit 1998 wettbewerbskonforme Preise (ohne die Kosten für ihre Ineffizienzen) hätten bilden sollen. Für den vorgelegten Entwurf gebührt der Bundesnetzagentur ein großes Lob. Die anvisierte Anreizregulierung sollte sich zügig für die Verbraucher auszahlen.

Ein eher vorsichtiger Kurs, so wie ihn die Bundesnetzagentur eingeschlagen hat, ist jedoch durchaus geboten, zum einen um Investitionsanreize weitestgehend zu bewahren, zum anderen um die politische Akzeptanz des neuen Regulierungsregimes nicht zu gefährden. Gerade der letzte Punkt, die immanente Bedeutung der gesellschaftlichen und somit politischen Akzeptanz, wird von Ökonomen allzu häufig übersehen, sodass politische Maßnahmen vorschnell als ineffizient verurteilt werden. Bei Vernachlässigung solch politischer Nebenbedingungen kann das Regulierungssystem jedoch leicht instabil werden und somit langfristig eine viel größere Ineffizienz hervorrufen, schon allein deshalb, weil ohne verlässliche Rahmenbedingungen, welche wiederum nur ein politisch akzeptiertes System gewährleisten kann, die Investitionsanreize drastisch schwinden. Dies gilt aufgrund der Spezifität der Investitionen und der damit verbundenen irreversiblen Kosten insbesondere für netzgebundene Industriezweige wie die leitungsgebundene Energiewirtschaft.

Bei der aus dieser Sicht besonders wichtigen Frage der Qualitätsregulierung, auf welche die Bundesnetzagentur daher völlig zu Recht von Anfang an ein hohes Gewicht legt, sollte allerdings mittel- bis langfristig mehr Mut zu marktbasierten Sicherungsmechanismen bewiesen werden. Das in diesem Beitrag vorgeschlagene System handelbarer Qualitätszertifikate wäre aus unserer Sicht ein viel versprechender Weg hinweg von einem relativ eingriffsintensiven Mikromanagement hin zu einer relativ leichthändigen, marktbasierten Regulierung.

Für die Zukunft sollte die Bundesnetzagentur sich den wichtigen Fragen widmen, wie (a) Anreize für den Bau von Kraftwerken an effizienten Standorten sowie effiziente Investitionen in die sog. verteilte Erzeugung durch angemessene Regulierung sichergestellt werden können und (b) wie ein Ausbau der internationalen Konnektoren forciert werden kann, um einen wirklich funktionierenden Binnenmarkt für leitungsgebundene Energie zu errichten. Ersteres lässt sich erreichen, indem das bisherige System einheitlicher Durchleitungsgebühren durch ein Nodalpreissystem ersetzt wird, bei dem jeder Netzknoten potenziell anders bepreist wird, sodass Netzengpässe mit höheren Preisen versehen werden. Für den verstärkten Ausbau der transnationalen Energienetze müssen die Markteintrittsbarrieren für ausländische Investoren aus den Nachbarländern entfallen. Insbesondere kostengünstige Stromerzeuger aus dem Ausland (wie z.B. Österreich oder Frankreich) sollten ein hohes Interesse haben, ihren günstigen Strom nach Deutschland zu exportieren, und so einen Preisdruck auf den deutschen Strompreis entfalten.

Investitionsanreize und Regulierungsrisiken in einem System der Anreizregulierung

Burkhard Pedell

I. Einleitung – Gestaltungsmöglichkeiten der Entgeltregulierung

Regulierer und Gesetzgeber verfügen über eine Vielzahl von Möglichkeiten zur Ausgestaltung von Systemen der Entgeltregulierung. Die *Gestaltungsvariablen* gehen von der Festlegung des zu regulierenden Bereichs über die grundlegende Wahl der Regulierungsform bis hin zu Vorschriften konkreter Berechnungsmethoden der Entgelte (vgl. Abb. 1). Abhängig von den Zielsetzungen des Regulierers kann die zugrunde liegende *Regulierungsform* prinzipiell aus einem Spektrum zwischen einer reinen Kostenerstattung auf der einen sowie einer völligen Entkoppelung der Erlöse von den Kosten auf der anderen Seite gewählt werden.

Variables Determining the Scope of Regulation		
Scope of Regulated Decisions - Investment Decisions - Financing Decisions - Risk Mitigation Measures	Scope of Regulated Firms - Scope of Competition and Entry Allowed - Access of New Entrants to Incumbents' Facilities - Symmetry of Regulation	Scope of Regulated Markets - Horizontal Scope of the Firm's Activities - Vertical Scope of Regulated Markets

Regulatory System Variables			
Profit Elements Covered by Regulation	Regulatory Lag / Regulatory Review Period	Degree of Regulatory Discretion	Bandwidth for the Actual Rate of Return

Regulatory Accounting Directives			
Regulatory Cost Concept			
Operating Expenditures - Automatic Cost Pass-Through - Tax Flow-Through or Normalization	Capital Expenditures		Cost Distribution Base
	Regulatory Asset Base - Historical Structure vs. Greenfield Approach - Disallowances - Stranded Assets - Market or Book Values - CWIP/AFUDC - Depreciation Scheme	Allowed Rate of Return - Interest Rate Risk - Debt and Equity Premium - Capital Structure	

Abb. 1: Gestaltungsmöglichkeiten von Regulierungssystemen (Quelle: Pedell, 2006, S. 56)

Die Frage nach der Regulierungsform läuft letztlich darauf hinaus, welche Bestandteile des Gewinns von der Regulierung erfasst werden. Eine reine *Rate of Return-Regulierung* legt die Entgelte so fest, dass sämtliche Kosten einschließlich einer angemessenen Rendite auf das eingesetzte Kapital gedeckt werden, weshalb sie auch als Cost of Service-Regulierung bezeichnet wird. Dies bedeutet, dass die Rate of Return-Regulierung sämtliche Kosten, unabhängig davon, ob diese beeinflussbar sind, sowie die Preis- und die Mengenkomponente der Erlöse erfasst. Eine reine *Anreizregulierung* dagegen legt lediglich einen Price Cap fest, erfasst also nur den Preis. Bei einem Revenue Cap wird eine Erlösobergrenze festgelegt, d.h., es werden die Preis- und die Mengenkomponente der Erlöse erfasst.

Bei der Ausgestaltung des Regulierungssystems kann sich der Regulierer an unterschiedlichen *Zielsetzungen* orientieren, die sich in Effizienz- und Gerechtigkeitsziele einteilen lassen. Effizienz kann sich wiederum auf die Nutzung bestehender Investitionen (statische Effizienz), auf die Anreize für neue Investitionen (dynamische Effizienz) sowie auf die institutionelle Umsetzung der Regulierung selbst (institutionelle Effizienz) beziehen. Dieser Beitrag konzentriert sich auf die Investitionsanreize regulierter Unternehmen.

Das Design des Regulierungssystems hat Rückwirkungen auf die *Risiken*, denen regulierte Unternehmen ausgesetzt sind, und damit auf die risikoangemessene Rendite. Als Referenzpunkt mag der hypothetische Extremfall einer perfekten Rate of Return-Regulierung dienen, die sicherstellen könnte, dass die Rendite jederzeit den Kapitalkosten entspricht, und die darüber hinaus zeitlich unbegrenzt und glaubwürdig wäre. Ein derartiges Regulierungssystem würde dazu führen, dass das regulierte Unternehmen keinerlei Risiko von Unterrenditen zu tragen hätte; es wäre jedoch nicht perfekt im Sinne von ‚erstrebenswert', da von ihm auch keinerlei Anreize für effizienten Betrieb und effizientes Investitionsverhalten ausgingen.

In der Realität ist eine derartige ‚perfekte' Rate of Return-Regulierung allein aufgrund von Informationsproblemen und Anpassungsverzögerungen ohnehin nicht möglich; Abweichungen der Rendite von den Kapitalkosten lassen sich daher nicht vollständig vermeiden. Will der Regulierer Anreize für effizientes Wirtschaften geben, wird er bewusst von der reinen Kostenerstattung abrücken und eine stärker anreizorientierte Form der Entgeltregulierung wählen. Anreizregulierung bedeutet, dass z.B. Kosteneinsparungen gemessen an einem bestimmten Effizienzmaßstab beim Unternehmen verbleiben, d.h., die residualen Ansprüche des regulierten Unternehmens bzw. seiner Anteilseigner auf den Unternehmensgewinn werden gestärkt. Bei symmetrischer Ausgestaltung ergeben sich dadurch gleichermaßen zusätzliche Renditerisiken und –chancen.

Ein grundlegendes Problem jeder Regulierung besteht darüber hinaus darin, dass letztlich keine glaubwürdige Festlegung auf ein bestimmtes Regulierungsverfahren möglich ist; zum einen bleibt der ‚Vertrag' zwischen Regulierer und regulierten Unternehmen stets unvollständig, zum anderen verfügt der Regulierer bzw. der Gesetzgeber über die Souveränität, das Verfahren zu ändern. Diese Problematik kann zwar durch Maßnahmen wie die Einrichtung einer Regulierungsbehörde oder das Abschließen zivilrechtlicher Verträge gemildert, aber niemals vollständig beseitigt werden. Das Risiko von unangekündigten Verfahrensänderungen steigt mit der zeitlichen Entfernung in der Zukunft.

Eine konsistente Regulierung von Entgelten erfordert, dass die vom Regulierer erlaubte Rendite auf das von einem regulierten Unternehmen eingesetzte Kapital die von letzterem zu tragenden Risiken angemessen berücksichtigt. Diese Risiken hängen maßgeblich von der Ausgestaltung des Regulierungssystems selbst ab. Wird die erlaubte Rendite vom Regulierer zu niedrig bzw. zu hoch festgelegt, dann resultieren daraus unter Umständen erhebliche Verzerrungen der Investitionsanreize nach unten bzw. nach oben.

Die Bundesnetzagentur (BNetzA) hat am 30.06.2006 ihr Konzept für eine Anreizregulierung der deutschen Energiewirtschaft vorgestellt. Die Einführung von Elementen einer Anreizregulierung stärkt die residualen Ansprüche und Risiken der regulierten Unternehmen und erhöht damit die Anreize für effizientes Wirtschaften. Sie ist aus den dargelegten Gründen einer rein kostenbasierten Entgeltregulierung vorzuziehen. Positiv hervorzuheben ist insbesondere die Tatsache, dass die BNetzA einen Regulierungspfad über mehrere Regulierungsperioden vorzeichnet. Dies senkt grundsätzlich die Unsicherheit über das Verhalten der BNetzA in der Zukunft und verbessert damit die Planungssicherheit für zukünftige Investitionen der Betreiber von Strom- und Gasnetzen.

Das Konzept der BNetzA enthält jedoch einige im Zusammenhang mit Investitionsanreizen problematische Aspekte. Folgende Punkte bilden den Fokus dieses Beitrags:

1. Die von der BNetzA angestrebte vollständige Entkoppelung der Erlöse von den Kosten ist insbesondere wegen der faktischen Unmöglichkeit regulatorischer Bindung keine dauerhaft tragfähige Lösung. Darüber hinaus wirft auch die Abgrenzung von beeinflussbaren und nicht-beeinflussbaren Kosten speziell aus einer risikoanalytischen Perspektive Probleme auf, weil dadurch unter Umständen die Anreize für Maßnahmen der Risikovorsorge verzerrt werden.
2. Die BNetzA macht keinerlei Aussagen über Rückwirkungen des geplanten Systemwechsels zur Anreizregulierung auf die risikoangepassten Kapitalkosten der Netzbetreiber.
3. Im Konzept der BNetzA sind einige Elemente enthalten, welche die Netzbetreiber asymmetrischen Regulierungsrisiken aussetzen. Dies sind Risiken, welchen keine entsprechenden Chancen gegenüberstehen und die daher ohne entsprechende Kompensation die Investitionsanreize reduzieren.

Der Aufbau des Beitrags in den folgenden Abschnitten 2 bis 4 folgt diesen drei Punkten. Abschnitt 5 beschließt den Beitrag mit zusammenfassenden Schlussfolgerungen.

II. Problematik der Entkoppelung der Erlöse von den Kosten

Durch die von der BNetzA angestrebte Entkoppelung der Erlöse von den tatsächlich angefallenen Kosten[1] im Rahmen einer Anreizregulierung sollen Anreize zur Minimierung der Kosten geschaffen werden; Kosteneinsparungen verbleiben vollständig bei der regulierten Unternehmung, die dann auch die mit den Kosten verbundenen Risiken trägt. Wie im Wettbewerb werden residuale Ansprüche genutzt, um Kosteneffizienz zu erreichen. Die Anreizregulierung kann allerdings nur dann die angestrebte Wirkung entfalten, wenn die Kosten

[1] Bericht der Bundesnetzagentur zur Anreizregulierung vom 30.06.2006, Rdnr. 47.

von der Unternehmung beeinflusst werden können. Bei nicht beeinflussbaren Kostenbestandteilen sind keine Anreize für Kosteneffizienz möglich. Eine Entkoppelung der Erlöse von den nicht beeinflussbaren Kostenbestandteilen würde die Risiken der regulierten Unternehmen erhöhen, ohne Verbesserungen der Kosteneffizienz zu erreichen. Im Folgenden wird analysiert, inwieweit die Regulierungsbehörde sich darauf festlegen kann, dass Kosteneinsparungen tatsächlich bei der regulierten Unternehmung verbleiben, und welche Probleme aus einer risikoanalytischen Perspektive mit der Abgrenzung von beeinflussbaren und nicht beeinflussbaren Kostenbestandteilen potentiell verbunden sind.

1. Fehlende Möglichkeiten regulatorischer Bindung

Systeme der Anreizregulierung kommen in der Realität nicht vollständig ohne Kosteninformationen aus. Einerseits werden Kosten sowohl für die Bestimmung des Ausgangsniveaus der Entgelte beim Übergang zur Anreizregulierung[2] als auch für die Festsetzung der Effizienzvorgaben der einzelnen Regulierungsperioden benötigt. Hier können Benchmarking und analytische Kostenmodelle zum Einsatz kommen.[3] Selbst wenn man von den damit verbundenen Informationsproblemen abstrahiert, wird Kosteneffizienz durch Anreizregulierung andererseits nur dann erreicht, wenn das Unternehmen sich die zu seinem Informationsvorsprung gehörende Rente aneignen kann und der Regulierer diese Rente dem Unternehmen auch belässt. Hierbei besteht jedoch das bereits diskutierte Problem, dass sich Gesetzgeber und Regulierer letztlich nicht glaubwürdig auf ein bestimmtes Regulierungsverfahren festlegen können. Kann sich die regulierte Unternehmung nicht darauf verlassen, dass die Regulierung wie angekündigt durchgeführt wird, so werden die Anreize zur Kostenminimierung geschwächt. Die Erfahrungen mit praktisch implementierten Regulierungssystemen haben gezeigt, dass Regulierer nicht in der Lage sind, sich glaubwürdig darauf festzulegen, Überrenditen nachträglich nicht durch Verschärfung der regulatorischen Auflagen abzuschöpfen. Ein prominentes Beispiel für eine überraschende Intervention des Regulierers ist die Wiedereröffnung des Entgeltfestsetzungsverfahrens für die britische Stromwirtschaft im März 1995, nur wenige Monate nachdem das Verfahren abgeschlossen worden war und nur wenige Wochen bevor es in Kraft treten sollte.[4] Umgekehrt besteht die Erwartung, dass der Regulierer die Auflagen bei finanziellen Schwierigkeiten der regulierten Unternehmung lockert.[5] So argumentiert auch die BNetzA in ihrem Bericht, dass die Zumutbar-

---

2 Vgl. hierzu den Beitrag von *Säcker* in diesem Band.

3 Zu den damit verbundenen asymmetrischen Regulierungsrisiken vgl. die Abschnitte 4.b.aa.) und 4.b.bb.).

4 Vgl. *Grayburn/Hern/Lay* Pipes and Wires, National Audit Office, S. 6.

5 Vgl. *Kleindorfer/Pedell* Regulierung, Abschnitt III.

keit regulatorischer Maßnahmen nicht mehr gegeben ist, wenn dadurch die wirtschaftliche Existenz der Mehrheit der Netzbetreiber gefährdet wäre.[6]

Im Ergebnis ist eine vollständige Entkoppelung der Erlöse von den tatsächlichen Kosten kein dauerhaft tragfähiges Konzept, und die Entgelte werden sich in der Realität zu einem gewissen Grad an den Kosten orientieren. In einem System der Performance-basierten Regulierung lässt der Regulierer eine Bandbreite der Rendite um die Kapitalkosten zu, innerhalb derer er keine Anpassung der Entgelte vornimmt. Überschüsse oberhalb und unterhalb dieser Bandbreite werden zwischen der Unternehmung und ihren Abnehmern aufgeteilt. Die Effizienzanreize bleiben dadurch – wenn auch in abgeschwächter Form – erhalten. Performance-basierte Regulierung ist eine Mischform von Rate of Return-Regulierung und Anreizregulierung. Sie trägt den fehlenden Möglichkeiten regulatorischer Bindung Rechnung und liegt zwischen reiner Kostenerstattung und vollständiger Entkoppelung der Erlöse von den Kosten. Dadurch wird ein „Ausgleich zwischen ökonomischem Ideal und praktischen Gestaltungsüberlegungen"[7] geschaffen.

Einer Orientierung an den Kosten bei der Regulierung der deutschen Strom- und Gasnetzbetreiber kann entgegengehalten werden, dass diese eine Vielzahl von Einzelfallprüfungen nach sich zieht und mit erheblichem Regulierungsaufwand verbunden ist. Zahlreiche Elemente einer Einzelfallprüfung sind jedoch auch im Anreizregulierungskonzept der BNetzA angelegt. Bei Effizienzvergleichen durch analytische Kostenmodelle und Benchmarking sollen unternehmensindividuelle Faktoren wie der Anschlussgrad, die Altersstruktur der Anlagen, die Entwicklung ihrer Preise in der Vergangenheit, die zugrunde gelegten Abschreibungsdauern sowie die Aktivierungspraxis berücksichtigt werden.[8] Letzteres macht eine Neubewertung von Anlagen erforderlich.[9] Darüber hinaus können im Benchmarking nicht berücksichtigte strukturelle Unterschiede[10] eine Einzelfallprüfung erfordern. Insbesondere bei Streitfällen verlangen diese unternehmensindividuellen Faktoren eine Einzelfallprüfung, um zu juristisch belastbaren Entgelten zu gelangen.

---

6 Vgl. Bericht der BNetzA zur Anreizregulierung vom 30.06.2006, Rdnr. 100. Im Entwurf des Berichts vom 02.05.2006 stellte die BNetzA noch konkreter fest, dass den regulierten Unternehmen eine dauerhafte Verlustsituation nicht zugemutet werden könne; vgl. Entwurf des Berichtes der BNetzA zur Anreizregulierung vom 02.05.2006, Rdnr. 962.

7 *Kleindorfer/Pedell* Regulierung, Abschnitt IV.

8 Vgl. Bericht der BNetzA zur Anreizregulierung vom 30.06.2006, Rdnr. 879, 1028 und 933.

9 Vgl. Bericht der BNetzA zur Anreizregulierung vom 30.06.2006, Rdnr. 979.

10 Vgl. Bericht der BNetzA zur Anreizregulierung vom 30.06.2006, Rdnr. 331.

2. Abgrenzung beeinflussbarer und nicht-beeinflussbarer Kostenbestandteile

Wie bereits diskutiert, bezieht sich die angestrebte Entkoppelung der Kosten von den Erlösen auf die beeinflussbaren Kostenbestandteile. Die BNetzA stuft dabei sämtliche Kosten, die sich im Wettbewerb nicht einstellen würden, als beeinflussbar ein.[11] Dieses Argument ist grundsätzlich nachvollziehbar, ignoriert aber durch den Regulierungsprozess selbst verursachte Kosten. Diese würden im Wettbewerb nicht entstehen, sind jedoch von der Unternehmung nicht oder nur beschränkt beeinflussbar. Dieser Aspekt dürfte allerdings in der Regel nur einen relativ geringen Effekt auf die Höhe der festzusetzenden Entgelte haben.

Ein Aspekt von substantieller Bedeutung ist dagegen die zeitliche Dimension der Beeinflussbarkeit von Kosten. Bestehende Investitionen sind de facto nicht mehr beeinflussbar, es sei denn, Anlagen können veräußert und für andere Zwecke genutzt werden. Dies ist bei Strom- und Gasnetzen nur in äußerst geringem Umfang gegeben. Das Konzept der Workable Efficiency trägt diesem Umstand beim Setzen von Effizienzvorgaben Rechnung und lässt die Kapitalkosten bestehender Investitionen dabei außen vor. Ob der Regulierer zum Zeitpunkt der Einführung einer Anreizregulierung bereits bestehende Investitionen berücksichtigen sollte oder nicht, hängt letztlich von den Zielen der Entgeltregulierung ab. Stehen der Schutz des Eigentums und die Investitionsanreize der etablierten Unternehmen im Vordergrund, so spricht dies für die Einordnung der Kosten bestehender Investitionen als nicht beeinflussbar. Soll dagegen Wettbewerb, insbesondere der Neubau von Parallelnetzen, soweit dieser effizient ist, gefördert werden, so ist ein zukunftsgerichteter Kostenansatz erforderlich, der bestehende Investitionen bei der Abgrenzung beeinflussbarer Kostenbestandteile nicht berücksichtigt.[12] Die Nichtberücksichtigung bestehender Investitionen bei der Abgrenzung nicht beeinflussbarer Kostenbestandteile stellt aus Sicht der regulierten Unternehmung ein zusätzliches Risiko dar, welches in einem konsistenten Regulierungssystem angemessen zu kompensieren ist.[13]

Die Argumentation lässt sich auf die historisch gewachsene Größe der regulierten Unternehmung übertragen, die sich aus den bestehenden Investitionen ableitet. Die Unternehmensgröße ist aus heutiger Sicht ein kurzfristig de facto nicht beeinflussbarer Kostentreiber. Wird die Unternehmensgröße aus den geschilderten Erwägungen nicht als strukturelle Gegebenheit akzeptiert, die Zu- und Ab-

---

[11] Vgl. Bericht der BNetzA zur Anreizregulierung vom 30.06.2006, Rdnr. 66.

[12] Ein zu niedriger Kostenansatz durch die Berücksichtigung bestehender Investitionen würde effizienten Markteintritt verhindern, ein zu hoher Kostenansatz ineffizienten Markteintritt fördern.

[13] Vgl. hierzu die Abschnitte 3 und 4.

schläge bei den Entgelten rechtfertigen würde,[14] so werden die etablierten Unternehmen einem zusätzlichen Risiko ausgesetzt, welches eine angemessenen Kompensation verlangt.

Die Abgrenzung von beeinflussbaren und nicht-beeinflussbaren Kostenbestandteilen setzt die Unternehmung nicht nur unterschiedlichen Regulierungsrisiken aus, sondern beeinflusst auch die Anreize zur Risikovorsorge. Werden beispielsweise Sturmschäden als nicht beeinflussbare Kostenbestandteile eingestuft und damit im Ergebnis in die festgesetzten Entgeltobergrenzen durchgereicht, so besteht keinerlei Anreiz zur Versicherung derartiger Schäden.

III. Regulierung und Kapitalkostensatz

1. Einfluss des Regulierungssystems auf das systematische Risiko

Die Ausgestaltung des Regulierungssystems bleibt nicht ohne Rückwirkungen auf das Risiko und die risikoangepassten Kapitalkosten der regulierten Unternehmen. Insbesondere die Wahl der grundlegenden Regulierungsform im Spektrum zwischen reiner Kostenerstattung und reiner Anreizregulierung legt fest, welche residualen Ansprüche und Risiken bei den regulierten Unternehmen liegen.[15] Die Frage, wie diese Risiken mit dem allgemeinen Marktrisiko korrelieren, wie sich also die Wahl der Regulierungsform auf das systematische Risiko und damit auf die risikoangepassten Kapitalkosten auswirkt, ist letztlich empirisch zu beantworten. Alexander, Mayer und Weeds (1996) haben für die Weltbank umfangreiche Zeitreihen- und Ländervergleichsanalysen durchgeführt. Abb. 2 zeigt ihre Ergebnisse in stark aggregierter Form. Daran lässt sich ablesen, dass Regulierungssysteme mit starken Anreizen signifikant höhere Asset Beta-Faktoren als Maß des systematischen Risikos aufweisen als Systeme mit schwach ausgeprägten Anreizen wie z.B. eine Rate of Return-Regulierung. Dies gilt ausnahmslos für alle untersuchten Branchen. Alexander, Estache und Oliveri (2000) bestätigen die Ergebnisse für den Transportsektor. Der von Peltzman (1976) postulierte Buffering-Effekt, nach dem Unternehmen durch die Regulierung ihrer Entgelten von Marktrisiken abgeschirmt werden, scheint tatsächlich umso stärker ausgeprägt zu sein, je enger sich diese Regulierung an den Kosten orientiert und je weniger Anreize dadurch gegeben sind.

---

[14] Die BNetzA akzeptiert in Übereinstimmung mit dem BGH die Unternehmensgröße nicht als strukturelle Gegebenheit. Vgl. Bericht der BNetzA zur Anreizregulierung vom 30.06.2006, Rdnr. 83.

[15] Vgl. Abschnitt 1.

Incentives	Electricity	Gas	Energy	Water	Telecoms	Average
High-powered	0.57	0.84	—	0.67	0.77	0.71
Intermediate	0.41	0.57	0.64	0.46	0.70	0.60
Low-powered	0.35	0.20	0.25	0.29	0.41	0.32

Abb. 2: Asset Beta-Faktoren nach Regulierungsform und Branche (Quelle: Alexander / Mayer / Weeds (1996), S. 29)

Konzeptionelle Überlegungen und empirische Evidenz sprechen dafür, dass der Übergang von einer kostenorientierten Entgeltregulierung auf das von der BNetzA konzipiert System der Anreizregulierung das systematische Risiko und damit die Eigenkapitalkosten der regulierten Netzbetreiber erhöhen wird. Dieser Aspekt ist von erheblicher Bedeutung für die Aufrechterhaltung von Investitionsanreizen, wird jedoch im Anreizregulierungsbericht der BNetzA nicht erwähnt. Der von der BNetzA vorgeschlagene Revenue Cap wird in der Untersuchung von Alexander, Mayer und Weeds den mittleren Anreizen zugeordnet, da nicht nur die Preis-, sondern auch die Mengenkomponente von der Regulierung der Entgelte erfasst wird. Durch die vorgesehene Mengenanpassung[16] innerhalb des Revenue Cap verschiebt sich diese Zuordnung allerdings wieder in Richtung der Kategorie „starke Anreize". Der geplante spätere Übergang auf eine reine Yardstick-Regulierung auf der letzten Stufe des Konzepts der BNetzA wäre nach den empirischen Ergebnissen mit einer weiteren Zunahme des systematischen Risikos verbunden.

Die Rückwirkung der Regulierungsform auf das systematische Risiko ist bereits bei der Festlegung des Ausgangsniveaus der Kosten in der ersten Anreizregulierungsperiode zu berücksichtigen. Hierbei besteht speziell das Problem, dass aufgrund des durch den Wechsel der Regulierungsform ausgelösten Strukturbruchs Vergangenheitsdaten nur bedingt zur Schätzung der Eigenkapitalkosten geeignet sind.[17]

---

[16] Vgl. Bericht der BNetzA zur Anreizregulierung vom 30.06.2006, Rdnr. 244ff.

[17] Die Verwendung eines einheitlichen Kapitalkostensatzes (vgl. Bericht der BNetzA zur Anreizregulierung vom 30.06.2006, Rdnr. 297, 741 und 973) ist selbst bei vergleichbarem Geschäftsrisiko nicht gerechtfertigt, da dieses über das Finanzierungsrisiko bei unterschiedlicher Kapitalstruktur in ein unterschiedliches Risiko für die Eigenkapitalgeber „übersetzt" wird.

2. Konsistenz von regulatorischem Abschreibungsverfahren und Kapitalkostensatz

Abschreibungsverfahren unterscheiden sich nach der Höhe der Abschreibungsbasis im Ausgangspunkt, nach der zeitlichen Verteilung der Abschreibungen sowie danach, ob die Summe der Abschreibungsbeträge der Ausgangsbasis entspricht. Für regulatorische Abschreibungsverfahren ist als wesentliches Kriterium anzulegen, dass Abschreibungen und Zinsen so bestimmt werden, dass darin keine Überrenditen enthalten sind; anders ausgedrückt, sollen die mit dem Kapitalkostensatz diskontierten Abschreibungen und Zinsen gerade der Anschaffungsauszahlung entsprechen (Kapitalwertneutralität).[18] Dieses Kriterium wird von einer Vielzahl von Abschreibungsverfahren erfüllt. Dazu gehören insbesondere die Anschaffungswertabschreibung kombiniert mit dem Nominalzinssatz sowie die Tagesneuwertabschreibung kombiniert mit dem spezifischen Realzinssatz sowie das in der deutschen Energiewirtschaft seit vielen Jahren praktizierte Konzept der Nettosubstanzerhaltung, bei dem auf den eigenfinanzierten Anteil von Anlagen die Tagesneuwertabschreibung und auf den fremdfinanzierten Anteil die Anschaffungswertabschreibung angewandt wird.[19] Die zeitliche Verteilung der aus Abschreibungen und Zinsen bestehenden Kapitalkosten unterscheidet sich bei allen drei Verfahren (vgl. Abb. 3). Als weitere Variante wird die Tagesgebrauchtwertabschreibung kombiniert mit dem Nominalzinssatz vorgeschlagen.[20] Bei der Tagesgebrauchtwertabschreibung entspricht die Summe der Abschreibungsbeträge der Anschaffungsauszahlung, die Höhe der Kapitalkosten ist in jeder einzelnen Periode mit der Tagesneuwertabschreibung identisch, die Verteilung der Kapitalkosten auf Abschreibungen und Zinsen ist jedoch bei beiden Verfahren unterschiedlich. Abb. 3 zeigt dies für die Anschaffungs-, die Tagesneu- sowie die Tagesgebrauchtwertabschreibung am Beispiel einer Anlage mit einem Anschaffungswert von 4.000,- und einer Nutzungsdauer von 5 Jahren bei einer Preisänderungsrate von 10% und einem Nominalzinssatz von 16,60%, aus denen sich ein Realzinssatz von 6% ergibt.

---

[18] Vgl. *Knieps/Küpper/Langen* ZfbF 2001, 760ff.

[19] Vgl. zu diesen Verfahren den Beitrag von *Busse von Colbe* in diesem Band.

[20] Vgl. *Crew/Kleindorfer* Journal of Regulatory Economics 1992, 51ff.; *Knieps/Küpper/Langen* ZfbF 2001, 759ff.

Anschaffungswertabschreibung						
Nutzungs-periode Zeitpunkt	**Tages-neuwert**	**Abschrei-bung**	**Gebundenes Kapital zum Per.-Beginn**	**Zinsen nominal**	**Perioden-summe / Entgelt**	**Endwert**
0	4.000					
1	4.400	800	4.000	664,00	**1.464,00**	2.706,05
2	4.840	800	3.200	531,20	**1.331,20**	2.110,27
3	5.324	800	2.400	398,40	**1.198,40**	1.629,29
4	5.856	800	1.600	265,60	**1.065,60**	1.242,49
5	6.442	800	800	132,80	**932,80**	932,80
Summen		**4.000**				**8.620,90**
					Barwert	**4.000,00**

Tagesneuwertabschreibung						
Nutzungs-Periode Zeitpunkt	**Tages-neuwert**	**Abschrei-bung**	**Gebundenes Kapital zum Per.-Beginn**	**Zinsen real**	**Perioden-summe/ Entgelt**	**Endwert**
0	4.000					
1	4.400	880	4.400	264,00	**1.144,00**	2.114,56
2	4.840	968	3.872	232,32	**1.200,32**	1.902,80
3	5.324	1.065	3.194	191,66	**1.256,46**	1.708,23
4	5.856	1.171	2.343	140,55	**1.311,83**	1.529,60
5	6.442	1.288	1.288	77,30	**1.365,71**	1.365,71
Summen		**5.372**				**8.620,90**
					Barwert	**4.000,00**

Tagesgebrauchtwertabschreibung						
Nutzungs-periode Zeitpunkt	**Tags-gebraucht-Wert**	**Abschrei-Bung**	**Gebundenes Kapital zum Per.-Beginn**	**Zinsen nominal**	**Perioden-summe/ entgelt**	**Endwert**
0	4.000					
1	3.520	480	4.000	664	**1.144,00**	2.114,56
2	2.904	616	3.520	584,32	**1.200,32**	1.902,80
3	2.130	774	2.904	482,064	**1.256,46**	1.708,23
4	1.171	958	2.130	353,5136	**1.311,83**	1.529,60
5	0	1.171	1.171	194,43248	**1.365,71**	1.365,71
Summen		**4.000**				**8.620,90**
					Barwert	**4.000,00**

Abb. 3: Vergleich regulatorischer Abschreibungsverfahren (Quelle: Küpper/Pedell (2006), Abschnitt II.1.e)

Die unterschiedliche zeitliche Verteilung der Kapitalkosten bei den verschiedenen Abschreibungsverfahren kann unter zwei Gesichtspunkten relevant sein:
1. Die Anlage bleibt nicht für ihre gesamte Nutzungsdauer bei der Unternehmung, sondern wird z.B. *vorzeitig verkauft*. Dies bedeutet, dass nur ein Teil des Investitionszyklus bei der Unternehmung durchlaufen wird und das Kriterium der Kapitalwertneutralität für den verkürzten Investitionszyklus erfüllt sein muss. Dies ist der Fall, wenn die bis zur Veräußerung aufgelaufenen Abschreibungen und Zinsen zuzüglich des Veräußerungserlöses (jeweils diskontiert) der Anschaffungsauszahlung entsprechen. Wird die Anlage nahe liegender Weise zum Tagesgebrauchtwert veräußert, so ist dieses Kriterium sowohl bei der Tagesneuwertabschreibung als auch bei der Tagesgebrauchtwertabschreibung erfüllt. Bei der Anschaffungswertabschreibung und bei der Nettosubstanzerhaltung müssten nachträgliche Korrekturen vorgenommen werden. Die Tagesgebrauchtwertabschreibung weist gegenüber der Tagesneuwertabschreibung den Vorzug auf, dass die Veräußerung ohne einen Buchgewinn erfolgt, da die Anlage ja gerade zum Tagesgebrauchtwert in der regulatorischen Rechnung geführt wird. Die Tagesgebrauchtwertabschreibung ist damit transparenter und intuitiv einfacher interpretierbar.[21]
2. *Technischer Fortschritt* führt zu Preissenkungen vergleichbarer Anlagen, und es wird *Wettbewerb* zugelassen. In diesem Fall hätten Wettbewerber die Möglichkeit, zu einem späteren Zeitpunkt vergleichbare Anlagen günstiger zu beschaffen, in den Markt einzutreten und die etablierte Unternehmung zu unterbieten, sofern deren Entgeltentwicklung über die Zeit nicht der Preisentwicklung der Anlage folgt.[22] Sowohl durch die Tagesneuwertabschreibung als auch durch die Tagesgebrauchtwertabschreibung wird die notwendige Anpassung des Entgeltverlaufs an die Preisentwicklung der Anlage erreicht.[23]

Die Äquivalenz der angesprochenen regulatorischen Abschreibungsverfahren im Hinblick auf den Kapitalwert ist allerdings an die implizite Annahme geknüpft, dass die Wahl des Abschreibungsverfahrens keine Rückwirkungen auf den risikoangepassten Kapitalkostensatz hat. In diesem Zusammenhang ist die unterschiedliche zeitliche Verteilung der Kapitalkosten bei den verschiedenen Verfahren von Bedeutung. Führt die unterschiedliche Verteilung der Kosten über die Zeit zu einer unterschiedlichen Entwicklung der Entgelte und der Zahlungen über die Zeit und nimmt die Unsicherheit, insbesondere über das Verhalten des

---

[21] Vgl. *Küpper/Pedell* Betriebswirtschaftliche Grundlagen für eine marktkonforme Bestimmung der Netznutzungsentgelte im Strom- und Gasbereich, in: Säcker (Hrsg.) Berl. Komm. zum Energierecht, Abschnitt II.3.c.

[22] Vgl. *Crew/Kleindorfer* Journal of Regulatory Economics 1992, 51ff. Für die analoge Argumentation im Fall von Preissteigerungen vgl. *Pedell* Regulatory Risk and the Cost of Capital, S. 140.

[23] Vgl. *Knieps/Küpper/Langen* ZfbF 2001, 759ff.; *Pedell* Regulatory Risk and the Cost of Capital, S. 137ff.

Regulierers, mit der Entfernung in der Zukunft zu, so sind die Verfahren nicht mehr äquivalent. Regulatorische Abschreibungsverfahren mit frühen Rückflüssen auf das eingesetzte Kapital sind dann mit einer niedrigeren Risikoprämie verbunden als Verfahren mit späten Rückflüssen auf das eingesetzte Kapital.[24]

IV. Asymmetrische Regulierungsrisiken

1. Asymmetrisches Regulierungsrisiko und erlaubte Rendite

Ein asymmetrisches Regulierungsrisiko besteht immer dann, wenn eine regulierte Unternehmung aufgrund der Regulierung einem einseitigen Risiko nach unten ausgesetzt ist, ohne dass sie auf der anderen Seite ein symmetrisches Potential nach oben hätte. Anders ausgedrückt, durch die Regulierung wird das obere Ende der Wahrscheinlichkeitsverteilung der erwarteten Cash Flows abgeschnitten, ohne das Risiko nach unten zu begrenzen.

Die Problematik asymmetrischer Regulierungsrisiken lässt sich am anschaulichsten am Beispiel so genannter Disallowances darstellen. Disallowances sind einzelne, von der regulierten Unternehmung getätigte Investitionen, welche der Regulierer nicht in die regulatorische Kapitalkostenbasis aufnimmt, weil er diese gemessen an einem bestimmten Standard nicht für effizient befindet. Im Ergebnis werden weder Abschreibungen noch Zinsen auf diesen Teil der Investitionen verrechnet. Disallowances dienen dem Zweck, Anreize für effizientes Investitionsverhalten zu schaffen. Als Standard kommen insbesondere ein so genannter Prudence Review und ein Used and Useful-Test in Betracht.[25] Beim Prudence Review prüft der Regulierer, ob Investitionen zum Investitionszeitpunkt mit angemessener kaufmännischer Sorgfalt und Umsicht vorgenommen wurden. Der Standard des Used and Useful-Test ist strenger; nach ihm wird untersucht, ob eine in der Vergangenheit getätigte Investition nach heutigem Informationsstand eine sinnvolle Entscheidung darstellt und tatsächlich genutzt wird. Diese Logik steht auch hinter dem Einsatz analytischer Kostenmodelle, die in Abschnitt 4.2.1 analysiert werden.

Den rechnerischen Zusammenhang zwischen dem asymmetrischen Regulierungsrisiko aufgrund von Disallowances und der notwendigen Anpassung der erlaubten Rendite zeigen die einfachen numerischen Beispiele in Abb. 4. Dabei wird angenommen, die Unternehmung investiere 100,- € und der Kapitalkostensatz sei 10%. Die erlaubte Rendite auf die regulatorische Kapitalkostenbasis, welche erforderlich ist, damit die Unternehmung beispielsweise bei einer 50%igen Wahrscheinlichkeit einer Disallowance von 10% der Investition erwartet, dass sie im Durchschnitt eine Rendite von 10% auf das von ihr investierte Kapital erhält, berechnet sich nach folgender Gleichung:

---

[24] Vgl. *Pedell* Regulatory Risk and the Cost of Capital, S. 141.

[25] Vgl. *Kolbe/Tye/Myers* Regulatory Risk, S. 20ff.

$$0.5 * 100 * (1+x) + 0.5 * (100-10) * (1+x) = 100 (1+0.1)$$

Daraus ergibt sich eine rechnerische Anpassung der erlaubten Rendite auf 15,79%. Nimmt der Regulierer tatsächlich eine Disallowance von 10% vor, dann erwirtschaftet das Unternehmen eine Rendite von 90 * 15,79% - 100 = 4,21%. Akzeptiert der Regulierer die volle Investition in der regulatorischen Kapitalkostenbasis, beträgt die Rendite 15,79%. Bei risikoaversen Kapitalgebern ist eine noch stärkere Anpassung der erlaubten Rendite erforderlich, da diese zusätzlich eine Prämie für das Renditerisiko verlangen.

Probability of disallowance [%]	Percentage of disallowance [%]			
	5	10	25	50
5	10.28	10.55	11.39	12.82
10	10.55	11.11	12.82	15.79
25	11.39	12.82	17.33	25.71
50	12.82	15.79	25.71	46.67

Abb. 4: Asymmetrisches Regulierungsrisiko und erlaubte Rendite (Quelle: Pedell (2006), S. 43)

Selbst wenn dieses stark vereinfachten numerischen Beispiele die Realität nur sehr unzulänglich wiedergeben, so vermitteln sie doch ein Gefühl für die erhebliche Größenordnung, in der Anpassungen der erlaubten Rendite auf die regulatorische Kapitalkostenbasis erforderlich sind, um asymmetrische Regulierungsrisiken nach unten zu kompensieren.[26] Da die erlaubte Rendite im Regulierungsprozess als Kennzahl eine sehr hohe Aufmerksamkeit genießt, könnten Anpassungen in der erforderlichen Größenordnung politisch schwer durchsetzbar sein. Die Berücksichtigung des asymmetrischen Regulierungsrisikos als absolutes Kostenelement wäre in dieser Hinsicht vermutlich weniger problematisch. Ist keine der beiden Kompensationsmöglichkeiten durchsetzbar, so bleibt nur, diesem Problem durch die Vermeidung asymmetrischer Regulierung so weit wie möglich aus dem Weg zu gehen. Auch durch symmetrische Regulierung können Anreize für effiziente Investitionen und effizienten Betrieb gegeben werden, wie bei der Diskussion des Benchmarking in Abschnitt 4.2.2 gezeigt wird.

[26] Sichert die Regulierung die Unternehmung im Fall finanzieller Schwierigkeiten nach unten ab, wirkt also wie eine Versicherung gegen Insolvenz, so wird das untere Ende der Wahrscheinlichkeitsverteilung der Zahlungsüberschüsse abgeschnitten, wofür der Unternehmung eine entsprechende „Versicherungsprämie in Rechnung zu stellen" ist.

2. Asymmetrische Regulierungsrisiken im Anreizregulierungskonzept der BNetzA

Das Konzept der BNetzA zur Anreizregulierung enthält eine Reihe von Elementen, welche die Netzbetreiber asymmetrischen Regulierungsrisiken aussetzen. Im Rahmen dieses Beitrags werden asymmetrische Regulierungsrisiken analysiert, die sich aus dem Einsatz von analytischen Kostenmodellen, aus der Verwendung der Effizienzgrenze im Rahmen eines Benchmarking sowie aus der Qualitätsregulierung ergeben.

a) Analytische Kostenmodelle

Analytische Kostenmodelle werden vor allem zur Bestimmung eines effizienten Mengengerüstes der regulatorischen Kapitalkostenbasis eingesetzt und sind im Konzept der BNetzA auch für diesen Zweck vorgesehen.[27] Dabei kommen ingenieurwissenschaftliche Methoden zum Einsatz. Die Ansätze zur Bestimmung des Mengengerüstes bewegen sich in einem Spektrum zwischen zwei Polen, die in engem Zusammenhang mit der Wahl der grundlegenden Regulierungsform stehen. Den einen Rand des Spektrums bildet das bestehende, historisch gewachsene Mengengerüst, welches Pfadabhängigkeiten unterliegt und aus heutiger Sicht allein aufgrund von Nachfrageverschiebungen und technischem Fortschritt in aller Regel nicht optimal ist. Seine Verwendung ist Bestandteil einer reinen Kostenerstattung und bedeutet, dass die Risiken von technischem Fortschritt und von Nachfrageverschiebungen vollständig von den Abnehmern der regulierten Unternehmung getragen werden.

Am anderen Rand des Spektrums steht das aus heutiger Sicht optimale Mengengerüst, das in einem Grüne-Wiese-Ansatz auf dem Reißbrett entworfen wird und mit den modernsten verfügbaren Anlagen ausgestattet wird. Die Entwicklung hypothetischer Strukturen eröffnet dabei unweigerlich beträchtliche Ermessensspielräume. Das Risiko von technischem Fortschritt und Nachfrageverschiebungen liegt bei diesem Ansatz vollständig bei der regulierten Unternehmung. Im aus der Sicht der Unternehmung vorteilhaftesten Fall finden kein technischer Fortschritt und keine Nachfrageverschiebungen statt, so dass das in der Vergangenheit gebaute, tatsächlich bestehende Netz auch aus heutiger Sicht noch optimal ist. In diesem Fall wird das tatsächliche Mengengerüst vom Regulierer anerkannt, und die Unternehmung bekommt sämtliche Investitionen erstattet. In allen anderen Fällen wird das tatsächliche Mengengerüst nur teilweise vom Regulierer akzeptiert und die Unternehmung bekommt nur einen Teil ihrer Investitionen erstattet. Die Unternehmung wird infolgedessen erwarten, dass sie im Durchschnitt nicht die Kapitalkosten auf das investierte Kapital verdienen wird. Dies stellt ein asymmetrisches Regulierungsrisiko nach unten dar. Ohne eine angemessene Kompensation werden dadurch die Investitionsanreize reduziert.

[27] Vgl. Bericht der BNetzA zur Anreizregulierung vom 30.06.2006, Rdnr. 890.

Wird in jedem Zeitpunkt der aktuelle Stand der Technik als Maßstab zugrunde gelegt, so wird implizit der vollkommene Wettbewerb als Referenzpunkt für die Regulierung gewählt. Im vollkommenen Wettbewerb ist es nicht möglich, Wettbewerbsvorteile zu erlangen, da diese sofort eingeebnet werden. Dadurch besteht jedoch keinerlei Anreiz, auch nur partiell irreversibel zu investieren und Risiken einzugehen. Nur die Chance auf Überrenditen schafft den Anreiz, Investitionsrisiken einzugehen. Dies ist bei dem der Regulierung als Referenzpunkt dienenden Wettbewerbskonzept zu berücksichtigen. Die Federal Communications Commission (FCC) in den USA verwendet beispielsweise als Kostenkonzept für die Entgeltbestimmung die Total Element Long Run Incremental Costs (TELRIC); diese beziehen sich auf die effizienteste verfügbare Technologie, die in einem Wettbewerbsmarkt zum Einsatz käme. Konsistenterweise erkennt die FCC an, dass „... a TELRIC-based cost of capital should reflect the risk of a competitive market."[28]

Das asymmetrische Risiko wird reduziert, wenn bestehende Strukturen zumindest teilweise anerkannt werden. Die BNetzA diskutiert die Referenznetzanalyse und die Modellnetzanalyse als mögliche Ansätze zur Modellierung von Netzen.[29] Während die Modellnetzanalyse von einer homogenen Versorgungsaufgabe ausgeht, berücksichtigt die Referenznetzanalyse individuelle Lastangaben und geografische Koordinaten von Trassen. Die Referenznetzanalyse ist daher ceteris paribus mit einem geringeren asymmetrischen Regulierungsrisiko verbunden. Für Übertragungsnetze wird speziell der Einsatz eines Scorched Node-Ansatzes angeregt, der auf den bestehenden Einspeisepunkten, Umspannstationen, Kundenanschlüssen sowie Verbundkuppelstellen aufbaut und damit gewachsene Strukturen relativ weitgehend berücksichtigt.[30] Die BNetzA erkennt die Unerreichbarkeit eines optimalen Mengengerüstes an: „Eine an die aktuelle Aufgabe optimal angepasste Netzstruktur ist in Übertragungsnetzen wegen der langen Genehmigungsfristen, der damit verbundenen Prognoseunsicherheiten sowie der große Leistungseinheiten der Übertragungsnetzanlagen und deshalb großvolumigen Ausbaustufen nicht umsetzbar."[31] Die hochgradige Irreversibilität von Netzinvestitionen als Kern des Problems wird dabei zumindest nicht explizit genannt. Abschließend lässt sich feststellen, dass anspruchsvolle Effizienzmaßstäbe in analytischen Kostenmodellen die Anreize erhöhen, aber auch das zu kompensierende Risiko steigern.

b) Benchmarking – Frontier-Yardstick

Benchmarking stellt nicht wie analytische Kostenmodelle auf einen hypothetischen Effizienzmaßstab ab, sondern es vergleicht die Effizienz real bestehender

[28] *FCC* Triennial Review Order, August 21, 2003, para 680.
[29] Vgl. Bericht der BNetzA zur Anreizregulierung vom 30.06.2006, Rdnr. 892ff.
[30] Vgl. Bericht der BNetzA zur Anreizregulierung vom 30.06.2006, Rdnr. 1416.
[31] Bericht der BNetzA zur Anreizregulierung vom 30.06.2006, Rdnr. 1417.

Unternehmen. Dieser Maßstab ist grundsätzlich weniger streng als derjenige eines analytischen Kostenmodells, welches den Stand der Technik und der aktuellen Nachfragesituation abbildet. Für ein Benchmarking können verschiedene Verfahren der Regressionsanalyse sowie der Data Envelopment Analysis herangezogen werden. Der Vergleich der einzelnen Verfahren ist nicht Gegenstand dieses Beitrags. Grundsätzlich ist festzustellen, dass das Regulierungsrisiko umso geringer ist, je mehr Kosteneinflussgrößen im Benchmarking berücksichtigt werden, da die individuelle Situation der einzelnen Unternehmen besser abgebildet wird. In diesem Beitrag interessiert jedoch insbesondere die übergeordnete Frage, ob die Effizienzgrenze oder die durchschnittliche Effizienz als Maßstab für Effizienzvorgaben dient, die aus einem Benchmarking abgeleitet wurden.

Die BNetzA plädiert in ihrem Konzept für die Verwendung der Effizienzgrenze als Referenzpunkt.[32] Diese wird vereinfacht gesprochen durch die Unternehmen gebildet, die einen bestimmten Output mit den niedrigsten Kosten realisieren. In Abb. 5 ist dies schematisch für einen DEA-Ansatz skizziert.[33] In dem einfachen Beispiel bilden die Unternehmen A, B und C sowie Linearkombinationen dieser Unternehmen die Effizienzgrenze. Entscheidend ist, dass einige Unternehmen auf der Effizienzgrenze liegen, alle anderen Unternehmen darunter, d.h., die Unternehmen erreichen die Effizienzgrenze im Durchschnitt nicht. Orientieren sich die Entgeltvorgaben an der Effizienzgrenze, dann reichen diese im Durchschnitt nicht zur Deckung der Kosten (einschließlich Kapitalkosten) aus. Dies würde voraussetzen, dass alle Unternehmen auf der Effizienzgrenze liegen, dass also ein einheitliches Effizienzniveau erreicht wird, wie dies der BNetzA vorschwebt.[34] In einer realistischen, dynamischen Perspektive wird dies jedoch niemals vollständig erreichbar sein, zumal die Effizienzgrenze ein ‚Moving Target' ist.

---

[32] Vgl. Bericht der BNetzA zur Anreizregulierung vom 30.06.2006, Rdnr. 113.

[33] Bei der Corrected Ordinary Least Squares-Methode bildet eine einzige Unternehmung die Effizienzgrenze.

[34] Vgl. Bericht der BNetzA zur Anreizregulierung vom 30.06.2006, Rdnr. 347.

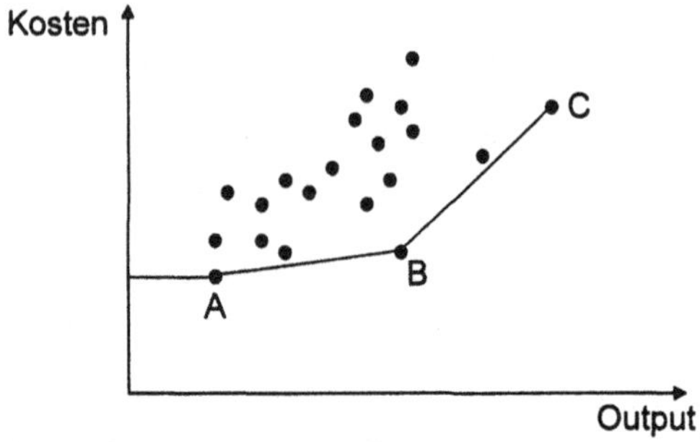

Abb. 5: Effizienzgrenze in einem DEA-Ansatz

Eine einzelne regulierte Unternehmung erwirtschaftet im besten Fall, d.h., wenn sie auf der Effizienzgrenze liegt, ihre Kapitalkosten, in allen anderen Fällen liegt sie darunter und erwirtschaftet weniger als ihre Kapitalkosten. In der Realität besteht aus Sicht der einzelnen Unternehmung stets Unsicherheit darüber, ob sie in Zukunft auf der Effizienzgrenze liegen wird. Bei Investitionsentscheidungen erwartet sie daher, dass ihre Kapitalkosten im Durchschnitt nicht gedeckt sein werden. Dieses asymmetrische Regulierungsrisiko reduziert ohne angemessene Kompensation ihre Investitionsanreize.

Alternativ ließe sich die durchschnittliche Effizienz als Maßstab für das Benchmarking heranziehen. Orientieren sich die Entgeltvorgaben an der durchschnittlichen Effizienz, dann verdienen überdurchschnittlich effiziente Unternehmen Überrenditen, unterdurchschnittlich effiziente Unternehmen erwirtschaften weniger als ihre Kapitalkosten.[35] Die Anreize sind grundsätzlich symmetrisch, d.h., dem Risiko von Unterrenditen steht die Chance auf Überrenditen gegenüber und es besteht kein asymmetrisches Regulierungsrisiko. Dies steht nicht mit der Zielsetzung der Regulierung im Widerspruch, Wettbewerbsergebnisse nachzubilden. Außer im hypothetischen Fall vollkommenen Wettbewerbs, bei dem wie bereits diskutiert keinerlei Anreize bestehen, Investitionsrisiken einzugehen, streben Unternehmen im Wettbewerb gerade danach, effizienter als ihre Wettbewerber zu sein, d.h. Wettbewerbsvorteile zu erreichen und Überrenditen zu erwirtschaften. Chancen auf Wettbewerbsvorteile wecken überhaupt erst die Bereitschaft, Investitionsrisiken, d.h. das Risiko von Unterrenditen einzugehen. Dies spricht klar für die Verwendung der durchschnittlichen Effizienz als Maßstab für ein Benchmarking. Es ist jedoch noch zu klären, (1) wie sich dies auf

[35] Dabei stellt sich immer noch die Frage, wie der Regulierer mit Unternehmen umgeht, die dauerhaft unter dem Durchschnitt liegen und Verluste erwirtschaften. Die Drohung, diese Unternehmen in Konkurs gehen zu lassen, erscheint zumindest nur bedingt glaubwürdig. Dies schwächt per se die Anreize, insbesondere für wenig effiziente Unternehmen.

die Anreize auswirkt und (2) ob dies mit dem Energiewirtschaftsgesetz (EnWG) vereinbar ist.

Die BNetzA erweckt in ihrem Bericht den Eindruck, die Verwendung der durchschnittlichen Effizienz als Benchmark schaffe für diejenigen Unternehmen, deren Effizienz überdurchschnittlich ist, keinerlei Anreize für weitere Produktivitätssteigerungen.[36] Diesem Argument ist entschieden zu widersprechen. Die Anreizregulierung sorgt dafür, dass die residualen Ansprüche ganz oder teilweise bei der regulierten Unternehmung liegen. Selbst wenn eine Unternehmung bereits überdurchschnittlich effizient ist, wenn sie also mit den Entgelten, die sich an der durchschnittlichen Effizienz orientieren, bereits mehr als ihre Kosten (einschließlich Kapitalkosten) erwirtschaftet, so hat sie immer noch Anreize, noch effizienter zu werden, da sie die Gewinne aus zusätzlichen Kosteneinsparungen ganz oder teilweise behalten kann. Es ist festzuhalten, dass eine Orientierung an der *durchschnittlichen* Effizienz, die Anreize für *alle* Unternehmen aufrechterhält.

Die BNetzA argumentiert ferner, die Verwendung der durchschnittlichen Effizienz für das Benchmarking sei nicht mit dem EnWG vereinbar.[37] Das EnWG spricht jedoch an keiner Stelle von Effizienzgrenze, sondern nur allgemein von Effizienz. In einem absoluten Sinne würde dies zwar die Effizienzgrenze bedeuten, die Verwendung des Begriffs der Effizienz lässt jedoch den Spielraum offen, ihn als durchschnittliche Effizienz zu interpretieren. Des Weiteren legt der Gesetzgeber in § 21a Abs. 5 EnWG explizit fest, dass Effizienzvorgaben erreichbar und übertreffbar sein müssen. Damit ist unmissverständlich klargelegt, dass nicht die absolute Effizienzgrenze gemeint sein kann, denn diese ist gerade nicht übertreffbar. Die BNetzA beabsichtigt, die Übertreffbarkeit durch einen pauschalen Sicherheitsabschlag von den Effizienzvorgaben zu gewährleisten.[38] Ein pauschaler Sicherheitsabschlag macht konzeptionell Sinn für Unsicherheiten bei der Berechnung der Effizienzvorgaben, nicht jedoch zum Sicherstellen der Übertreffbarkeit, selbst wenn er das asymmetrische Regulierungsrisiko durch Verwendung der Effizienzgrenze im Ergebnis mildert. Solange ein höheres Anspruchsniveau als die durchschnittliche Effizienz als Maßstab Anwendung findet, besteht ein asymmetrisches Risiko. Die BNetzA rückt selbst vom Maßstab der Effizienzgrenze ab, wenn sie dafür plädiert, dass die effizienteste Unternehmung eine Zusatzrente erhalten soll.[39]

---

[36] Vgl. Bericht der BNetzA zur Anreizregulierung vom 30.06.2006, Rdnr. 113.
[37] Vgl. Bericht der BNetzA zur Anreizregulierung vom 30.06.2006, Rdnr. 185 und 909.
[38] Vgl. Bericht der BNetzA zur Anreizregulierung vom 30.06.2006, Rdnr. 111.
[39] Vgl. Bericht der BNetzA zur Anreizregulierung vom 30.06.2006, Rdnr. 342. Dabei verwendet sie den etwas unglücklich gewählten Begriff der Supereffizienz.

c) Qualitätsregulierung

Auch Qualitätsregulierung ist abhängig von ihrer konkreten Ausgestaltung eine mögliche Quelle asymmetrischen Regulierungsrisikos. Die BNetzA richtet die Qualitätsregulierung in ihrem Konzept[40] nach vier Dimensionen aus: technische Sicherheit, Produktqualität, Servicequalität und Netzzuverlässigkeit. Die ersten beiden Kriterien werden durch Setzung von technischen Normen und Kontrolle ihrer Einhaltung reguliert.

Bei der *Servicequalität*, die sich z.B. auf die Einhaltung von Terminen bezieht, werden Mindeststandards gesetzt, deren Unterschreitung einseitige Pönalien zur Konsequenz hat. Ohne eine entsprechende Berücksichtigung bei den Entgelten führen einseitige Pönalien dazu, dass die regulierten Unternehmen einem asymmetrischen Regulierungsrisiko ausgesetzt sind. Die BNetzA stellt jedoch fest, dass die mit den Pönalien verbundenen Kosten bei der Entgeltfestsetzung angemessen zu berücksichtigen sind, damit die Netzbetreiber nicht unzulässig belastet werden.[41] Eine angemessene Berücksichtigung, die das asymmetrische Regulierungsrisiko beseitigt, besteht darin, die durchschnittlichen Pönalien als Kosten anzuerkennen. Werden weniger als die durchschnittlichen Pönalien anerkannt, so bleibt ein asymmetrisches Regulierungsrisiko bestehen, welches eine angemessene anderweitige Kompensation erfordert. Analog zum Benchmarking ist festzustellen, dass die Orientierung an den durchschnittlichen Pönalien nicht dazu führt, dass keine Anreize mehr bestünden, überdurchschnittliche Qualität bereitzustellen, da die zusätzlichen Gewinne aus der Vermeidung von Pönalien in einem System der Anreizregulierung aufgrund der Zuordnung der residualen Ansprüche ganz oder teilweise bei der Unternehmung verbleiben.

Die *Netzzuverlässigkeit* wird über Kennzahlen der Unterbrechungsdauer, der Unterbrechungshäufigkeit sowie der nicht gelieferten Energie und der nicht gedeckten Last gemessen. Ausgehend vom Durchschnitt dieser Kennzahlen wird das Übertreffen mit Mehrerlösen belohnt und das Unterschreiten mit Mindererlösen bestraft. Im Gegensatz zum Berichtsentwurf vom 02.05.2006 wird dabei nun eine vollständig symmetrische Funktion verwendet.[42] Die BNetzA führt zur Begründung an, dass „... zufallsbedingte, unsystematische Versorgungsunterbrechungen einen Netzbetreiber in seiner Erlössituation nicht unsachgemäß beeinträchtigen [dürfen]“[43], und erkennt in diesem Zusammenhang explizit an, dass dies bei asymmetrischen Erlösauswirkungen der Fall wäre. Damit besteht in diesem Punkt kein asymmetrisches Regulierungsrisiko mehr.

---

[40] Vgl. Bericht der BNetzA zur Anreizregulierung vom 30.06.2006, Rdnr. 220ff. und 616ff.
[41] Vgl. Bericht der BNetzA zur Anreizregulierung vom 30.06.2006, Rdnr. 688.
[42] Vgl. Bericht der BNetzA zur Anreizregulierung vom 30.06.2006, Rdnr. 653.
[43] Bericht der BNetzA zur Anreizregulierung vom 30.06.2006, Rdnr. 653.

V. Schlussfolgerungen

- Die Einführung von Elementen einer Anreizregulierung stärkt die residualen Ansprüche der regulierten Unternehmen und ist grundsätzlich sinnvoll, um das Effizienzniveau zu verbessern.
- Eine vollständige Entkoppelung der Erlöse von den Kosten ist jedoch allein wegen der faktischen Unmöglichkeit regulatorischer Bindung nicht realisierbar.
- Bestehende Investitionen sind de facto nicht mehr beeinflussbar. Wie diese bei der Abgrenzung beeinflussbarer und nicht-beeinflussbarer Kostenbestandteile behandelt werden, hängt von den Zielen der Entgeltregulierung ab. Werden sie als beeinflussbar eingestuft, so sind damit für die regulierten Unternehmen zusätzliche Risiken verbunden, die in einem konsistenten Regulierungssystem angemessen zu kompensieren sind.
- Die Abgrenzung von beeinflussbaren und nicht-beeinflussbaren Kosten hat Auswirkungen auf die Anreize der regulierten Unternehmen, Risikovorsorge bei einzelnen Kostenbestandteilen zu betreiben.
- Der Systemwechsel von einer kostenorientierten zu einer stärker anreizorientierten Regulierung erhöht tendenziell das systematische Risiko, dem die regulierten Netzbetreiber ausgesetzt sind, und damit die Kapitalkosten. Dieser Punkt wird durch empirische Ergebnisse untermauert.
- Im Anreizregulierungskonzept der BNetzA sind insbesondere im Zusammenhang mit analytischen Kostenmodellen, mit Benchmarking an der Effizienzgrenze sowie mit der Qualitätsregulierung asymmetrische Regulierungsrisiken angelegt, die eine konsistente Kompensation in den Entgelten erfordern.

Kostenbasis für Erlösgrenzen und für Effizienzvergleiche

Walther Busse von Colbe

I. Bestimmung von Netzzugangsentgelten durch Anreizregulierung gemäß § 21a EnWG

Der Gesetzgeber hat die Anreizregulierung in § 21a EnWG mit dem Ziel kodifiziert, für Energienetze die Zugangsentgelte der Netzbetreiber über Anreize zur Kostenreduzierung durch Effizienzsteigerung zu mindern. Sie sind im Unterschied zu Unternehmen auf Wettbewerbsmärkten nicht daran interessiert, ihre Kosten zu minimieren und entsprechend die Netzentgelte im Interesse der Kunden hinreichend niedrig zu halten. Vielmehr können sie als Inhaber eines *natürlichen Monopols* auf Grund der *Subaddivität der Kosten* die Netzentgelte über die Grenzkosten heben und/oder eine suboptimale Qualität anbieten.[1]

Soweit die *zu regulierenden Entgelte kostenorientiert gebildet* werden, können sie statt nach § 21 Abs. 2 EnWG auf der Basis der Kosten eines effizienten und strukturell vergleichbaren Netzbetreibers nach § 21a Abs. 1 EnWG durch Methoden der Anreizregulierung für die jeweilige Regulierungsperiode bestimmt werden. Damit soll die Regulierung der Netzzugangentgelte auf Basis der nachgewiesenen einzelnen Kostenarten gemäß § 21 Abs. 2 EnWG zumindest mittelfristig weitgehend durch eine an den effizienten Gesamtkosten orientierte *Vorgabe von Obergrenzen* für die *Netzzugangsentgelte* oder für die *Gesamterlöse aus Netzzugangsentgelten* ersetzt werden. Die Einzelheiten werden durch eine *Rechtsverordnung* der Bundesregierung geregelt, deren Eckpunkte in § 21a Abs. 6 EnWG festgelegt sind. Für die Genehmigung oder Festlegung der Netzzugangsentgelte im Rahmen der Anreizregulierung ist generell die Bundesnetzagentur, für Elektrizitäts- und Gasverteilungsnetzbetreiber mit weniger als 100.000 Kunden sind die Landesregulierungsbehörden zuständig; es sei denn, das Netz reiche über die Landesgrenzen hinaus.

Gemäß § 112a EnWG hatte die Bundesnetzagentur bis zum 1. Juli 2006 unter Beteiligung der Länder, der Wissenschaft und der betroffenen Wirtschaftskreise

---

1 Siehe hierzu die Beiträge von *Heine* und *Haucap/Rötzel* in diesem Band.

ein Konzept zur Durchführung der Anreizregulierung gemäß § 21a in einem Bericht an die Bundesregierung vorzulegen. Ein Entwurf diese Berichtetes ist am 2. Mai 2006, der endgültige Bericht am 30. Juni 2006 veröffentlicht worden (im Folgenden als Bericht „Abschnitt" XY zitiert).
Durch eine Rechtsverordnung der Bundesregierung nach § 24 EnWG kann die Ermittlung der Netzzugangsentgelte gemäß § 24 Satz 2 Nr. 4 EnWG so geregelt werden, dass eine *Betriebsführung wie die eines effizienten und strukturell vergleichbaren Netzbetreibers* (§ 21 Abs. 2) gesichert und die Betriebs- und Versorgungssicherheit sowie die für die Funktionsfähigkeit des Netzes *notwendigen Investitionen* gewährleistet sind. Die Netzbetreiber haben das Energieversorgungsnetz *diskriminierungsfrei bedarfsgerecht* auszubauen, soweit es wirtschaftlich zumutbar ist (§11 Abs. 1 EnWG).

Von der *Kostenorientierung* nach § 21 Abs. 2 Satz 1 kann insoweit *abgewichen* werden, als bei bestehendem oder potentiellem Leistungswettbewerb die Entgeltbildung auf der Grundlage eines *marktorientierten Verfahrens* oder eine Preisbildung im Wettbewerb erfolgen kann (§ 24 Satz 2 Nr. 5).

Die Bundesnetzagentur schlägt in Abschnitt 2 ihres Berichts auf Grund internationaler Erfahrungen ein zweistufiges Regulierungskonzept vor: In der ersten zwei Regulierungsperioden von jeweils 3 bis 5 Jahren umfassenden Stufe sollen die Netzbetreiber durch eine hybrides *Revenue-Cap-Verfahren* an ein einheitliches Effizienzniveau herangeführt werden. Ab der dritten Regulierungsperiode soll zu einer reinen *Yardstickregulierung* übergegangen werden. Die Yardstickregulierung als stärkste Form der Anreizregulierung koppelt die zu genehmigenden Erlöse von den Kosten des Unternehmens ab und simuliert den Wettbewerb auf diese Weise weitestgehend.[2]

Das *Revenue-Cap-Verfahren* bestimmt eine Obergrenze für die Gesamterlöse aus Netzzugangsentgelten auf Basis der Gesamtkosten anstelle einer Obergrenze für das Entgelt pro Leistungseinheit nach dem Price-Cap-Verfahren. Ein Revenue-Cap erfordert einen weniger tiefen Einblick des Regulierers in die Preis- und Kostenstruktur eines Unternehmens. Gleichwohl ist eine Unterscheidung zwischen *beeinflussbaren und nicht beeinflussbaren Kosten* erforderlich, wie sie in § 21 Abs. 4 EnWG verlangt wird. Ein Revenue-Cap-Verfahren setzt keine Anreize für eine Steigerung der Absatzmengen. Ob das ein Vorteil gegenüber dem Price-Cap-Verfahren ist, sei hier dahingestellt. Bei Änderungen der Absatzmengen infolge einer Abweichung der prognostizierten von den tatsächlichen Absatzmengen pro Regulierungsperiode, z.B. infolge des Anschluss neuer

---

[2] Zu Vergleich zwischen dem Revenue Cap- und dem Price-Cap-Verfahren vgl. den Beitrag von *Haucap/Rötzel* in diesem Band.

Kraftwerke an das Netz, sowie als Folge von Erweiterungsinvestitionen eine Korrektur vorgesehen werden (Hybridisierung)[3].
Bei jeder Form der Cap-Regulierung tritt das Problem auf, wie der *Pfad* von dem *Ausgangsniveau* innerhalb der Regulierungperiode *zum Endniveau* für die Erlös- oder Preisobergrenze zu bestimmen ist. Dafür sind eine *Produktivitätsfortschrittsrate (X-Faktor)* sowie eine Korrekturgröße, die die *Preisniveauentwicklung* widerspiegelt, festzulegen. Die Bundesnetzagentur differenziert jeweils für den Produktivitätsfortschritt und für die Preisänderung zwischen dem Energiebereich und der Gesamtwirtschaft. Für den preisbereinigten X-Faktor sieht die Bundesnetzagentur eine Bandbreite von 1,5% bis 2% (Bericht, Abschnitt 9.3, Rn. 825). Die allgemeine Preisniveauentwicklung soll durch einen Verbraucherpreisindex gemessen werden.
Bei einer solchen Regulierung besteht die Gefahr, dass Netzbetreiber auf eine Qualitätsminderung der Netzleistungen und/oder unzureichende Ersatzinvestitionen und Netzinstandhaltung ausweichen, um die vom Regulierer vorgesehene Kostreduktion zu erreichen. Daher muss der Regulierer Vorgaben für sie machen und deren Einhaltung kontrollieren. Die Bundesnetzagentur sieht dafür in der Anreizformel für die Erlösobergrenze einen Faktor für Mehr/Mindererlöse aus der *Versorgungsqualität* vor (Rn. 352).
Vor Beginn der Revenue-Cap-, ebenso wie bei einer Price-Cap-Regulierung muss das *Ausgangsniveau für die Obergrenze* bestimmt werden. Dafür sollen nach der Empfehlung der Bundesnetzagentur (Bericht, Abschnitt 8) die Regelungen in den Strom- und Gasentgeltverordnungen (StromNEV bzw. GasNEV) zu Grunde gelegt werden.[4] Nach diesem Grundsatz würden auch die kalkulatorischen Restwerte der Sachanlagen nach § 32 Abs. 3 StromNEV erstmalig bestimmt werden. Das erscheint insofern problematisch, als einerseits nach der in dieser Vorschrift kodifizierten Vermutung, dass nach den Verwaltungsvorschriften der Länder für das Tarifgenehmigungsverfahren zulässigen Nutzungsdauern der Ermittlung der Kosten zu Grunde gelegt werden, der Realität häufig nicht entsprechen, und andererseits eine Effizienzprüfung fehlt.[5]
Für den *Effizienzvergleich* der ersten Regulierungsstufe von zwei Regulierungsperioden schlägt die Bundesnetzagentur für die Kapitalkosten eine Reihe von Abweichungen von den NEV vor (Abschnitt 11.5). Das ist zu begrüßen. Jedoch kann sich daraus eine Inkonsistenz ergeben. Die Kostenermittlung für das regulierte Unternehmen zur Ermittlung des Ausgangsniveaus für die Anreizregulie-

---

[3] Zur Kritik am Revenue Cap-Verfahren vgl. den Beitrag von *Säcker* in diesem Band.
[4] Zu den Problemen bei der Bestimmung des Ausgangsniveaus vgl. den Beitrag von *Säcker* in diesem Band.
[5] Siehe hierzu *Hummel/Ochsenfahrt* IR Energie, Verkehr, Abfall, Wasser 2006, 74 ff.; *Becker/Büttner/Held*, Stellungnahme zum Positionspapier der Regulierungsbehörden des Bundes und der Länder vom 7. März 2006 zu Einzelfragen der Kostenkalkulation gemäß Stromnetzentgeltverordnung, S. 3 ff.

rung und die Kosten für den Effizienzvergleich müssen auf der gleichen Basis vorgenommen werden.
Da die Regulierung der Netzzugangsentgelte während der ersten Stufe von 6 bis 10 Jahren auf den Kosten basiert, werden im Folgenden strittige Fragen der Kostenermittlung, die nach den Vorschlägen der Netzagentur z.T. von den Regelungen der NEV abzuweichen, diskutiert.

Zuvor ist jedoch zu erörtern, wie das Niveau der effizienten Kosten bestimmt werden kann. In dem Bericht der Bundesnetzagentur werden dafür einerseits unter Hinweis auf § 21a Abs. 5 EnWG *Effizienzvergleiche* als *Durchschnitts- und Frontieransätze*, z. B. nach der *Data- Envelopment Analysis*, und andererseits *analytische Kostenmodelle* vorgesehen (Abschnitt 10 des Berichts).

II. Kosteneffizienz im Sinne langfristiger Durchschnittkosten

Für die Regulierung marktmächtiger Unternehmen im Bereich der Telekommunikation haben sich bereits vor Jahren ganz ähnliche Probleme der Anreizregulierung gestellt wie jetzt für die Netzzugangsentgelte im Energiebereich. Daher erscheint ein Blick auf die Regelung der Telekommunikation gerechtfertig. Gem. § 31 Abs. 2 TKG ergeben sich die Kosten der *effizienten Leistungsbereitstellung* aus den aktuellen „*langfristigen zusätzlichen Kosten der Leistungsbereitstellung*“. In ökonomischem Sinne sind mit „langfristigen Kosten“ nicht Kosten gemeint, die innerhalb einer bestimmten Kalenderzeit anfallen, sondern Kosten, die sich bei Änderung der Kapazität eines Unternehmens ergeben. Man unterscheidet in der Kostentheorie zwischen kurzfristig variablen und langfristig variablen Kosten. Auf lange Sicht kann die Kapazität einer veränderten Nachfrage nach den Leistungen des Unternehmens angepasst werden. Damit sind langfristig alle Kosten variabel. Diese langfristigen Kosten umfassen damit auch anteilig alle Kosten, die kurzfristig fix sind. Diese Kosten sind nicht aus dem Rechnungswesen des Unternehmens direkt ersichtlich. Sie müssen vom Beurteilungszeitpunkt aus gesehen für die Zukunft, also *ex nunc*, geschätzt werden („*forward looking approach*“).[6]

Die Bedeutung des Wortes „zusätzlich“ ist insofern nicht eindeutig, als nicht ersichtlich ist, was die Vergleichsgröße ist, zu der zusätzlich langfristige Kosten entstehen. Ökonomisch gesehen, wären unter zusätzlichen Kosten die langfristigen „Grenzkosten“ („marginal costs) zu verstehen, die zusätzlich bei Veränderung um eine Leistungseinheit anfallen. Da aber eine Veränderung um nur eine Leistungseinheit unrealistisch ist, wird ein Paket von einer Anzahl von Leistungseinheiten („increment“) der Kostenermittlung zu Grunde zu legen sein. Daraus ist ein Durchschnitt je Leistungseinheit zu bilden. Das sind die *langfris-*

---

6 BeckTKG-Komm/*Schuster/Stürmer*, 2000 § 3 TEntgV Anh. § 27 Rn. 15.

tigen inkrementellen Durchschnittskosten (long run incremental cost)[7]. Damit können die zusätzlichen Kosten gemeint sein, die sich bei einer *Erweiterung eines bestehenden Netzes* ergeben.[8] Alternativ können darunter die zusätzlichen Kosten für die *Errichtung eines neuen Netzes* durch einen fiktiven Wettbewerber zusätzlich zu einem vorhandenen verstanden werden.[9] In jedem Falle schließen die langfristigen zusätzlichen Kosten die anteiligen Kapazitätskosten ein.[10] Die Kosten der effizienten Leistungsbereitstellung sind ex nunc auch nach Art. 3 Abs. 6 VO (EG) Nr. 1228/2003 für die Durchleitung grenzüberschreitender Stromflüsse „auf der Grundlage der zu erwartenden langfristigen durchschnittlichen zusätzlichen Kosten" zu ermitteln.

Nach dem Konzept der effizienten Leistungsbereitstellung soll Wettbewerbern ein wirtschaftlicher Zugang zu dem relevanten Markt ermöglicht und langfristig einen funktionsfähigen Wettbewerb herbeigeführt werden. Diese Wettbewerber arbeiten mit den Kosten nach dem jeweiligen Stande der Technik und zu den jeweiligen Preisen der Produktionsfaktoren. Daher sind auch für das regulierte Unternehmen die aktuell notwendigen Mengen und Preise der Produktionsfaktoren für die Entgelte der Leistungen zu Grunde zu legen. Mithin sind für die Ableitung der Kosten, die den beantragten Entgelten zu Grunde gelegt werden, aus den tatsächlichen Kosten auf Basis der bestehenden Netzarchitektur die ineffizienten Kostenbestandteile auszusondern.[11]

Das Effizienzerfordernis des § 21 Abs. 2 S. 1 EnWG beruht nicht explizit auf dem Konzept der langfristigen zusätzlichen Kosten. Es entspricht weitgehend der Formulierung in Art. 4 Abs. 1 VO (EG) Nr. 1228/2003). Danach müssen d*ie Netzzugangentgelte die tatsächlichen Kosten widerspiegeln, als sie denen eines effizienten und strukturell vergleichbaren Netzbetreibers entsprechen.* Das erscheint als *Widerspruch* zu der Kostendefinition in Art. 3 Abs. 6 derselben VO (EG). Allerdings schließt § 21 Abs. 2 S. 2 ausdrücklich, Kosten und Kostenbestandteile für die Ermittlung der Entgelte aus, die im Wettbewerb nicht entstünden. Ob aber damit die Kosten zu Grunde zu legen sind, die den langfristigen durchschnittlichen zusätzlichen Kosten entsprechen, könnte dem Wortsinn nach

---

7 Im einzelnen hierzu z.B. *Belfin/Lukanowicz*, Ansatz der Forward Looking Long Run Incremental Costs zur Berechnung von kostenorientierten Zusammenschaltungsregeln, Österreichische Gesellschaft für Telekommunikationsregulierungen mbH, 1999; Scheurle/Mayen TKG-Komm. 2002/*Groebel*, Anh. zu §§ 37, 39 Rn. 103 ff.; IRG Working Group on Cost Accounting, Vorschlag zur Änderung der Empfehlung der EG-Komm. von 1998, März 2004, Annex Section 8.

8 *Groebel* TKMR 2004, 42 f.

9 *Gonzales/Hackbarth/Kuhlenkampf* Cost and Network Models and their Application in Telecom Regulation Issues, 2002, 6.

10 BerlK-TKG/*Busse von Colbe* 2006, Vor § 27 Rn. 15 ff.

11 *Doll/Wiek* MMR 1998, 283; *Vogelsang* MMR 1998, 594 ff.

zweifelhaft erscheinen. Ökonomisch gesehen, beruhen aber die Regelungen des TKG und des EnWG auf dem gleichen Effizienzprinzip. [12]

Dabei ist jedoch zu berücksichtigen, dass auch bei funktionsfähigem Wettbewerb nicht alle Anbieter die gleichen Kosten je Leistungseinheit aufweisen. Der Preis bildet sich vielmehr in der Höhe der *Kosten des Grenzanbieter*, der gerade noch zur Deckung der kaufkräftigen Nachfrage seine Produkte absetzen kann. Zudem ist Kosteneffizienz insofern quantitativ nicht eindeutig bestimmt, als sie von der Größe, Dichte und Struktur des Netzes, aber auch von Erwartungen, insbesondere über dessen Nutzung, abhängig ist. So können die Kosten eines Netzbetreibers unter den effizienten Kosten eines anderen Netzbetreibers liegen. Das zeigen auch empirische Kostenvergleiche und die erwähnten Vergleichsmethoden.

Nach dem Bericht der Bundesnetzagentur sollen zu genehmigenden Erlöse offenbar primär durch Effizienzvergleiche und nur sekundär auf der Basis von Netzmodellen bestimmt werden. Das dem TKG zu Grunde liegende Konzept der effizienten Leistungsbereitstellung auf Basis der langfristigen inkrementellen Durchschnittkosten wurzelt hingegen auf einem Konzept von Netz- und Kostenmodellen.

III. Standardisierung der Kostenermittlungsmethoden

Effizienzbestimmungen auf der Basis von Kostenvergleichen setzt voraus, dass die Kosten des Netzbetreibers und der zum Vergleich herangezogenen Netzbetreiber nach den gleichen Methoden ermittelt werden. Darauf weist die Bundesnetzagentur bereits für die Ermittlung der Ausgangsbasis hin (Abschnitt 8.1). Das gilt insbesondere für solche Einsatzfaktoren, deren *historischen Anschaffungspreise* von den gegenwärtigen Beschaffungspreisen (*Tageswerten)* erheblich abweichen, bei denen die *Produktionstechnik* sich im Zeitablauf geändert hat oder deren Kosten auf Grund unterschiedlicher Ermessensentscheidungen von einander differieren. Solche Unterschiede können insbesondere bei den *Kosten des Anlagevermögens* auftreten. So macht es z.B. wenig Sinn, auf der Basis von historischen Kosten einen Netzbetreiber als ineffizient einzustufen, der mit neuen Anlagen arbeitet, die hohe *Abschreibungen und Kapitalverzinsung* verursachen, indem man ihn mit einem anderen Netzbetreiber vergleicht, dessen Anlagen vor vielen Jahren zu niedrigeren Faktorpreisen angeschafft worden oder die sogar zu einem erheblichen Teil voll abgeschrieben sind.

Derartige Fehler bei einem Kostenvergleich könnten durch den fast skurril anmutenden Kompromiss zwischen den Verfechtern der Nettosubstanzerhaltung

---

[12] Im Einzelnen hierzu *Säcker* AöR 2005, 200ff.

und der Nominalkapitalerhaltung provoziert werden, der sich in § 6 StromNEV und GasNEV niedergeschlagen hat. Danach sind die Abschreibungen von vor dem 1. 1. 2006 angeschafften „Altanlagen" für den eigenfinanzierten Teil des Anlagevermögens auf der Basis von Tageswerten, von „Neuanlagen" dagegen auf der Basis historischer Anschaffungspreise zu berechnen, wobei eine Abschreibung unter Null verboten ist. Das wirkt sich auch auf die Höhe der Kapitalverzinsung aus.
Unterschiedliche Ermessensentscheidungen verschiedener Netzbetreiber können sich z.B. auch auf die Schätzung der Nutzungsdauern von Freileitungen oder Kabel, auf Rückstellungen wegen Unwetterschäden und anderer Einzelrisiken oder für Ruhegeldverpflichtungen, Bemessung des Unternehmensrisikos durch den Risikozuschlag auf den risikolosen Zins zur Ermittlung der Eigenkapitalkosten beziehen. Die Standardisierung der Kostenermittlungsmethoden muss zwar unterschiedliche Sachverhalte angemessen berücksichtigen, aber für gleiche Sachverhalte die Grundlagen der Kostenermittlung vereinheitlichen.

IV. Abschreibungsbasis

Wenn mit der Regulierung die Entgelte eines Netzbetreibers den Preisen, die sich bei funktionsfähigem Wettbewerb gebildet hätten, über die wettbewerbskonformen Kosten i. S. v. § 21 Abs. 2 angenähert werden sollen, so sind dafür die Kosten relevant sind, die ein neuer effizienter Wettbewerber aufzubringen hätte (Ex nunc-Ansatz). Ein neuer Wettbewerber müsste neue Anlagen nach gegenwärtigem Stande der Technik und zum aktuellen Preis beschaffen. Maßgeblich ist der Zeitpunkt des Antrages auf Entgeltgenehmigung. Folglich sind für die Bewertung der Anlagen die zu diesem Zeitpunkt geltenden Preise (Tages- oder Wiederbeschaffungsneuwerte) der Bewertung und der Bemessung der Abschreibungen zu Grunde zu legen, nicht aber die geschätzten Preise im voraussichtlichen Zeitpunkt einer geplanten Wiederbeschaffung. Die Tagesneuwerte können aus Preislisten, Angeboten oder – wie in der Praxis vielfach üblich und von der Bundesnetzagentur vorgesehen (Abschnitt 11.5.1 des Berichte) – durch *Anwendung von Preisindices auf die historischen Werte* abgeleitet werden.
Da die Anlagen des Antragstellers aber zum überwiegenden Teil nicht neu, sondern mitunter schon seit vielen Jahren in Gebrauch sind, müssen von dem Neu- oder Indexwert der Anlagen die kumulierten kalkulatorische Abschreibungen abgezogen werden, wenn die aktuellen Anlagewerte die Basis für Kostenermittlungen bilden. Daraus ergibt sich der so genannte „Wiederbeschaffungsaltwert". Die historischen Anschaffungskosten bzw. bilanziellen Wertansätze der Sachanlagen, die in aller Regel um kumulierte bilanzielle Abschreibungen verminderte historische Anschaffungswerte darstellen, sollten für die Abschreibungen und Wertansätze im Rahmen der Ermittlung der Kosten der effizienten Leistungsbereitstellung nicht relevant sein. Gleichwohl ist gerade das für die ab dem 1. 1. 2006 aktivierten „Neuanlagen" in § 6 Abs. 4 StromNEV/GasNEV vorgesehen.

Völlig zu Recht will die Bundesnetzagentur für die Anreizregulierung von dieser Vorschrift für den Effizienzvergleich abweichen (Abschnitt 11.5). Sie bezeichnet den Ansatz indxierter Anschaffungswerte diplomatisch als Mittelweg zwischen Tages- und historischen Werten.
Tagesneuwerte für im Gebrauch befindliche Anlagen lassen i.S.d. *Sachzeitwertes* sich aus Preislisten oder über indexierte Werte dann leicht ermitteln, wenn es sich um standardisierte Anlagen handelt, die ohne wesentliche Änderungen seit der Beschaffung der vorhandenen Anlagen weiterhin als Neuanlagen angeboten werden. Für Anlagen, die sich infolge des *technischen Fortschritts* aktuell in Funktionsweise, Leistungsvermögen und Kostenverursachung z. B. für Energie- und Personaleinsatz oder infolge neuer gesetzlicher Auflagen von den im Unternehmen genutzten Anlagen erheblich unterscheiden, wird die Ermittlung der Tagesneuwerte zum Problem. Mit dem Hinweis auf Schwierigkeiten bei der Ermittlung der Tageswerte wird dann auch die Verwendung von Abschreibungsmethoden abgelehnt, die auf ihnen beruhen.
In Grenzen lassen sich diese Auswirkungen des technischen Fortschritts berücksichtigen. Entweder geht man für die Bemessung der Abschreibungen von dem aktuellen Anschaffungswert der neuen Anlagen aus, muss dann aber auch die von dieser modernen Anlage verursachten Betriebskosten anstelle der tatsächlichen Betriebskosten ansetzen. Oder man geht vom indexierten Anschaffungswert für die vorhandenen Anlage aus und vermindert ihn durch Abschläge, z. B. in Form eines Abschlages wegen erhöhten Leistungsvermögens oder einer über die Nutzungszeit kapitalisierter Ersparnis insbesondere an Arbeits-, Material- und Energiekosten. Letztlich sollte der Barwert der Ausgaben, die eine in Gebrauch befindliche gegenüber einer neuen Anlage spart, den Sachzeitwert einer Anlage bilden.[13] Unter Ausschaltung inflationärer Preiserhöhungen kann dann der Ausgangswert für die Abschreibung unter dem historischen Anschaffungswert liegen. Das führt zu einem außerplanmäßigen Abschreibungsaufwand, der aber als neutraler Aufwand nicht Teil der effizienten Kosten ist. Dieser Aufwand muss aus dem *Risikozuschlag* in den Kapitalkosten gedeckt werden. Bei wiederholtem Auftreten solcher Entwicklungen kann auch der Ansatz kalkulatorischer Einzelwagnisse angezeigt sein. Eine Kombination von Tagesneuwerten, die infolge des technischen Fortschritts in Form höherer Effizienz und geringerer Betriebskosten gegenüber den historischen Anschaffungskosten der Anlage gestiegen sind, mit den Betriebskosten der vorhandenen Anlage führte zu einer Kostenaufblähung, die nicht für die Entgelte berücksichtigt werden dürfte.
Das Verfahren stößt aber bei *revolutionärem technischen Fortschritt* auf seine *Grenzen*. Wenn z. Z. völlig andere oder anders dimensionierte Anlagen als im Unternehmen von einem fiktiven Wettbewerber benutzt würden, bleibt nur der Griff zu analytischen Kostenmodellen, die von den tatsächlichen Kosten des Un-

[13] Siehe hierzu *Busse von Colbe*, Bewertung von örtlichen Stromversorgungsanlagen bei Wechsel der Versorgungszuständigkeit, 1995, S. 26 ff.

ternehmens abstrahieren. Dann, aber bereits bei wesentlichen Änderungen des Standes der Technik während der Nutzungszeit der Anlagen, besteht die Unsicherheit, ob der Risikozuschlag zutreffend bemessen werden kann. Wird er zu hoch angesetzt, so entstehen dem Netzbetreiber unangemessene Gewinne, liegt er zu niedrig, so entstehen Verluste, die die Instandhaltung und Erneuerung der Netze gefährden können. Ob das Problem systemkonform gelöst werden kann, indem für besonders große und langfristige Anlagen im Investitionszeitpunkt Kennzahlen auf einen Zeitraum festgeschrieben werden[14], erscheint zweifelhaft.

V. Abschreibungsmethode und Kapitaldienst

Nach § 6 Abs. 2 und 4 Strom/GasNEV ist zur Ermittlung der Abschreibungen die *lineare Abschreibungsmethode* auf die Neuwerte der „Altanlagen“ und auf die historischen Anschaffungskosten der „Neuanlagen“ zu verwenden. Nach § 7 der NEV bilden die um die kumulierten Abschreibungen verminderten Ausgangswerte der abnutzbaren Sachanlagen die Basis für die Ermittlung der kalkulatorischen Eigenkapitalverzinsung, soweit diese Werte nach § 6 Abs. 2 NEV als mit Eigenkapital finanziert (eigenfinanziert) gelten. Das führt dazu, dass mit fortschreitender Abschreibung der Anlagen die Basis für die Eigenkapitalverzinsung der einzelnen Anlage immer geringer wird. Das macht für einen Effizienzvergleich wenig Sinn. Zwar wird der Effekt insgesamt für einen Netzbetreiber ausgeglichen, als Ersatzinvestitionen der Höhe der Wertminderung der vorhandenen Anlagen entsprechen. Das kann auf längere Sicht der Fall sein, für einzelne Jahre träfe es aber allenfalls zufällig zu.

Zur Vermeidung einer solchen Verzerrung der Verzinsungsbasis kann für Effizienzvergleiche und Kostennachweise die *Annuitätenmethode* zur Ermittlung des Kapitaldienstes herangezogen werden. Unter *Kapitaldienst* versteht man im Zusammenhang mit einer langfristigen Kreditgewährung die Zusammenfassung von Zinsen und Tilgung. Bei einem Annuitätendarlehen ist der jährliche Betrag von Zinsen und Tilgung über die Laufzeit des Darlehens gleich hoch. Dieser Ansatz wird auf die Belastung von abnutzbaren Anlagen mit kalkulatorischen Abschreibungen und kalkulatorischen Zinsen übertragen. Würde man bei einer lange nutzbaren einzelnen Anlage den jeweiligen um kumulierte Abschreibungen verminderten Restwert der Zinsberechnung zu Grunde legen, so würde die Summe aus Abschreibungen und Zinsen von Jahr zu Jahr fallen. Die planmäßige Abschreibung von Anlagen für ihren Ansatz in der Bilanz legt ein solches Vorgehen zwar nahe. Für die Entgeltregulierung macht es jedoch wenig Sinn, bei linearer Abschreibung von einem konstanten Wert und konstantem Zinssatz daraus resultierende ständig fallende Anlagekosten zu Grunde zu legen. Daher ist es vielfach üblich, dem kalkulatorischen Zinssatz nach einer Faustformel das

---

[14] *Hellwig*, in: Deutscher Bundestag, Ausschuss für Wirtschaft und Arbeit, Schriftliche Stellungnahme (Manuskript), 2004, S.21.

durchschnittlich in der Anlage gebundene Kapital zugrunde zu legen. Bei Vernachlässigung eines Restwertes am Ende der Nutzungsdauer beträgt bei linearer Abschreibung der Durchschnitt die Hälfte des ursprünglich abzuschreibenden Betrages.[15] Genauer ist jedoch die finanzmathematische Berechnung einer Annuität. Eine Annuität in gleich bleibender Höhe über die Abschreibungszeit und bei konstantem Zinssatz impliziert, dass der Anteil der Zinsen in den ersten Jahren im Vergleich zur Abschreibung hoch ist und im Lauf der Jahre zunehmend sinkt. Der Anteil der Abschreibungen steigt entsprechend in gleichem Maße, so dass der Gesamtbetrag konstant ist.

Finanzmathematisch ermittelt man die Annuität mit Hilfe des so genannten Kapitalwiedergewinnungs- oder Annuitätenfaktors (a) für einen Zinsfuß (i) und für n Jahre nach folgender Formel:

$$a = \frac{i\,(1+i)}{(1+i)^n - 1}$$

Beträgt z. B. der abzuschreibende und zu verzinsende Betrag 10 Mio. €, die geschätzte Nutzungsdauer 30 Jahre und der Zinssatz 10%, so beläuft sich die Annuität auf

$$10 \times 0,1061 = 1,061 \text{ Mio. €}.$$

Nach der Faustformel, abzuschreibender Betrag, dividiert durch die Nutzungsjahre, plus halber Betrag mal Zinssatz, so ergibt sich:

$$10/30 + 10/2 \times 0,10 = 0,833 \text{ Mio. €}$$

Tendenziell führt die Faustformel zu einem niedrigen Betrag als die finanzmathematisch ermittelte Annuität. Nur bei einer kurzen Nutzungsdauer und niedrigem Zinssatz ist die Differenz vernachlässigbar. Die Annuitätenfaktoren sind aus Lehrbüchern der Investitionsrechnung zu entnehmen.[16] Die Annuität führt im Zeitablauf zu progressiven Abschreibungs- und zu degressiven Zinsbeträgen für die einzelne Anlage, insgesamt aber bei konstanter Abschreibungsbasis und konstantem Zinssatz zu einer konstanten Belastung. Das ist für die Entgeltkalkulation durchaus sinnvoll. Daher wurde der annuitäre Ansatz von der Bundesnetzagentur für den Telekommunikationsbereich akzeptiert.[17] Diese Methode erscheint zwar nach § 6 StromNEV und GasNEV nicht zulässig, wo allein die lineare Abschreibung vorgeschrieben ist. Es würde aber wenig Sinn machen, die ungenauere Faustformel wegen Aufrechterhaltung der linearen Abschreibung als

---

[15] BDI, Empfehlungen zur Kosten- und Erlösrechnung als Istrechnung, Bd. 1, 3. Aufl. 1991.
[16] Z.B. *Busse von Colbe/Laßmann*, Betriebswirtschaftstheorie, Bd. 3, 1990, 35, 269 ff.
[17] RegTP Beschl. vom 28. 4. 2005, N&R 2005, 124.

mit den beiden VO als vereinbar, die genauere finanzmathematische Formel aber für den Energiebereich als unzulässig anzusehen.
Die Bundesnetzagentur spricht sich denn auch zu Recht für die Anwendung der Annuitätenmethode und der damit implizierten progressiven Abschreibung auf der Basis indexierter Anschaffungswerte für die Anreizregulierung aus (Abschnitt 11.5.2). Allerdings erscheint das als Widerspruch zu der von ihr vorgesehenen Übernahme der Abschreibungs- und Kapitalkostenermittlung für die Bestimmung des Ausgangsniveaus.

VI. Abschreibung „unter Null"

Nach § 6 Abs. 6 NEV ist „ein Wiederaufleben kalkulatorischer Restwert" unzulässig. Infolge einer Änderung der Abschreibungsfristen während der Nutzungsdauer dürfe sich die Kalkulationsgrundlage nicht erhöhen. Soweit der Eigentümer der Anlage derselbe bleibt, entspricht eine solche Regelung der Praxis.

Im Gegensatz zu ihr soll das Verbot einer Abschreibung unter Null gemäß Abs. 7 jedoch auch dann gelten, wenn der *Eigentümer wechselt*. Das widerspricht handels- wie steuerrechtlichen Vorschriften. Bei einem Verkauf einer Anlage bilden die Anschaffungskosten die Abschreibungsbasis für den Erwerber der Anlage auch dann, wenn sie über dem Buchwert beim bisherigen Eigentümer liegen. Ein solches Verbot beim Eigentumswechsel widerspricht nicht nur geltendem Recht sondern auch der wirtschaftlichen Vernunft, wenn man den Verkauf innerhalb eines Konzerns (einschließlich an Gemeinschaftsunternehmen i.S.v. § 310 HGB) zum Zweck der Entgeltsteigerung ausnimmt. Da dieses Verbot bisher nicht existierte, musste bei Eigentumsübertragungen in der Vergangenheit davon ausgegangen werden, dass das zivilrechtliche Prinzip auch für eine etwaige künftige Regulierung gilt.[18]

Zudem ist ein Verbot i.S.v. Abs. 7 auch noch *wettbewerbsschädlich*. Eine Wanderung von Anlagen zum besseren Wirt durch Anlagenverkäufe wird weitgehend unterbunden, wenn der Erwerber die Anschaffungskosten des erworbenen Netzes nicht geltend machen kann. Der Verkäufer wird nicht zum Verkauf bereit sein, wenn er einem Kaufinteressenten gegenüber steht, den das Abschreibungsverbot trifft und dies in seinem Preisangebot berücksichtigen wird.

Offenbar will die Bundesnetzagentur die disfunktionale Vorschrift für die Anreizregulierung nicht übernehmen, wenn sie durchweg für Abschreibung und Verzinsung die indexierten Anschaffungskosten zu Grunde legt und eine ausdrückliche Einschränkung für ein Abweichen von der handelsrechtlichen Regelung nicht ersichtlich ist.

---

[18] Siehe hierzu den Beitrag von *Säcker* in diesem Band.

VII. Kapitalkosten

Die Bundesnetzagentur geht für die Anreizregulierung auf die Bemessung der Kapitalkosten nur kurz ein. Der Grund mag darin liegen, dass in dem Regelungskatalog für die Anreizregulierung in § 21 Abs. 6 EnWG die Kapitalkosten nicht erwähnt werden. Der Bundesnetzagentur ist die Bestimmung der Kapitalkosten im Rahmen des § 7 Abs. 6 NEV überlassen.
Für die Kapitalkosten sieht die Bundesnetzagentur zu Recht einen einheitlichen Satz auf die Vermögensbindung ohne Differenzierung nach fiktiv eigen- und fremdfinanzierten Anteilen vor. Der Kapitalkostensatz soll sich aus einem gewogenen Mittel aus Eigen- und Fremdapitalkostensätzen zusammensetzen (*WACC = Weighted Cost of Capital*). Zu ihrer Ermittlung soll vom risikolosen Zins ausgegangen werden, der um Risikozuschläge für die Eigen- und Fremdkapitalverzinsung erhöht wird. Beim WACC seien Steuereffekte und Inflationswirkungen zu berücksichtigen (Abschnitt 11. 5.1). Das entspricht im Grundsatz der herrschenden Praxis und Theorie. Dieser Ansatz weicht allerdings wiederum von den Regelungen in §§ 5 und 7 der NEV ab.

Abgesehen von den Regelungen in den NEV wird der *Fremdkapitalkostensatz* gewöhnlich als gewogenes Mittel aus den Zinssätzen der einzelnen Fremdkapitalpositionen ermittelt. Nach dem *kalkulatorischen* Ansatz werden dafür die nominellen Zinssätze verwendet und mit dem Anteil der einzelnen Fremdkapitalpositionen am gesamten Fremdkapital, dessen Sätze in den WACC eingehen sollen, gewichtet. Es sind historische Größen. Wenn sich die Kapitalmarktzinsen für die verschiedenen Restlaufzeiten seit der Aufnahme des Kredites durch das Unternehmen geändert haben, geben die nominellen Zinssätze die gegenwärtigen Zinskosten für das Fremdkapital nicht exakt wider.

Nach dem *kapitalmarktorientierten* Ansatz kann man die aktuellen Zinskostensätze des Unternehmens aus den je nach Restlaufzeit als risikofrei eingeschätzten Zinssätzen, z. B. für Bundesanleihen, zuzüglich eines unternehmensindividuellen Risikozuschlages (spread) schätzen. Dafür kann ein Rating für das Unternehmen und die effektive Rendite von börsennotierten Anleihen des Unternehmens nützlich sein. Allerdings kommt es weniger auf die gegenwärtigen, als auf die für die Laufzeit der Entgeltgenehmigung erwarteten künftigen Fremdkapitalkosten an. Der Risikozuschlag ergibt sich aus der Einschätzung des Insolvenzrisikos durch die Kapitalgeber. Dieses Risiko bezieht sich allerdings auf das ganze Unternehmen mit seinen regulierten und seinen in Wettbewerb stehenden Bereichen oder Tochterunternehmen. Gäbe es wirtschaftlich selbständige Unternehmen, die nur aus regulierten Bereichen bestünden, so wäre möglicherweise der Risikozuschlag geringer als für das gesamte tatsächlich existierende Unternehmen. Mithin ist es problematisch, den vom Unternehmen am Markt zu zahlenden Risikozuschlag unbesehen auch für den regulierten Bereich anzusetzen.[19]

Bei der Ermittlung des gewichteten Fremdkapitalkostensatzes ist nominell zinsfrei zur Verfügung stehendes Fremdkapital mit dem Zinssatz Null anzusetzen oder von den zu verzinsenden Vermögen als so genanntes „Abzugkapital" abzuziehen. Zu dem nominell zinsfreien Fremdkapital zählen Verbindlichkeiten aus Warenlieferungen und Leistungen, Steuer- und sonstige Rückstellungen i. S. v. § 266 HGB. Da Pensionsrückstellungen mit den Barwerten künftiger Zahlungsverpflichtungen angesetzt werden, sind sie als verzinslich anzusehen. Für die Ermittlung der Fremdkapitalkosten sind Marktzinssätze für den WACC anzusetzen

Der kapitalmarktorientierte Ansatz für die Bestimmung der *Eigenkapitalkosten* geht davon aus, dass ein Unternehmen auf Dauer soviel an Gewinn erzielen muss, wie der Eigenkapitalgeber bei anderweitiger Anlage seines Geldes bei gleichem Risiko erzielen könnte. Für die Ermittlung der Renditeforderung der Eigentümer des Unternehmens wurde in der Mitte der sechziger Jahre des letzten Jahrhunderts das „Capital Asset Pricing Model (CAPM) von Sharpe/Lintner entwickelt. Danach setzt sich die Renditeforderung aus dem risikolosen Zins (i) und einer unternehmensspezifischen Prämie für das allgemeine Unternehmerwagnis zusammen. Hinsichtlich dieser beiden Komponenten entspricht dem zwar die Regelung in § 7 Abs. 4 StromNEV und GasNEV. Jedoch wird die Risikoprämie nach dem CAPM aus dem Risikofaktor (Beta; ß) des Unternehmens und der Differenz zwischen dem risikolosen Zins und der erwarteten Rendite eines Marktportfolios ($E(r_M)$) als Erwartungswert (E) abgeleitet. Damit ergibt sich für den geforderten Eigenkapitalkostensatz (r_{EK}^{gef}) folgender Ausdruck:

$$\mathbf{E}(r_{EK}^{gef}) = E(r_{EK}) = i + \beta\,(E(r_M) - i)$$

Das CAPM dient einer wachsenden Zahl von insbesondere großen börsennotierten Unternehmen im Rahmen einer wertorientierten Unternehmenssteuerung als Grundlage für die Bestimmung ihrer Kapitalkosten, die den einzelnen Unternehmensbereichen als Mindestziel vorgegeben werden.

Der *Risikofaktor β* wird als Quotient der Kovarianz der Aktienrendite des Unternehmens mit der Rendite des Marktportfolios und der Varianz der Rendite des Marktportfolios definiert und mit Hilfe von Regressionsanalysen gewonnen. Unter Rendite wird des Verhältnis von Marktpreisänderung der Aktie (bzw. des Portfolios) zuzüglich der Ausschüttung in einem Referenzzeitraum zu dem

[19] Monopolkommission, Sondergutachten: Telekommunikation und Post, 2003, Rn. 159.

Marktpreis der Aktie (des Portfolios) am Beginn des Zeitraums verstanden. Der Faktor β zeigt also an, in welchem Ausmaß die Rendite der Aktie eines Unternehmens im Verhältnis zu der Rendite des Marktportfolios schwankt.

Obwohl es auf das künftige Risiko ankommt, wird der Risikofaktor Beta aus Kapitalmarktdaten der Vergangenheit abgeleitet. Dieser Auswertungszeitraum darf nicht sehr lang sein, damit er nicht durch Strukturbrüche verzerrt wird. Häufig werden dafür 200 bis 250 Börsentage zu Grunde gelegt. Die Beta-Werte liegen gewöhnlich zwischen 0,5 und 1,8, für Versorgungsunternehmen wegen des bisher geringeren Wettbewerbsrisikos[20] eher an der unteren Grenze.[21] Sie können in diesem Intervall auch kurzfristig schwanken.

Der Risikofaktor für börsennotierte Unternehmen gilt für das *Unternehmen als ganzes*, also für den Energieversorgungskonzern insgesamt. Die Risiken der einzelnen Bereiche können durchaus unterschiedlich sein, was in der Praxis nicht regulierter Unternehmen durch mehr oder minder subjektive Differenzierung der Kapitalkosten berücksichtigt wird. Gewöhnlich gibt es keine börsennotierte Unternehmen, die in Struktur und Größe den einzelnen Bereichen, hier dem Netzbereich, entsprechen. Zudem können innerhalb des Netzbereichs die Risiken regional und für Strom und Gas verschieden sein.[22] Das Unternehmerwagnis resultiert aus verschiedenen Quellen, wie aus der technischen Entwicklung, aus Nachfrageschwankungen, sinkenden Wiederbeschaffungspreisen für Anlagen im Falle der Berechnung der Kapitalkosten auf Tageswertbasis, aus politischen und rechtlichen Risiken, aus dem Risiko der Illiquidität und der Regulierung selbst.[23] Technische Umbrüche sind auch bei Netzbetreibern vorgekommen, wie z.B. der Ersatz von Kupferkabel durch Glasfasernetze oder die Entwertung des Festnetzes durch den Mobilfunk. Sie stellen ein besonders schwer zu quantifizierendes Risiko dar. Mit der Regulierung des Netzbereichs dürften langfristig die Risiken steigen, insbesondere infolge der Gefahr dass die genehmigten Netzzugangsentgelte nicht für eine angemessene Rendite reichen oder zu Fehlbeträgen führen.[24] Die Existenz eines Unternehmerwagnisses aber völlig zu bestreiten und damit einen Risikozuschlag zum Zinssatz abzulehnen,[25] ist nicht nur ökonomisch ungerechtfertigt, sondern auch wegen des verfassungsrechtlichen Eigentumsschutzes problematisch.[26]

---

[20] *Büdenbender* RdE 2004, 294.
[21] Aktuelle Betafaktoren zum DJ Euro Stoxx Utilities bei *Diedrich* 2005, Anlage 3.
[22] *Büdenbender* RdE 2004, 294.
[23] *Schmidt-Preuß* 2003, G. III. 3., *Männel* et 2004, 257.
[24] Zu den Risiken infolge der Regulierung der Netzentgelte siehe ausführlich den Beitrag von *Pedell* in diesem Band.
[25] Arbeitsgruppe Netznutzung Strom der Kartellbehörden 2001, 36 und Beschluss des Bundeskartellamtes vom 14. Februar 2003 im TEAG-Fall.
[26] *Schmidt-Preuß* 2003, G III. 3.

In der Formel auf S. 13 wird der Klammerausdruck als *Marktpreis des Risikos* bezeichnet, multipliziert mit β gibt er den *unternehmensindividuellen Risikozuschlag* zum risikolosen Zins an. Die numerischen Werte der Marktrisikoprämie werden gewöhnlich aus den Renditen eines vergangenen Zeitraums, der sich häufig über mehrere Jahrzehnte erstreckt, gewonnen. Ein so langer Zeitraum - etwa von 1955 bis zur Gegenwart - wird deshalb gewählt, damit sich extreme Schwankungen infolge des Konjunkturverlaufs oder politischer Ereignisse über die Zeit hin ausgleichen. Als Marktportfolio wird in der Regel ein Aktienindex verwendet, der dem betrachteten Unternehmen entspricht. Für die großen Netzbetreiber könnte der DAX 30 herangezogen werden. Die Parameterwerte hängen von der Lage und Länge des historischen Analysezeitraums ab. Gegenwärtig wird der Satz für den Marktpreis des Risikos nach dem arithmetischen Mittel nach Steuern auf 4,5% bis 5,5% geschätzt.[27] Für deutsche Netzbetreiber werden Risikozuschläge zwischen 1,7% und 5,5%ermittelt.[28] Damit entsteht die Frage, ob in der von der Bundesnetzagentur angestrebten Standardisierung der Eigenkapitalkostensatz einheitlich festgelegt werden sollte.

Die Ableitung der Kapitalkosten aus dem CAPM unterliegt vielfältiger *Kritik*.[29] Das Modell wurde für eine einzige Periode von unbestimmter Länge für eine „Welt ohne Steuern" und ohne Inflation entwickelt. Die Parameter für die Kapitalkosten werden aber gerade aus einer Vielzahl von Perioden abgeleitet, in deren Verlauf die Inflationsraten andere sein können, als sie für die Zukunft erwartet werden, und die gewinnabhängigen Steuern spielen eine nicht zu vernachlässigende Rolle. Folglich müssen die nominellen Kapitalkostensätze ggf. um eine Inflationsrate bereinigt und Steuern berücksichtigt werden. Zudem werden der Risikofaktor β und der Marktpreis des Risikos allein aus Börsenkurschwankungen abgeleitet. Das impliziert, dass sich in ihnen alle Risiken spiegeln, wie sie die Kapitalanleger wahrnehmen. Neben theoretischen Einwänden tritt eine Fülle von Problemen bei der praktischen Anwendung auf. Bisher wurde aber keine mehr überzeugende Lösung für das Problem entwickelt.

Wegen der weitgehend fehlenden Möglichkeit, Eigen- und Fremdkapital verursachungsgerecht einzelnen Bereichen und Produkten zuzurechnen, wird in der Praxis und nach dem Vorschlag der Bundesnetzagentur die *Zuordnung der Kapitalkosten* auf sie ein Durchschnitt aus den Kosten für Fremdkapital (FK) und für Eigenkapital (EK) verwendet *(WACC)*[30]. Der Gewichtung für die Anteile an

---

[27] Siehe auch *Diedrich* 2005, 15 ff.

[28] Zusammenstellung bei *Schmidt-Preuß* 2003, G III. 3 mit Verweisen auf *Gehrke* 2003, 31 und *Sieben/Maltry* 2003, 64.

[29] Zusammenfassung z. B. bei *Diedrich* 2005, 14 m. w. N.

[30] Z.B. *Schweitzer/Küpper*, Systeme der Kosten- und Erlösrechnung, 2003, S. 110 ff.

dem Mischsatz ergibt sich aus dem Anteil von FK (gegebenenfalls nach Abzug des Abzugskapitals,) und EK am Gesamtkapital (GK):

$$wacc = r_{FK}\frac{FK}{GK} + r_{EK}\frac{EK}{GK}$$

Nach dem *kalkulatorischen Ansatz* werden die Kostensätze für Fremd- und Eigenkapital mit ihren im internen Rechnungswesen dokumentierten Werten gewichtet.

Der *kapitalmarktorientierte Ansatz* verlangt grundsätzlich für die Gewichtung der Kapitalkostensätze die Bewertung der Fremd- und Eigenkapitalbeträge zu Marktwerten. Während sich beim Fremdkapital gegenüber dem kalkulatorischen Ansatz nur dann wesentliche Unterschiede ergeben, wenn sich seit der Aufnahme die Marktzinssätze erheblich geändert haben, weicht der kalkulatorische Buchwert des Eigenkapitals häufig vom Marktwert erheblich ab. Marktwerte für das Eigenkapital sind dann verfügbar, wenn die Aktien des regulierten Netzbetreibers an der Börse notiert werden. In Deutschland werden bisher jedoch nur die Aktien von integrierten EVU notiert. Die Gewichtung mit der Börsenkapitalisierung als Wert des Eigenkapitals würde bei erheblichen und kurzfristigen Kursschwankungen insofern zu Problemen führen, als auf ihnen basierende genehmigte Entgelte von Genehmigung zu Genehmigung stark variieren könnten. Wohl auch aus diesem Grund tritt die Bundesnetzagentur für eine *Standardisierung* der Kapitalkosten über eine Festlegung der Eigen- und Fremdkapitalanteile ein. Allerdings bedürfte es einer Begründung dafür, dass die Kapitalanteile, ähnlich wie in den NEV, mit 40% Eigen- zu 60% Fremdkapital (nach Verminderung um das Abzugskapital) festgeschrieben werden sollen. Zudem unterliegt auch die Finanzierung dem Effizienzprinzip, und die Berechnungsbasis für die Kapitalkosten ist um nicht effiziente Vermögensteile zu kürzen.[31]

VIII. Körperschaftsteuer

Die Bundesnetzagentur erwähnt in ihrem Bericht die Körperschaftsteuer (KSt) nicht explizit. Sie weist aber darauf hin, dass für die Berechnung des WACC Steuereffekte zu berücksichtigen sind (Abschnitt 11.5.1). Da die Gewerbesteuer (GewSt) und Betriebsteuern als Kosten anzusetzen sind, kann sich der Hinweis nur auf die Körperschaftsteer beziehen.

Für die Bemessung von Zugangsentgelten sollte kein Zweifel daran bestehen, dass definitive gewinnabhängige Unternehmenssteuern zu berücksichtigern sind. Zu ihnen gehören insbesondere die GewSt und die KSt mit Zuschlägen, z. B.

[31] Vgl. *Säcker* AöR 2005, 209 ff.

dem Solidaritätszuschlag. Der Bund-Länderausschuss Energiepreise hatte zwar 1997 die GewSt und die KSt von der Kostenkalkulation ausgeschlossen und die Arbeitsgruppe der Kartellbehörden hatte sich dem noch 2001 angeschlossen.[32] Inzwischen ist die GewSt aber als kalkulatorische Kostenart in die NEV eingegangen und somit der Kostencharakter der GewSt auch für die Zugangsentgeltregulierung nunmehr unstrittig. Wieso es aber in den NEV heißt, dass sie nur in Ansatz gebracht werden „kann", soweit sie dem Netzbereich zuzuordnen ist (§ 8 StromNEV und GasNEV). ist schwer verständlich. Die Regulierungsbehörde sollte in dieser Hinsicht keinen Ermessenspielraum haben. Auch die Körperschaftsteuer muss für eine „kapitalmarktorientierte Eigenkapitalverzinsung"[33] der Netzbetreiber angesetzt werden.[34] Sie kann wie die GewSt vom kalkulatorisch ermittelten steuerpflichtigen Ergebnis berechnet werden. Der Ansatz der Körperschaftsteuer ist jedoch nach der StromNEV und GasNEV nicht vorgesehen, aber auch nicht untersagt.

Gewöhnlich wird in der Praxis die KSt im Eigenkapitalkostensatz berücksichtigt, indem der Satz nach Steuern um die KSt-Satz hochgerechnet wird. Die Berücksichtigung der KSt ist auch international üblich. Andernfalls würde der Eigenkapitalgeber von Netzbetreibern in Gegensatz zu Aktionären anderer Unternehmen neben der Einkommensteuer (ESt) indirekt auch die KSt tragen, womit ein Investment in Netzunternehmen nicht wettbewerbsfähig wäre. Das verstieße gegen § 21 Abs. 2 Satz 1 EnWG, wonach eine „wettbewerbsfähige" Verzinsung für die Entgeltbildung zu berücksichtigen ist.

Die Formulierung in § 7 Abs. 6 Strom/GasNEV, nach dem die Regulierungsbehörde nach Ende der Übergangszeit die Eigenkapitalzinssätze „nach Ertragsteuern" festzulegen hat, besagt nur, dass für den Zinssatz die GewSt nicht zu berücksichtigen ist, weil bereits in § 8 als kalkulatorische Kostenart geregelt; denn Ertragsteuer ist nur die GewSt, die vom Gewerbeertrag berechnet wird, nicht aber die KSt, die eine Steuer vom Einkommen der Kapitalgesellschaft ist.[35] Damit ist auch die KSt nicht von der Berücksichtigung bei der Entgeltbildung ausgeschlossen.[36]

---

[32] Bund-Länderausschuss Energiepreise, Arbeitsanleitung 1997, D 6; Arbeitsgruppe Netznutzung Strom, 2001, D II. 6.e) (2); so auch *Zimmermann*, Die kalkulatorischen Kosten 2003, 50; Beschl. BKartA TEAG-Fall 2003.

[33] BMWA, Monitoringbericht 2003, S. 48.

[34] *Ballwieser/Busse von Colbe*, Kapitalkosten der deutschen Telekom, 2001; *Busse von Colbe*, in: Deutscher Bundestag, Ausschuss für Wirtschaft und Arbeit, Schriftliche Stellungnahme, Ausschussdrucksache 15(9)1511 2004, 237; im Einzelnen hierzu *Männel*, Gutachtliche Stellungnahme zur Bedeutung der Körperschaftsteuer für die Kalkulation von Netznutzungsentgelten in der Stromverteilungswirtschaft, 2004.m. w. N.; *ders.*, et 2005, 556 ff.

[35] Z.B. *Adler/Düring/Schmaltz* § 275 HGB Rn. 185.

[36] A.A. *Büdenbender* RdE 2004, 295.

IX. Gewerbesteuer

Die Bundesnetzagentur bezeichnet die GewSt als dauerhaft nicht beeinflussbaren Kostenanteil (Abschnitt 8.5.1). Das klingt insofern missverständlich als die Höhe er GewSt von der Höhe des Gewerbeertrages abhängt. Gemeint ist offenbar, der GewSt-Satz der vom Gesetzgeber und von den Kommunen festgesetzt wird.

Nach § 8 NEV kann im Rahmen der Ermittlung der Netzkosten die dem Netzbereich sachgerecht zuzuordnende Gewerbesteuer als *kalkulatorische Kostenposition* in Ansatz gebracht werden. Abgesehen davon, dass die Regelung als Kann-Vorschrift verfehlt ist, impliziert die Vorschrift als kalkulatorische Position, dass der jeweilige Gewerbesteuersatz (nach Berücksichtigung der Selbstabzugsfähigkeit der Gewerbesteuer) auf den nach den Kalkulationsvorschriften der NEV und entsprechend der Abweichungen von ihr durch die Bundesnetzagentur ermittelten Bruttogewerbeertrag des Netzbetreibers anzuwenden ist.

Daher überrascht es, dass in dem Positionspapier der Regulierungsbehörden des Bundes und der Länder[37] (Positionspapier) in Abschnitt IV die Begrenzung der kalkulatorischen Gewerbesteuer auf die anteilige tatsächlichen Gewerbesteuerzahlungen gefordert wird, da dies dem Sinn und Zweck des § 8 StromNEV entspräche. In einem Verbundunternehmen z. B. der Kommunen, in dem einzelne Betriebe Gewinne und andere Verluste erwirtschaften und der gemeinsame Gewerbeertrag der Gewerbesteuer unterliegt (*gewerbesteuerliche Organschaft*), kann die anteilige Gewerbesteuerzahlung unter dem Betrag der kalkulatorischen GewSt für den Netzbetrieb liegen. Dem Netzbetreiber dennoch die volle kalkulatorische GewSt bei den Netzzugangentgelten zuzubilligen sei eine „Privilegierung", die nicht zu rechtfertigen sei. Erstaunlicher Weise schloss sich die Bundesnetzagentur dieser Argumentation an.[38]

Als kalkulatorisch werden solche Kostenarten bezeichnet, die von den aufwandsgleichen Kosten abweichen. Daher ist es schon begrifflich ein Widerspruch, die *kalkulatorische* GewSt an die tatsächliche gezahlte GewSt anzugleichen. Wenn der Verordnungsgeber diese gewollt hätte, hätte es keiner besonderen Regelung bedurft, da aufwandsgleiche Aufwendungen nach § 10 Abs. 3 EnWG und § 5 Abs. 1 NEV ohnehin den einzelnen Bereichen zuzurechnen sind. Der Hinweis auf Selbstabzugsfähigkeit der GewSt wäre überflüssig, weil nur die tatsächlich gezahlte GewSt zuzuordnen wäre. Zudem sprechen die Änderungen des § 8 NEV im Gesetzgebungsverfahren gegen dessen Auslegung im Positi-

---

[37] Positionspapier der Regulierungsbehörden des Bundes und der Länder zu Einzelfragen der Kostenkalkulation gemäß Stromnetzentgeltverordnung vom 7. März 2006.

[38] Schwerpunkte bei der Prüfung der Netzentgeltanträge nach § 23 a EnWG vom 5. 4. 2006, Abschnitt IX.

onspapier.[39] Auch des OLG Düsseldorf[40] hat dem regulierten Unternehmen die kalkulatorische Gewerbesteuer zugestanden, da sonst die Verzinsung des Eigenkapitals um die GewSt hinter der marktüblichen Verzinsung zurückbliebe.

Nach § 10 Abs.3 EnWG haben integrierte Energieversorgungsunternehmen für Tätigkeiten außerhalb des Elektrizitäts- und Gassektors getrennte Konten zu führen und einen Jahresabschluss, bestehend aus Bilanz und Gewinn- und Verlustrechnung, nach den für Kapitalgesellschaften geltenden Vorschriften aufzustellen. Mit der nach Bereichen getrennten Buchführung soll einer *Quersubventionierung* der im Wettbewerb stehenden Bereiche durch Bereiche mit beherrschender Marktstellung, wie die der Netzbetreiber, entgegen gewirkt werden. Wenn der Netzbetrieb wie ein selbständiges Unternehmen behandelt wird, muss das bei der Berechnung der Netzzugangsentgelte auch für die steuerlichen Belastungen gelten. Für die GewSt den Netzbetrieb nicht als selbständig, sondern als integrierten Teil des Gesamtunternehmens zu behandeln, würde einen Systembruch bedeuten.[41] Gleiche Netzbetreiber einerseits im Querverbund und andererseits ohne ihn hätten verschiedene Kosten und könnten auf deren Basis unterschiedliche Entgelte beanspruchen. Das widerspricht nicht nur der Fiktion ihrer Selbständigkeit, sondern auch wettbewerbsadäquater Entgelte. Auch hier zeigt sich, wie an anderen Regelungen der NEV, dass sie eher von dem Gedanken der Erstattung von Kosten als vom Streben nach der Etablierung von wettbewersanalgen Entgelten beherrscht ist. In einem Gespräch zwischen Vertretern der Gewerkschaft Verdi und dem Präsidenten der Bundesnetzagentur am 10. 5. 2006 habe der Präsident denn auch zugesichert, die Regelung in dem Schwerpunktpapier zurückzunehmen und die fiktive GewSt als Kostenbestandteil anzuerkennen.

---

[39] Im Einzelnen vgl. *Becker/Büttner/Held*, Stellungnahme zum Positionspapier der Regulierungsbehörden des Bundes und der Länder vom 7. März 2006 zu Einzelheiten der Kostenkalkulation gemäß Stromnetzentgeltverordnung v. 20. 3. 2006.

[40] Beschl. v. 11.2.2004 – VI Kart. 4/03

[41] Ausführlich hierzu *Böck* IR 2006, S. 98-102.

„Die Startwertbestimmung des Kostenniveaus in der ersten Anreizregulierungsperiode"

Franz Jürgen Säcker

I. Einleitung

Die in Deutschland bislang praktizierte Strompreisaufsicht nach § 12 der Bundestarifordnung Elektrizität (BTOElt) war und ist eine Cost-Plus-Regulierung, bei der die Energieversorgungsunternehmen (EVU) ihre tatsächlichen Kosten zzgl. einer angemessenen Eigenkapitalverzinsung zur Rechtfertigung ihrer Preise geltend gemacht haben. Eine Begrenzung der Kostenhöhe unter dem Aspekt einer elektrizitätswirtschaftlich rationellen, effizienten Betriebsführung, die nach § 12 BTOElt rechtlich durchsetzbar gewesen wäre, fand auf Länderebene nicht statt.[1] Die nach deutschem Recht zuständigen Preisaufsichtsbehörden der Länder nahmen die Lohn- und Beschaffungskosten der EVU bei der Preisprüfung als unverrückbares Datum hin. Es genügte die Bescheinigung der Höhe dieser Kosten durch ein Wirtschaftsprüfergutachten, das vom EVU vorgelegt und finanziert wurde. Dies führte dazu, dass die Verbraucher die fixen und variablen Kosten der EVU auch dann zu tragen hatten, wenn sie monopolistisch überhöht waren.

Auch das Bundeskartellamt hat den Energieversorgungsunternehmen nur sehr selten in die Bücher geschaut, weil es die Haushaltskundenpreise als Regulierungsdomäne der Länder betrachtete. Nur bei industriellen Sonderabnehmern

---

[1] Vgl. dazu näher *Säcker*, Neues Energierecht, 2. Aufl. 2003, S. 326 mit Nachweisen in Fn. 4.

hat das Bundeskartellamt eine – insgesamt bescheidene – regulative Aufgabe übernehmen können und dabei zwischen individuell überprüfbaren beeinflussbaren unternehmensstrukturellen und nicht beeinflussbaren marktstrukturellen Faktoren unterschieden. Diese Unterscheidung ist, was im Einzelnen noch darzulegen sein wird, für die Ausgestaltung der Anreizregulierung von großer Bedeutung. Das Bundeskartellamt unterscheidet zwischen nicht zu kontrollierenden Kosten, die sich aus der objektiv-morphologischen (siedlungsgeographischen bzw. topologischen) Struktur des Gebietes ergeben, und solchen Kosten, die ihren Ursprung in unternehmensstrukturellen Entscheidungen haben, daher beeinflussbar und demgemäß behördlich unter Effizienzaspekten kontrollierbar sind.[2]
Die staatlichen Aufsichtsfunktionen mussten mit der von der EU erzwungenen wettbewerblichen Öffnung der Märkte verbessert werden, auch wenn manche Unternehmensvorstände und Wissenschaftler dem mit dem Schlagwort entgegentraten: Die Liberalisierung der Energiemärkte durch Aufhebung der bis 1998 geltenden Prokartell- und Demarkationsgesetzgebung dürfe nicht von neuen staatlichen Regulierungsmechanismen begleitet werden. Wer dies sagte, wusste es in Wirklichkeit besser: Die nach Beseitigung der gesetzlichen Monopolstrukturen de facto noch bestehenden natürlichen Netzmonopole mussten durch Schaffung subjektiver Netznutzungsansprüche kompetitiv für jedermann umgestaltet werden – so wie zuvor schon die elektronischen Netze durch das Telekommunikationsrecht (TKG) geöffnet worden waren. Zur effektiven Durchsetzung dieser Ansprüche war notwendig, die Cost-Plus-Regulierung durch eine wirksame Effizienzkontrolle zu ergänzen. Dies ist 2005 durch § 21 Abs. 2 EnWG und Art. 4 der EG-Stomhandelsverordnung geschehen.
Ob eine effiziente Bereitstellung des Netzes gemäß den Vorgaben des § 21 Abs. 2 EnWG stattfindet, ist von den Regulierungsbehörden durch Vergleich mit den Preisen effizient agierender, strukturell vergleichbarer Netzbetreiber festzustellen. Diese Effizienzprüfung ist ohne analytische Kostenmodelle, wie sie im Telekommunikationsbereich erfolgreich benutzt werden, nicht möglich. Behördliche Kosten- und Effizienzüberprüfungen bei fehlendem Wettbewerb sind allerdings nur „the second best“. Besser ist ein Kontrollverfahren, bei dem die Unternehmen aus Eigeninteresse alles tun, um ihre Kosten – unter Wahrung aller gesetzlichen quality standards zum Schutz von Zuverlässigkeit und Umweltver-

---

2 Vgl. BGHZ, 163, 282 – Stadtwerke Mainz. Wegen der Schwierigkeit der Feststellung dieser Voraussetzungen soll in Zukunft § 29 GWB die Missbrauchskontrolle verschärfen; vgl. dazu den Referentenentwurf eines Gesetzes zur Bekämpfung von Preismissbrauch im Bereich der Energieversorgung und des Lebensmittelhandels vom 8.11.2006, S. 1: „Ziel des § 29 ist eine Schärfung des kartellrechtlichen Instrumentariums zur Bekämpfung missbräuchlich überhöhter Energiepreise mittels einer auf den Energiesektor zugeschnittenen Ausprägung der Generalklausel des § 19 Abs. 1 GWB. Mit einer zeitlich befristeten Regelung soll den spezifischen Problemen der Missbrauchsaufsicht auf den betroffenen Märkten begegnet werden. Den Kartellbehörden wird dadurch die Durchsetzung des in § 19 GWB festgelegten Missbrauchsverbots erleichtert“.

träglichkeit der Energieversorgung – auf ein wettbewerbsanaloges Niveau zu senken. Genau dies ist das Ziel der Anreizregulierung. Diese soll die Unternehmen – so, wie es sonst nur wirksamer Wettbewerb tun könnte – dazu motivieren, innovations- und effizienzsteigernde Maßnahmen zu ergreifen, um so höhere Gewinne zu erzielen. Die Anreizregulierung muss in der noch zu erlassenden Rechtsverordnung daher so konkretisiert werden, dass die Unternehmen dadurch, dass sie für die jeweilige Regulierungsperiode behördlich festgelegte Effizienzvorgaben *übertreffen*, zusätzliche Gewinne realisieren und diese behalten können. Ein solches Regulierungskonzept kann man als „System regulierter Selbstregulierung“[3] beschreiben, bei dem das Management seine Kraft nicht destruktiv zur Rechtfertigung hoher Kosten gegenüber Behörden und Gerichten verschwendet, sondern seine konstruktive Phantasie darauf ausrichtet, die Leistungen seines Unternehmens noch effizienter anzubieten.

Die Aufgabe lautet also: Die bürokratische Rechtfertigung hoher Kosten im bisherigen Rate-of-Return-Verfahren (Cost-Plus-Verfahren) muss ersetzt werden durch eine Incentive Regulation, die die unternehmerische Kreativität zugunsten von Effizienzsteigerungen mobilisiert, weil sich nur so dauerhaft höhere Gewinne erzielen lassen. Unerlässliche Voraussetzung für das Funktionieren der Anreizregulierung ist, dass realistische Zielvorgaben gesetzt werden, die die Unternehmen nicht entmutigen, sondern anspornen. § 21a Abs. 5 S. 4 des neuen Energiewirtschaftsgesetzes 2005 (EnWG)[4] weist daher in die richtige Richtung, wenn es dort heißt, dass die Effizienzvorgaben so gestaltet sein müssen, dass der Netzbetreiber die Vorgaben unter Nutzung der ihm möglichen und zumutbaren Maßnahmen erreichen und übertreffen kann.

Dazu muss die Behörde zunächst im Rahmen eines kostenbasierten Verfahrens prüfen, welche Erlöse ein EVU in Zukunft benötigt, um seine Versorgungsfunktion erfüllen zu können. Um eine solche Prognose sachgerecht zu treffen, müssen die in der zurückliegenden Periode erzielten betriebsnotwendigen Gesamteinnahmen als Ausgangsbasis ermittelt werden. Gelingt es einem EVU, nach der Genehmigung der Tarife seine Aufwendungen unter das ihm zugebilligte Kostenniveau unter Berücksichtigung des branchenweiten Produktivitätsfortschritts während der Dauer der Regulierungsperiode zu senken, so verbleiben ihm die Vorteile aus der durchgeführten Rationalisierung und Kostensenkung. Nur so

---

3 *J.P. Schneider*, Liberalisierung der Stromwirtschaft durch regulative Marktorganisation, 1999, S. 41.

4 BGBl. vom 25.06.2004 I Nr. 29, S. 1190. Der Änderungsbedarf ergab sich aus den Vorgaben der neuen EG-Richtlinien zum Recht der elektronischen Kommunikation, die eine Umsetzung bis zum 25.07.2003 bzw. 31.10.2003 geboten; vgl. dazu im Einzelnen: RL 2002/21/EG (Rahmenrichtlinie), ABl. EG vom 24.04.2002 Nr. L 108/33; RL 2002/19/EG (Zugangsrichtlinie), ABl. EG vom 24.04.2002 Nr. L 108/7; RL 2002/22/EG (Universaldienstrichtlinie), ABl. EG vom 24.04.2002 Nr. L 108/51; RL 2002/20/EG (Genehmigungsrichtlinie), ABl. EG vom 24.4.2002 Nr. L 108/21; RL 2002/58/EG (Datenschutzrichtlinie für elektronische Kommunikation), ABl. EG vom 31.7.2002 Nr. L 201/37.

entsteht eine marktwirtschaftskonforme Anreizwirkung zur Realisierung von Produktivitätsverbesserungen und Einsparmaßnahmen.[5]

II. Probleme bei der konkreten Ausgestaltung der Anreizregulierung

Ich gehe im Folgenden auf die praktisch bedeutsamsten Einzelprobleme ein, die sich bei der Bestimmung des Startwerts des Kostenniveaus der Anreizregulierung ergeben.

1. Eigenkapitalrendite

Eine realistische Vorgabe bedarf genauer Daten darüber, welche marktübliche, risikoadäquate Rendite auf das eingesetzte Eigenkapital von den Unternehmen erzielt wird und bis zu welcher Höhe Eigenkapital unter Wettbewerbsbedingungen zur Finanzierung von Investitionen eingesetzt wird. Sicherlich gäbe ein Eigenkapitalanteil bei der Produktionsgesellschaft von 20% und ein Eigenkapital von 80% bei der Netzgesellschaft Anlass zu Nachfragen bzgl. einer wettbewerbsanalogen, effizienten Zuordnung des Eigenkapitals im Konzern. Ob sich betriebswirtschaftlich, wie die Bundesnetzagentur für die Regulierung der Energiepreise (BNetzA)[6] in Anlehnung an die sog. frühere Verbändevereinbarung[7] meint, ein Anteil von 40% als branchenüblicher, Eigenkapitaleinsatz von der BNetzA festschreiben lässt, bedarf vor dem Hintergrund von 900 Strom- und 800 Gasversorgungsunternehmen in Deutschland m.E. noch betriebswirtschaftlicher Fundierung. Typisierungen, die im Interesse der Rechtssicherheit und Rechtsklarheit unvermeidbar sind, müssen sich im Urteil unabhängiger Experten als sachgerecht erweisen. Jede abstrahierende Loslösung von der individuellen Situation des konkreten Unternehmens bei der Anreizregulierung ist mit der Gefahr verbunden, dass der stattdessen herangezogene Durchschnitt der branchenspezifischen Kosten Besonderheiten des konkreten Unternehmens nicht oder nicht ausreichend berücksichtigt. Eine Benchmark-Regulierung muss daher mit Ausnahmemöglichkeiten zugunsten einzelner Unternehmen verbunden sein, denen dann aber die Beweislast für die behauptete objektive, strukturelle Besonderheit ihres Netzbetriebs auferlegt werden muss.[8] Strukturklassen gleichartiger Unternehmen und eine daran anknüpfende Anreizregulierung mit gruppenspezifischen Effizienzzielen sollte daher nicht vorschnell in die Tat umgesetzt werden.

---

[5] Vgl. dazu *Baur/Pritzsche*, Anreizregulierung nach dem Energiewirtschaftsgesetz 2005. Umfassend dazu nunmehr der Anreizregulierungsbericht der BNetzA vom 2. Mai 2006; dazu *Ehricke* N&R 2006, S. 11ff.; *Ruge* IR 2006, S. 122ff.

[6] Positionspapier der BNetzA vom 7. März 2006, S. 12ff.

[7] Vgl. dazu *Säcker*, Neues Energierecht, S. 135ff.

[8] Vgl. dazu *Schwarze* WuW 2003, 241ff.

2. Revenue-Cap-Regulierung

Problematisch ist die von der BNetzA bevorzugte, vom Gesetz als Option zugelassene Revenue-Cap-Regulierung anstelle einer Price-Cap-Regulierung. Eine Gesamterlösobergrenzenregulierung hat, worauf Christoph Müller[9] m.E. zutreffend aufmerksam gemacht hat, mit dem Problem zu kämpfen, dass sie Rückwirkungen auf die Produzenten- und Händlerebene hat. Bei einer Revenue-Cap-Regulierung sind die Erlöse des Monopolunternehmens unabhängig vom Umfang der erbrachten Dienstleistungen. Je weniger Dienstleistungen erbracht werden müssen, umso geringer die Kosten, ohne dass dadurch die durch eine Obergrenze regulierten Gesamterlöse des Netzbetreibers sinken.

Bei einer Price-Cap-Regulierung, die als Minimum die Grenzkosten einschließlich einer Eigenkapitalverzinsung abdeckt, lohnt sich für den Netzbetreiber eine höhere Ausbringungsmenge, da er dann höhere Fixkostendeckungsbeiträge erreicht und mit jeder zusätzlichen Leistung seinen Gewinn steigert. Der Netzbetreiber muss unter diesen Umständen ein Interesse daran haben, möglichst viele Kunden an sein Netz anzuschließen und möglichst viele neue Kraftwerksbetreiber und Händler aus dem Umfeld anzulocken, die über seine Kuppelstellen und Netze Strom an Kunden in seinem Netzgebiet liefern. Der anstehende Neubau von konventionellen Kraftwerken, der durch die Stilllegung der Kernkraftwerke in Deutschland erforderlich wird, wird zu einem Wettbewerb um optimale Kraftwerksstandorte führen und die Netzbetreiber zu Überlegungen zwingen, ob und unter welchen Umständen der durch den erforderlichen Kraftwerksneubau notwendige Ausbau der Netze unter Berücksichtigung des Umstands wirtschaftlich attraktiv ist, dass sie die Kosten bedarfsgerechten Ausbaus auf die Netznutzer abwälzen können (§§ 17ff. EnWG).

3. Preisobergrenze zu Beginn der Regulierungsperiode gemäß § 21a Abs. 2 EnWG

Bezogen auf das jeweilige Übertragungs- und Verteilnetz ist zu prüfen, ob es von seinem Betreiber kosteneffizient geführt wird. Als Obergrenze für die Höhe der Netznutzungsentgelte ist zu Beginn der ersten Regulierungsperiode der nach § 21 Abs. 2 EnWG gerechtfertigte auf dieser Rechtsgrundlage geprüfte und nach § 23a EnWG genehmigte Preis festzusetzen.[10] Dieser Preis beinhaltet nicht nur durch den Netzbetreiber beeinflussbare Kostenanteile, sondern auch von ihm nicht zu beeinflussende Kostenanteile. Die nicht unmittelbar durch unternehmerische Maßnahmen zu beeinflussenden Kostenkomponenten, die sich namentlich aus objektiv-strukturellen (z.B. siedlungsgeographischen) Unterschieden der Versorgungsgebiete oder aus staatlichen Vorgaben (z.B. Steuern) ergeben, können im Wege der Anreizregulierung nicht abgesenkt werden; sie können nur, wie auch der Gesetzgeber in § 21 Abs. 4 S. 5 EnWG feststellt, nach § 21 Abs. 2 EnWG daraufhin überprüft werden, ob sie nach dem Konzept effizienter Leis-

---

[9] *Müller* et 2006, 34ff.

[10] Vgl. *Säcker* RdE 2006, 65ff.

tungserbringung korrekt ermittelt sind und auch bei effizienter Betriebsführung entstanden wären.
Die Abgrenzung der beeinflussbaren von den unbeeinflussbaren Kostenanteilen ist mit vielen Schwierigkeiten befrachtet.[11] Der Gesetzgeber selbst hat nur unternehmensunabhängige Kostenelemente wie Wegenutzungsgebühren, Betriebssteuern und gesetzlich angeordnete Abnahme- und Vergütungspflichten für erneuerbare Energien[12] als unbeeinflussbare Kostenelemente aufgeführt. Hierin gehören m.E. aber auch die gesetzlich auferlegten Netzpflege- und Netzausbaukosten gemäß §§ 11ff. EnWG, aber auch die in der Vergangenheit gegenüber Dritten aufgewandten Kosten des Netzerwerbs nach dem Sachzeitwert.[13] Dieser Maßstab ist von der Rechtsprechung als grundsätzlich angemessen bewertet worden und nur für Grenzfälle ertragswertbezogenen Korrekturfaktoren unterworfen worden.[14] Eine Beschränkung auf den noch nicht in der Vergangenheit abgeschriebenen Wert des Netzes kann es hier nicht geben. Der vertragsgemäß gezahlte Kaufpreis für das im Rahmen der „Rekommunalisierung" der Energieversorgung übernommene Netz ist im Nachhinein nicht mehr beeinflussbar und kann daher auch nicht nach unten korrigiert werden. Nicht jeder „Fehler" der Vergangenheit lässt sich mit dem Instrument der Anreizregulierung ausbügeln. Die in § 6 Abs. 6 Stromnetz-Entgeltverordnung getroffenen Regelung ist daher in ihrer pauschalen Form misslungen.

4. Kosten aus Altverträgen

Beeinflussbar sind dagegen Kosten, die sich aus fortbestehenden Arbeits-, Dienst-, Werk-, Pacht- und Mietverträgen ergeben; ebenso ist die Höhe der in Zukunft anfallenden Zinsen aus Darlehensverträgen nicht jeder Beeinflussung entzogen. Ich verweise nur auf vereinbarte Preis- und Zinsanpassungsklauseln.[15] Ebenso klar ist es aber auch, dass sich die aus diesen Verträgen ergebenden Kosten für das Unternehmen nicht von heute auf morgen in zumutbarerer Weise (§ 21a Abs. 5 S. 4 EnWG) abändern lassen. Hier stellt sich die Frage, ob der Abschluss von Verträgen mit zu vielen Arbeitskräften und zu überhöhten Entgelten in der Monopolzeit bei im Übrigen suboptimaler Rationalität der Produktionsstruktur heute von der BNetzA als nicht leistungsgerecht i.S. von § 21 Abs. 2 EnWG beurteilt werden kann, so dass die daraus resultierenden überhöhten Kosten gemäß § 21 Abs. 2 EnWG um einen Ineffizienzfaktor nach unten korrigiert werden müssen, bevor sie bei der Fixierung der Obergrenze zu Beginn der ersten Regulierungsperiode berücksichtigt werden können.

---

[11] Vgl. dazu auch *Franz* IR 2006, 7, 9; Bericht der BNetzA zur Anreizregulierung v.30.6.2006, S. 22ff.
[12] Vgl. dazu die Kommentierung des EEG und des KWK-Gesetzes, in: *Säcker*, Berliner Kommentar zum Energierecht, 2. Aufl., 2007.
[13] Vgl. dazu oben *Busse von Colbe*.
[14] Vgl. BGHZ 143, S. 128ff.
[15] Vgl. dazu näher *Säcker* RdE 2006, 65ff.; *Markert* RdE 2006, 84ff. m.w.N.

Lässt sich im Vergleich mit strukturell gleichartigen Unternehmen die Ineffizienz feststellen, so kann sich das Unternehmen nicht darauf berufen, dass es in der Vergangenheit vor Inkrafttreten des EnWG 2005 rechtmäßig gehandelt habe. Die Verpflichtung, als marktbeherrschendes Unternehmen keine missbräuchlich überhöhten Preise zu nehmen, bestand seit dem Inkrafttreten des GWB im Jahre 1958; die Verpflichtung, bei den Tarifkundenpreisen nur Kosten aus rationeller (=effizienter) Betriebsführung in Rechnung zu stellen, bestand, auch wenn diese Verpflichtung nur unzureichend durchgesetzt wurde, noch länger. Es bestand daher rechtlich keine Freiheit, überhöhte Kosten nur deshalb zu „produzieren", weil sie mangels Wettbewerb mit den Preisen überwälzt werden konnten. Zumindest nach der wettbewerblichen Öffnung der Energiemärkte durch die Reform des Wettbewerbsrechts und des Energiewirtschaftsrechts im Jahr 1998 bestand rechtlich Anlass zu wettbewerbsgerechtem unternehmerischen Verhalten. Auch wenn man dies feststellt, lässt sich gleichwohl nicht leugnen, dass die aus Altverträgen resultierenden überhöhten Kosten rechtswirksam vereinbart worden sind und deshalb von den Unternehmen nicht mit Wirksamwerden des EnWG und der Anreizregulierung (§ 21a EnWG) mit einem Federstrich beseitigt werden können. Soweit in der Vergangenheit wettbewerbsinkonforme begründete Kosten vertraglich festgeschrieben sind und die Verträge von den Unternehmen derzeit erfüllt werden müssen, halte ich es daher für unvermeidlich, dass die BNetzA zu Beginn der ersten Regulierungsperiode die Kosten aus bestehenden gültigen Altverträgen bei der Fixierung der Obergrenze anerkennen muss. Sie kann und muss aber Effizienzvorgaben nach § 21a Abs. 4 S. 5 EnWG machen, die die Unternehmen zwingen, mit allen zumutbaren Mitteln einschließlich des Einsatzes von (Änderungs-)Kündigungen die aus diesen Verträgen resultierenden Kosten ineffizienter Leistungserbringung drastisch zu reduzieren. Es kann keinem Zweifel unterliegen, dass vor allem bei zahlreichen kommunalen Unternehmen in personalwirtschaftlicher Hinsicht Kostensenkungen zur Effizienzsteigerung notwendig sind. Es dürfte kein Anusweg sein, zu hohe Personal- und Servicekosten bei Netzgesellschaften dadurch aufrechtzuerhalten, dass die Muttergesellschaft einen Ausgleich analog § 311 AktG zahlt. Dadurch wird zwar die Effizienz der Netzgesellschaft künstlich hergestellt; die Muttergesellschaft zeigt aber, dass sie über bei wirksamem Wettbewerb nicht durchsetzbare Gewinne aus der Stromerzeugung verfügt, die nach § 19 GWB zu prüfen sind.

5. Regelenergiekosten

Beeinflussbar sind auch die Beschaffungskosten für Regelenergie, die der Netzbetrieb zu wettbewerbskonformen Bedingungen erwerben muss. Ob das derzeit in Deutschland praktizierte Ausschreibungsverfahren zu wettbewerbsanalogen Preisen führt, ist noch nicht geklärt.[16] Der Zweite Kartellsenat des OLG Düssel-

---

[16] Vgl. dazu kritisch *Hellwig*, Ausschuss für Wirtschaft und Arbeit, Wortprotokoll 77. Sitzung v. 29.11.2004, S. 1293.

dorf hat in der mündlichen Verhandlung über die Klage eines Verbrauchers gegen eine einseitig vorgenommene Strompreiserhöhung zum Ausdruck gebracht, dass ein EVU, das Preiserhöhungen gegenüber seinen Kunden durchsetzen will, gemäß § 315 BGB darlegen müsse, dass es sich seinerseits gegenüber seinem Vorlieferanten zur Wehr gesetzt und die Erhöhung der Beschaffungskosten, auf die es sich zur Legitimierung seiner eigenen Preiserhöhung beruft, nicht ungeprüft akzeptiert habe.[17] Dies muss sinngemäß auch gelten gegenüber Regelenergiekosten, die den Netzbetreibern in Rechnung gestellt werden.

6. Gemeinkosten

Auch Gemeinkosten, die bei der Muttergesellschaft anfallen, sind keine unbeeinflussbaren Fixkosten Sie sind dem Netzbetrieb nur insoweit zuzuordnen, als sie zur effizienten Erbringung der Leistung des Netzbetriebs erforderlich sind. Auch hier kann die Anreizregulierung durch geeignete Effizienzvorgaben nach § 21a Abs. 5 EnWG dafür sorgen, dass überhöhte Gemeinkosten gesenkt werden, wobei dies umso schneller gelingen wird, wenn den Unternehmen aus der Entkoppelung von Kosten und Erlösen durch übertroffene Zielvorgaben zusätzliche Gewinne winken.

7. Investitionskosten zur Erhaltung effizienter, zuverlässiger Netze

Die Kosten von Netzinvestitionen zur Erhaltung der Anlagensubstanz und zur Verbesserung der Versorgungsqualität sind durch Qualitätsvorgaben festgelegte, unbeeinflussbare Größen i.S. von § 21a Abs. 4 S. 1 EnWG; sie unterliegen aber auch im Rahmen der Anreizregulierung einer Effizienzkontrolle (§ 21a Abs. 4 S. 5 EnWG).[18] Unter Effizienzaspekten ist zu prüfen, ob nicht überörtliche netztechnische Verbundsysteme, IT-Zusammenarbeit, gemeinsame Störfall- und Notdiensteinrichtungen betriebswirtschaftlich eine deutlich höhere Effizienz aufweisen als ein Beharren auf „splendid isolation" und deshalb die Bildung von Netzführungsgesellschaften oder Netzfusionen auf lokaler und regionaler Ebene anzustreben ist.[19] Wettbewerbsorientierte, dynamische Märkte sind als Folge permanenter Änderungen der Marktstrukturen durch Ausscheiden insuffizienter Marktteilnehmer, durch Kooperationen, Fusionen und Akquisitionen gekennzeichnet. Wer betriebswirtschaftlich naheliegende, kostensenkende Kooperationen verschläft, handelt ineffizient. Deshalb kann z.B. ein mit hohen Gemeinkosten operierendes kleineres kommunales Energieversorgungsunternehmen nicht geltend machen, es dürfe nur mit gleichartigen Unternehmen verglichen werden, wenn auch diese die Bildung leistungsfähiger größerer Einheiten verpasst haben. Dies würde dem Ziel der Wettbewerbsorientierung der Entgelte widersprechen. Die Regulierungsbehörde muss sich von dem Gedanken leiten lassen, wie effi-

---

[17] Vgl. die Pressemitteilung des OLG Düsseldorf vom 29.3. 2006.

[18] Das gilt sinngemäß auch im Rahmen von § 29 GWB für die Erneuerung von Kraftwerken, wenn diese Vorschrift Gesetz werden sollte.

[19] Näher dazu *Säcker* ZNER 2005, 270ff.

zient handelnde Unternehmen ihre Organisationsstrukturen an sich verändernde Rahmenbedingungen anpassen würden.[20]

8. Produktivitätsvorgaben

Produktivitätsfortschritte sind gemäß § 21a Abs. 5 S. 1 EnWG auch bei der Frage der Realkapitalerhaltung zu berücksichtigen.[21] Nicht jeder Gegenstand eines vorhandenen Netzes ist auf der Grundlage von Wiederbeschaffungspreisen zu bilanzieren. Dies würde schematisch unterstellen, dass die gleichen Güter auch bei einer zukünftigen Erneuerung des Netzes erforderlich sind. Ein Netz, das im zukünftigen Zeitpunkt seiner Erneuerung weder in der bisherigen Dimensionierung noch in der technischen Ausstattung benötigt wird oder das aufgrund neuer technologischer Erkenntnisse preisgünstiger, aber genauso sicher und zuverlässig gebaut werden kann, löst geringere Neubaukosten aus, als wenn es spiegelbildlich zum alten Netz erneuert wird. In der Vergangenheit getätigte Übermaß- und Fehlinvestitionen dürfen nicht auf der Basis von Wiederbeschaffungspreisen bei den Kosten für die Nettosubstanzerhaltung des betriebsnotwendigen Eigenkapitals berücksichtigt werden.[22]

Soweit ein EVU z.B. in der Vergangenheit in den Ausbau seines Netzes auf der Grundlage einer falschen Wachstumsprognose stranded investments oder overinvestments vorgenommen hat, kann es diese heute nicht zu Tagesneuwerten kalkulieren und dann von diesen erhöhten Preisen die Abschreibungen berechnen, da es vom Standpunkt eines effizient handelnden, wettbewerbsorientierten Netzbetreibers nicht gerechtfertigt wäre, eines Tages erneut ein überdimensioniertes Netz in menschen- und industriefreier Gegend zu bauen. Mit den Netzzugangsentgelten können daher solche, aber auch nur solche Kosten auf die Netznutzer überwälzt werden, die zur Erhaltung eines sicheren und leistungsfähigen Versorgungsnetzes erforderlich sind. Die Schwierigkeiten liegen hier m.E. nicht im Grundsätzlichen, sondern in der konkreten Feststellung der Höhe des in der Regulierungsperiode möglichen Produktivitätsfortschrittes. Der Bericht der der BNetzA zeigt diese Schwierigkeiten einer quantitativen Umsetzung deutlich auf[23]; es ist aber sicherlich noch nicht das letzte Wort und bedarf kritischer Analyse.

III. Zum Verhältnis von Anreizregulierungsrecht und Wettbewerbsrecht

Mit der Umsetzung einer effizienzorientierten Anreizregulierung ist die Errichtung wettbewerbsorientierter Netzstrukturen im Versorgungsbereich schneller und besser erreichbar als mit einer kostenbasierten Regulierung. Die Anreizre-

---

[20] Vgl. dazu näher *Säcker* AöR 2005, 180ff.

[21] Vgl. dazu nunmehr *Männel*, Gutachterliche Stellungnahme zu den auf die Eigenkapitalverzinsung abstellenden Vorgaben der Bundesnetzagentur vom 7. März 2006, S. 33ff.

[22] Vgl. *Säcker* AöR 2005, 180ff.

[23] Vgl. Fn. 4.

gulierung fügt sich auch systematisch nahtlos in das bestehende europäische Ordnungssystem eines unverfälschten Wettbewerbs ein.
Ich will dies im folgenden näher begründen:
Die gesetzliche Öffnung der Netze war notwendig, weil die Übertragung und Verteilung der durch das Netz transportierten Wirtschaftsgüter nur über das „natürliche“ Monopol der Leitungsnetze möglich ist und deshalb jedem Nutzungspetenten, insbesondere neuen Kraftwerken von neu in den Markt eintretenden Unternehmen ein sicherer, garantierter und zügiger Zugang zu diesen Netzen ohne dauerhafte Engpässe ermöglicht werden muss.[24] Maßstab für die Angemessenheit der Netzzugangsentgelte sind die Kosten eines effizienten und strukturell vergleichbaren Netzbetreibers. Netzökonomisch hat das energierechtliche Prinzip der effizienten Leistungserbringung keinen anderen Inhalt als das in § 31 TKG statuierte Prinzip der Kosten der effizienten Leistungsbereitstellung, das als Maßstab der Ex-Ante-Regulierung der Entgelte im deutschen Telekommunikationsrecht fungiert. Das Prinzip der kosteneffizienten Leistungserbringung konkretisiert die Verpflichtung der Unternehmen der Netzwirtschaften, sich auf den Märkten, auf denen sich ihre Marktmacht signifikant auswirkt, wettbewerbsanalog zu verhalten; d.h. die Unternehmen dürfen keine höheren Preise am Markt fordern als die, die sie auch bei effizientem Wettbewerb durchsetzen könnten (Prinzip des hypothetischen Wettbewerbspreises).
Die behördliche Prüfung, ob alle zur Rechtfertigung der Netznutzungsentgelte geltend gemachten Kosten auch bei effizienter Unternehmensführung entstanden wären, bereitet allerdings wettbewerbstheoretisch (Wer kennt die Kosten, die bei wirksamem Wettbewerb vermeidbar gewesen wären?) als auch praktisch (wegen der Unsicherheiten, die mit der Feststellung des hypothetischen Wettbewerbspreises verbunden sind,) große Schwierigkeiten. Das Vergleichsmarktkonzept, auf das Art. 4 EG-StromhandelsVO und § 21 Abs. 2 EnWG als empirische Annäherung an wettbewerbsorientierte Kosten verweisen, hat den Nachteil, dass die strukturell vergleichbaren Unternehmen typischerweise nur etwas billiger anbietende marktbeherrschende Unternehmen sind, bei denen eine ausreichende Kosteneffizienz nicht einfach unterstellt werden kann. Angesichts dieser Probleme ist das Konzept einer kostenbasierten Regulierung kein optimales machtwirtschaftskonformes Instrument.
Der Gesetzgeber hat deshalb in § 21a EnWG zutreffend der Methode der Anreizregulierung den Vorrang gegeben, die markwirtschaftskonforme Anreize für die Unternehmen setzt, aus eigenem Antrieb vermeidbare Kosten einzusparen und effizient zu handeln, weil sie dann zusätzliche Gewinne akquirieren können, wenn sie die vorgegebenen Ziele übertreffen. Die Anreizregulierung stellt eine eigenständige Methode zur Regulierung der Netzzugangsentgelte dar, die mit ihrer Einführung die kostenorientierte Methode der Entgeltbildung nach § 21 Abs. 2 EnWG ablöst. Die Methode der Anreizregulierung hat ihre europarechtli-

[24] Näher dazu *Säcker*, in: Gedächtnisschrift für Tettinger, 2007.

che Grundlage in Art. 20 Abs. 1 S. 2 und Art. 23 Abs. 2 der EG-RL 2003/54 sowie in Art. 18 Abs. 1 S. 2 und Art. 25 Abs. 2 der RL 2003/55. Zu ihrer Umsetzung kann die Regulierungsbehörde nach § 29 EnWG in Verbindung mit einer Rechtsverordnung nach § 21a Abs. 6 EnWG nähere Festlegungen in Form von Allgemeinverfügungen[25] treffen.

IV. Gesetzliche Ausgestaltung der Anreizregulierung

§ 21a EnWG enthält die allgemeinen Prinzipien für die Methodik der Anreizregulierung, auf denen die noch ausstehende Rechtsverordnung zur Anreizregulierung aufzubauen hat.[26] Knapp zusammengefasst, statuiert § 21a EnWG i.V. mit der geplanten Rechtsverordnung folgende sechs Vorgaben:

1.) § 21a Abs. 2 Satz 1 EnWG schafft die Rechtsgrundlage für Vorgaben bzgl. der Höhe der Netzzugangsentgelte (price cap) bzw. der Gesamterlöse (revenue cap) aus den Netznutzungsentgelten. Meine Präferenz für eine konsequente Price Cap-Regulierung habe ich bereits bekundet. Die Regulierungsbehörde favorisiert dagegen die Revenue-Cap-Regulierung.

2.) Die Vorgaben nach § 21 Abs. 2 Satz 2 EnWG beziehen sich auf einzelne Netzbetreiber. In § 21a EnWG Abs. 2 Satz 4, Abs. 4 Satz 3 und Abs. 6 Satz 2 EnWG sind Sonderregelungen für den Fall der Bildung von Gruppen strukturell vergleichbarer Netzbetreiber vorgesehen. Das Gesetz erlaubt nicht, strukturverschiedene Energieversorgungsunternehmen aus Städten und ländlichen Regionen in einer Gruppe zusammenzufassen, um eine Verteuerung der Netznutzungsentgelte in siedlungsgeographisch nur kostenaufwendig zu versorgenden Gebieten zu vermeiden. Das Konzept der Anreizregulierung lässt sich nicht im Interesse eines sozialen Ausgleichs von Stadt und Land großflächig stadt- und land-netzübergreifend ausgestalten. Es ist untrennbar mit dem Netz des einzelnen Netzbetreibers bzw. einer Gruppe gleichartiger Netzbetreiber verbunden. Daher werden sich, je kleiner und heterogener die Einzelnetze sind, an die die Anreizregulierung anknüpft, die Netznutzungsentgelte aufgrund unterschiedlicher Strukturen umso stärker auseinanderentwickeln. Die Netznutzungsentgelte werden auf dem Land eher teurer, in den Städten dagegen deutlich niedriger werden.

3.) Die BNetzA hat nach § 21a Abs. 2 Satz 2 EnWG für Beginn und Ende der Regulierungsperiode Obergrenzen festzusetzen. Nach § 21 Abs. 2 Satz 3 EnWG kann innerhalb einer Regulierungsperiode eine zeitliche Staffelung der Entwicklung der Obergrenzen für ein Unternehmen vorgesehen werden. Kosten, die bei wirksamem Wettbewerb nicht in der bestehenden Höhe anfallen würden, dürfen bei der Festlegung dieser Obergrenzen nicht berücksichtigt werden[27] - (so aus-

---

[25] Vgl. dazu näher *Burgi* DVBl. 2006, S. 269ff.

[26] Vgl. dazu die von der Bundesregierung im November 2006 vorgelegten Eckpunkte zur Anreizregulierung (Anhang II).

[27] Vgl. dazu BGHZ 59, S. 42ff.

drücklich § 21 Abs. 2 Satz 2 EnWG für die Höhe der Netznutzungsentgelte). Der hypothetische effizienzkontrollierte Wettbewerbspreis, der bei Schadensersatzklagen nach §§ 1, 19 i.V. mit § 33 GWB ermittelt werden muss, aber auch Maßstab für § 32 EnWG ist, markiert die jeweilige Obergrenze, die für die jeweilige Regulierungsperiode für das einzelne Unternehmen gesetzt werden kann. Objektive Strukturunterschiede der Netzgebiete stellen anzuerkennende rechtfertigende Umstände für gegebenenfalls unterschiedliche Netzentgelte dar. Objektiv-marktstrukturbezogen sind diese Unterschiede stets dann, wenn sie zu Kostenfaktoren führen, die jeder andere Betreiber des Infrastrukturnetzes in dem betreffenden Netzgebiet auch hätte. In diesem Fall können einem Netzbetreiber höhere Kosten nicht als Ausdruck ineffizienten Netzbetriebs vorgehalten werden.

4.) § 21a Abs. 5 Satz 1, 4 und 5 EnWG regelt die Festlegung von Effizienz- und Produktivitätsvorgaben, die sich unter Berücksichtigung künftiger Technologiefortschritte an der potenziellen Leistungsfähigkeit der Netzbetreiber orientieren müssen.

5.) § 21 a Abs. 5 Satz 2 und 3 regelt die Einbeziehung von Qualitätsvorgaben für die Netzsicherheit in die Anreizregulierung um die Netzsicherheit und – zuverlässigkeit langfristig zu erhalten.

Auf der Grundlage vorstehender fünf Eckpunkte hat die Bundesregierung eine Rechtsverordnung zu erlassen, die folgende Punkte näher ausgestaltet:

a) die Verbindung von Anreizen für eine kosteneffiziente Leistungserbringung mit angemessenen Qualitätsstandards für die Sicherheit des Netzes,
b) die Festlegung der Dauer der Regulierungsperiode,
c) die Möglichkeit, Höchstgrenzen entweder für die Entgelte für den Netzzugang (Preis-Cap-Verfahren) oder für die Erlöse (Revenue-Cap-Verfahren) der Netzbetreiber aufzustellen,
d) die Verbindung der Höchstgrenzen mit Entwicklungsphasen, die bestehenden unterschiedlichen Effizienzen in der Leistungserbringung Rechnung tragen,
e) die Berücksichtigung der inflationsbereinigten gesamtwirtschaftlichen Produktionsentwicklung,
f) die Berücksichtigung objektiv-struktureller Unterschiede zwischen den Gebieten der Netzbetreiber.

Der Staat, der natürliche Monopole, die keinem kompetitiven Erosionsprozess ausgesetzt sind, in privater Hand zulässt, hat die Aufgabe, durch Regulierung dieser Monopole und Förderung von Newcomern auf der Erzeugerseite durch Sicherung freizügigen Netzzugangs Wettbewerb nachhaltig zu fördern.[28] Die

---

[28] Vgl. *Kühling*, Sektorspezifische Regulierung in den Netzwirtschaften, 2004, S. 11ff.; *Ruffert*, AöR 124 (1999) S. 237, 245ff.; *Ennuschat*, Infrastrukturgewährleistung durch Privatisierung und Regulierung, 2006, 4. Teil, *Eifert*, in: Hoffmann-Biem/Schmidt-Assmann/Voßkuhle, Grundlagen des Verwaltungsrechts, Bd. I, RdNr. 125ff.; *Schneider*, Liberalisierung der Stromwirtschaft durch regulative Marktorganisation, S. 37ff.

EG-Richtlinien und die sie umsetzenden innerstaatlichen Gesetze stellen den Regulierungsbehörden die Aufgabe, einen wirksamen Wettbewerb im Bereich der Energieversorgungsnetze durch strukturelle Maßnahmen herzustellen. Regulierungsbehörden sind Behörden zur Wettbewerbsförderung; sie befinden sich damit allerdings nicht „jenseits der Kartellaufsicht“[29], sondern ergänzen diese im Bereich natürlicher Monopole.[30] Das Regulierungsrecht verstärkt die wettbewerbsorientierte Missbrauchskontrolle i.S. von Art. 82 EG, §§ 19, 20 GWB durch die Verpflichtung zum bedarfsgerechten Ausbau der Infrastrukturnetze sowie durch eine Ex-Ante-Kontrolle der Netznutzungsentgelte sowie durch die Etablierung eines Systems der Anreizregulierung. Die Kartellaufsicht beschränkt sich dagegen auf die Unterbindung wettbewerbsbeschränkender Maßnahmen im Einzelfall und die Beseitigung antikompetitiver Barrieren marktbeherrschender Unternehmen.[31] Es kennt keine Grundversorgungspflicht und keine Förderpflicht zugunsten des Wettbewerbs und ggfs. zu Lasten marktbeherrschender Unternehmen.[32] Wissenschaftlich stellt sich die Aufgabe, eine Rechtsdogmatik zu entwickeln, die Wettbewerbs- und Regulierungsrecht systemadäquat als Sinneinheit erfasst und keine künstlichen Gräben zwischen öffentlichem Recht und Privatrecht an der Schnittstelle von Wettbewerbs- und Regulierungsrecht errichtet.[33]

V. Die Kosten des effizienten, strukturell vergleichbaren Energieversorgungsunternehmens als Ausgangspunkt der Anreizregulierung

Ökonomisch macht es keinen Sinn, unterschiedliche Grundbegriffe und Methoden für die Kontrolle der Netzzugangsentgelte (Energieversorgungsnetze, Telekommunikationsnetze, Schienennetze, Wasser- und Abwasserrohre) zu verwenden. Geeignet für eine wettbewerbsorientierte Regulierung der Netzwirtschaften ist das Konzept der Kosten effizienter Leistungserbringung mit dessen Hilfe sich insbesondere die Effizienzvorgaben konkretisieren lassen. Eine reine Kostenorientierung ohne Wettbewerbsbezug und ohne Benchmark-Ansatz ist mit diesem Prinzip unvereinbar. Eine Orientierung am historischen status quo würde weder wirksamen Wettbewerb noch ein „effizientes Funktionieren der Märkte“ i.S. der EG-Vorgaben (Art. 23 StromRL, Art. 25 GasRL) gewährleisten. Mit dem Ziel, wirksamen Wettbewerb zu ermöglichen, wäre es unvereinbar, an branchenübli-

---

[29] So zu Unrecht *Burgi* DVBl. 2006, 270.

[30] So zutreffend die Begründung zum Regierungsentwurf des EnWG; BT-Drucks. 15/3917, S. 64; die Kritik *Burgis* daran ist eine Kritik an der gesetzlichen Konzeption.

[31] Vgl. *E. Fox* World Competition 26 (2003), S. 149: We protect competition, not competitors.

[32] Insoweit voll überzeugend Supreme Court, Nebbian v. New York, 291 U.S. 502, 539 (1934); dazu *Drobak* Washington U.L.Q., Vol. 64 (1986), S. 108; *Hale* Columbia Law Review, Vol. 34 (1934), S. 401; *Harkeson* Michigan Law Review, Vol. 37 (1938), S. 181-208.

[33] So *Masing*, DJT-Gutachten 2006.

che Kostenstandards unabhängig davon, ob diese wettbewerbsorientiert sind oder nicht, anzuknüpfen.

Dieser Zielsetzung und der Methodik entsprechen die Normen des EnWG. Ziel ist die Verhinderung der missbräuchlichen Ausbeutung, Behinderung oder Diskriminierung von Kunden und Wettbewerbern (§§ 21, 31, 40 EnWG). In dieser Zielsetzung stimmt das EnWG mit Art. 82 EG und § 19 Abs. 4 GWB voll überein. Die Methode zur Erfassung des Ausbeutungsmissbrauchs ist das Konzept des hypothetischen Wettbewerbspreises, wie es Art. 82 EG und § 19 Abs. 4 GWB zugrunde liegt. Dieses Konzept ist mit Hilfe des Vergleichsmarktkonzeptes sowie mit Hilfe effizienzorientierter Prüfungselemente bzgl. der Kosten zu operationalisieren. Bei „echtem Wettbewerb" ohne Quersubventionierung sind die tatsächlichen Kosten eines Netzbetreibers auch bei Hinzurechnung einer angemessenen, risikospezifischen Eigenkapitalverzinsung nicht höher als die eines effizient arbeitenden, strukturell vergleichbaren Netzbetreibers.

Das bedeutet nicht, dass mit diesem Vergleichsmaßstab, wie bereits mein Hinweis auf unterschiedliche Entgelte in der Stadt- und Landversorgung geziegt hat, zwangsläufig einheitliche Preise verbunden sind. Auch eine wettbewerbsorientierte Preisbildung kann zu unterschiedlich hohen Netzentgelten führen, wenn die objektiv unbeeinflussbaren marktstrukturellen Kosten der Netzbetreiber unterschiedlich hoch sind. Differenzierungen in der Höhe der Netznutzungsentgelte sind gerade nicht „regulierungsbedingt", sondern wettbewerbsbedingt. Die in Deutschland zum Teil praktizierten Einheitstarife waren Ausdruck monopolistischer Preispolitik, die gerade mit Hilfe der wettbewerblichen Öffnung der Märkte überwunden werden soll.

Die Orientierung am Konzept effizienter Leistungserbringung verträgt sich somit widerspruchsfrei mit den Grundsätzen der wettbewerbsrechtlichen Missbrauchsaufsicht. Der „Als-ob-Wettbewerbspreis" ist in dieser Konzeption nicht ein iustum pretium (gerechter Preis) i.S. einer service-public-Doktrin[34], sondern ein Preis, der mit Hilfe eines realen Vergleichsmarktes zu ermitteln ist, auf dem effiziente Wettbewerber agieren. Ein Markt mit „significant impediments to effective competition" (Art 2 FKVO) kommt dagegen nur sehr begrenzt[35] als Vergleichsmarkt in Betracht. Ein monopolistischer Markt – sei er hoheitlich reguliert oder nicht – liefert keinen unverfälschten Wettbewerbspreis. Das Kammergericht[36] hat deshalb mit Billigung des Bundesgerichtshofes in der Entscheidung Valium/Librium[37] nur den niederländischen, nicht aber den englischen oder italienischen Pharmamarkt zum Zeitpunkt der Entscheidung als kompetitiven Vergleichsmarkt anerkannt. Nur ein Markt mit wirksamem Wett-

---

[34] Vgl. dazu zuletzt *Möschel* JZ 2003, 1021ff.

[35] Vgl. dazu näher BGHZ 59, S. 42,45 „Stromtarif"; BGH, WuW/E BGH 2309, 2310f.; OLG Hamburg, Urt. v. 2.5.1985 WuW/E OLG 3650 Glockenheide; ferner BGH, WuW/E BGH 2967, 2974 „Weiterverteiler".

[36] KG vom 5.1.1976 – Kart 41/74, WuW/E OLG 1645.

[37] BGH, Urt. v. 16.2.1970, BGHZ 68, S. 23.

bewerb kann aussagekräftige marktwirtschaftskonforme Preissignale liefern und als aussagekräftiger Indikator für eine effiziente Leistungserbringung herangezogen werden. Die vergleichsweise Heranziehung anderer (regulierter) Monopolmärkte[38] kann daher nur mit großer Vorsicht geschehen, indem geprüft wird, ob der dort geltende Preis wettbewerbsanalog ist. Ein hoheitlich regulierter Preis auf ausländischen Märkten darf somit nicht unkontrolliert übertragen und im Inland als verbindlicher Maßstab herangezogen werden.

VI. Zusammenfassung

1.) Das Energiewirtschaftsrecht ist Ausdruck der Gewährleistungsverantwortung des modernen Sozialstaates für das gesicherte Funktionieren der Netzinfrastruktur bei Gütern, auf die die Bürger existentiell angewiesen sind. Der Staat, der natürliche Monopole in privater Hand zulässt, hat die Pflicht, durch Regulierung der betroffenen Märkte Wettbewerb nachhaltig zu fördern.
2.) Art. 4 EG-Stromhandelsverordnung konkretisiert die EG-Richtlinienvorgabe, für wirksamen Wettbewerb zu sorgen, dahin, dass die Kosten eines effizienten, strukturell vergleichbaren Netzbetreibers den Maßstab für die Höhe des Netznutzungsentgeltes bilden. § 21 Abs. 2 EnWG entspricht dieser Vorgabe.
3.) Richtpunkt für die Prüfung, ob der geforderte Preis dem wettbewerbs- bzw. regulierungsrechtlich zulässigen Preis entspricht, ist beim Konzept effizienter Leistungserbringung der bei wirksamem Wettbewerb durchsetzbare Preis (hypothetischer Wettbewerbspreis). Dieser Preis stellt zugleich die Obergrenze dar, die von der BNetzA zu Beginn einer Regulierungsperiode festgelegt werden muss.
4.) Im Energiebereich verpflichtet § 21a EnWG den Gesetzgeber, eine Anreizregulierung (incentive regulation) zu schaffen, die die Unternehmen motiviert, durch Rationalisierungs- und Kostensenkungsprogramme – unter Beachtung der gesetzlichen Qualitätsvorgaben für die Sicherheit und den bedarfsgerechten Ausbau der Netze – zusätzliche Gewinne zu erzielen, wenn sie die Effizienzziele der Regulierungsbehörde übererfüllen.
5.) In die zukunftsbezogene Effizienzbetrachtung ist auch die Prüfung einzubeziehen, ob ein neu zu errichtendes Netz unter dem Aspekt von economies of scale eine effiziente Größe hat. Wenn dies zu verneinen ist, so ist ein auf der Kooperation bzw. Fusion räumlich benachbarter Netzbetreiber basierendes virtuelles Netz als Maßstab heranzuziehen, und Kosten sind dann nur nach Maßgabe eines solchen (virtuell) erweiterten Netzes zu akzeptieren.
6.) Die Effizienzvorgaben müssen sich auf der Grundlage des Vergleichsverfahrens (§§ 22ff. Stromnetzentgeltverordnung, 21ff. Gasnetzentgeltverordnung) auch auf die zu erwartenden Kosten des laufenden Betriebs des Netzes beziehen.

[38] So z.B. in der Entscheidung der BNetzA vom 13.4.2006 zu den Zusammenschaltungsentgelten im Telekommunikationsbereich.

Deshalb ist zu prüfen, ob diese Kosten einschließlich der auf den Netzbetrieb entfallenden Gemeinkosten denen eines effizienten Netzbetreibers entsprechen.
7.) Die Anreizregulierung darf die Obergrenze des Netznutzungsentgelts nicht unterhalb des hypothetischen Wettbewerbspreises festsetzen. Schätzungs- und prognosebedingte Unsicherheiten der Daten sind jeweils durch einen Unsicherheitszuschlag zugunsten des Unternehmens auszugleichen. Über dem hypothetischen Wettbewerbspreis liegende Kosten aus bestehenden Verträgen können nur in zumutbarer Weise für die Zukunft abgebaut werden. Kündigungen und Anpassung von Verträgen müssen von den Regulierungsbehörden bei der Festlegung von Obergrenzen als Instrumente, die ineffizient operierende Unternehmen einzusetzen haben, berücksichtigt werden. Es darf keine Ineffizienzprämie geben.
8.) Mit dem Wirksamwerden der funktionstüchtigen Anreizregulierung erübrigt sich die Effizienzprüfung nur bezüglich der beeinflussbaren Kostenanteile; im Übrigen gilt auch im Rahmen der Anreizregulierung das Effizienzprinzip (§ 21a Abs. 4 S. 5 EnWG).

Zusammenfassende Stellungnahme

Walther Busse von Colbe / Franz Jürgen Säcker

1.) Der Übergang von der Kostenregulierung zu einer wettbewerbsfördernden Incentiveregulierung ist wettbewerbspolitisch sinnvoll. Eine Kostenregulierung kann in einer marktwirtschaftlichen Ordnung nur als ultima ratio in Betracht kommen. Jeder andere Weg, der die Kreativität der beteiligten Unternehmen herausfordert und sie selber motiviert, in kosteneffizienter Weise sichere und bedarfsgerechte Netze zu schaffen und zu unterhalten, ist zweifelsohne besser. Der Gesetzgeber hat daher zutreffend in § 21a EnWG die Rechtsgrundlagen für eine Anreizregulierung geschaffen. Angesichts der Komplexität der mit einer Anreizregulierung verbundenen Fragen lassen sich Lösungen, die zu einer Förderung des Wettbewerbs um die Belieferung der Strom- und Gaskunden führen, nur im Wege ökonomischer Analyse finden.

2.) Die Kostenbasis für die Ermittlung der Erlösobergrenzen als Ausgangsniveau für die Anreizregulierung bildet zugleich die Grundlage für den Effizienzvergleich der Netzbetreiber.[1] Die Kostenbasis ist auf Basis der NEV zu bestimmen; insbesondere gelten die zentralen kostenrechnerischen Elemente der §§ 6 ff. zur Bildung der kalkulatorischen Abschreibungen und der Ermittlung des Eigenkapitals[2]. Die von der BNetzA[3] allein für den Effizienzvergleich *befürworteten Abweichungen von der Systematik der NEV sind zu billigen.* Sie entsprechen anerkannten üblichen betriebswirtschaftlichen Grundsätzen, die auch für die Feststellung des Ausgangsniveaus für die Anreizregulierung gelten sollten.

3.) Die BNetzA empfiehlt zu Recht die *Standardisierung der Abschreibungen* auf der Basis der mit der Inflationsrate *indexierten historischen Anschaffungskosten bzw. der Tagesneuwerte.* Damit wird die auf § 6 Abs. 4 Strom/GasNEV beruhende unglückliche Spaltung der Abschreibungsbasis für „Altanlagen“, die vor dem 1. 1. 2006, und „Neuanlagen“, die nach dem 1.1.2006 angeschafft worden sind, aufgegeben. Danach gilt für Altanlagen die Nettosubstanzerhaltung und für Neuanlagen der historischen Anschaffungswerte als Abschreibungsbasis. Für die Ermittlung der wettbewerbsanalogen Kosten müssen die jeweils aktuellen Beschaffungspreise und der aktuelle Faktorverbrauch herangezogen werden, weil auch ein neuer Wettbewerber auf dieser Basis kalkulieren müsste.

---

1 Bericht der BNetzA zur Anreizregulierung vom 30.06.2006, Rdnr. 930.
2 Vgl. Bericht der BNetzA, Rdnr. 736.
3 Vgl. Bericht der BNetzA.

4.) Die von der BNetzA empfohlene Abschreibungsbasis impliziert die Negierung des in § 6 Abs. 6 NEV angeordnete Verbots eines Wiederaufleben kalkulatorischer Restwerte, wenn ein Anlage vollständig abgeschrieben ist *(„Abschreibung unter Null“).* Das grundsätzliche Verbot der Abschreibung unter Null widerspricht nicht nur der üblichen betriebswirtschaftlichen Handhabung, sondern ist wettbewerbsschädlich, da es auch für den Fall einer Änderung der Eigentumsverhältnisse oder Begründung eines Schuldverhältnisses gilt. Das Verbot würde künftig die „Wanderung der Anlagen zum besseren Wirt“ behindern, da der Erwerber den Kaufpreis der Anlage nicht abschreiben kann. Für zurückliegende Fälle bedeutete es einen Eingriff in bestehende Rechtsverhältnisse und käme einer Teilenteignung gleich. Eine Abschreibung unter Null ist allerdings dann nicht zu rechtfertigen, wenn sie innerhalb eines Konzerns oder zwischen anderweitig verbundenen Unternehmen der Umgehung der Abschreibungsregelung dient.

5.) Nach § 6 NEV ist die lineare Abschreibungsmethode vorgeschrieben. Gleichwohl erörtert die BNetzA die *annuitäre Abschreibung.*[4] Bei dieser Abschreibungsmethode werden über die Nutzungszeit der Anlage bei konstanter Abschreibungsbasis und konstantem Zinssatz pro Jahr gleich hohe Kapitalkosten, bestehend aus Abschreibungen und Zinsen, ausgewiesen. Diese Methode impliziert über die Nutzungszeit der Anlage steigende Anteile der Abschreibungskosten und sinkende Anteile der Zinskosten, bezogen auf den jeweiligen Restwert. Für die Kostenbasis ist diese Methode besser geeignet als die lineare Abschreibung, die über die Nutzungszeit der Anlage zu sinkenden Kapitalkosten führt. Das macht für den Effizienzvergleich wenig Sinn, als dann ein Netzbetreiber mit älteren Anlagen billiger zu produzieren scheint als ein Netzbetreiber mit neuen Anlagen. Daher sollte für den Kostenstandardisierung die Annuitätenmethode angewendet werden.

6.) Die in § 7 Abs. 4 und 5 Strom/GasNEV enthaltenen Regelungen für die Höhe des anzusetzenden Eigenkapitalzinssatzes, die auch für die bei der Anreizregulierung von der BNetzA gem. Abs. 6 festzusetzenden Sätze zu beachten sind, entsprechen nur beschränkt den von börsennotierten Unternehmen heute angewendeten Methoden. Diese Methoden greifen auf das *„Capital Asset Pricing Model“*(CAPM) zurück. Danach wird der Eigenkapitalzinssatz aus dem „risikolosen“ Zins zuzüglich eines aus der Börsenentwicklung abgeleiteten Risikozuschlages gebildet, der sich aus dem unternehmensspezifischen Risikofaktor und der Differenz aus risikolosem Zins und dem Marktpreisrisiko zusammensetzt. Auch wenn diese

[4] Vgl. Bericht der BNetzA, Rdnr. 969ff.

CAPM berechtigter methodischer Kritik ausgesetzt ist und die empirische Ermittlung des Risikozuschlages Freiheitsgrade enthält, so ist doch bisher keine bessere Methode zur Ermittlung des Eigenkapitalkostensatzes bekannt. Daher sollte die BNetzA zumindest das Recht haben, diese Methode anzuwenden. Allerdings besteht das Problem, dass es zwar für integrierte EVU Börsenkurse gibt, aber nicht für reine Netzbetreiber. Die aus deren Kursen abgeleiteten Risikofaktoren müssten modifiziert werden, wobei die Frage entsteht, ob die regulierten Netzbetreiber wegen der Regulierung ein höheres Risiko tragen als die börsennotierten Energieversorgungskonzerne. Für ein solches *höheres Risiko infolge der Regulierung* spricht, dass Erlöse und Kosten bei Anreizregulierung zumindest z. T. entkoppelt werden.

Für die Anwendung der Annuitätenmethode soll dann, wie in der Praxis üblich, ein gewogener Kapitalkostensatz verwendet werden, der mit den Anteilen des Eigen- und Fremdkapitals gewichtet ist *(„weighed average cost of capital – WACC“)*. Eine verursachungsgerechte Zuordnung von Eigen- und Fremdkapital zu einzelnen Vermögensgegenständen, wie sie § 7 NEV vorsieht, ist verursachungsgerecht nicht möglich. Strittig ist, ob die Gewichte aus den kalkulatorischen Größen oder aus Börsenwerten zu bilden sind, wenn Börsenwerte zu Verfügung stehen.

7.) Die Berücksichtigung der *Körperschaftsteuer (KSt)* für die Kostenbasis wird weder in den NEV noch von der BNetzA explizit erwähnt. Allerdings weist die BNetzA darauf hin, dass bei der Berechnung des WACC noch Steuereffekte zu berücksichtigen sind.[5] Üblicherweise wird die KSt – mitunter auch die Gewerbesteuer - durch Hochrechnung des aus Börsendaten abgeleiteten Kapitalkostensatzes nach Gewinnsteuern auf einen Satz vor KSt berücksichtigt. Die Streitfrage, ob die KSt ein Kostenelement ist, ist insofern unbeachtlich, als diese Steuer auf den steuerpflichtigen Gewinn vom Unternehmen aufgebracht werden muss. Würde sie nicht berücksichtigt, so erhielte das Unternehmen nicht die vom Kapitalmarkt geforderte Verzinsung des Eigenkapitals. Das Unternehmen würde damit auf Dauer nicht wettbewerbsfähig werden.

8.) Gem. § 8 NEV „kann“ die *Gewerbesteuer(GewSt)* als kalkulatorische Position in Ansatz gebracht werden. Als Kostensteuer muss sie wie andere Kosten auch angesetzt werden. Die BNetzA bezeichnet sie als dauerhaft nicht beeinflussbaren Kostenteil, wobei offenbar der gesetzliche GewSt-Satz, nicht die vom Gewerbeertrag abhängige Höhe gemeint ist. Als kalkulatorische Größe muss sie von dem auf Grund der Kalkulation gemäß

---

[5] Bericht der BNetzA, Rdnr. 967.

den Vorgaben des Gesetzgebers und der BNetzA ermittelten Gewerbeertrag berechnet werden. Auf Grund einer gewerbesteuerlichen Organschaft mit anderen Betrieben (insbesondere von Stadtwerken) infolge von deren Verlusten ermäßigte GewSt-Beträge sind dafür unbeachtlich.

9.) Für den *Effizienzvergleich* wählt die BNetzA[6] (ebenso das Eckpunktepapier) als Referenzpunkt die Effizienzgrenze (*Frontier-Ansatz*) im Sinne der best practice. Graphisch wird er als Datenumhüllungskurve dargestellt („data envellope analysis“-DEA). Im Durchschnitt erreichen Unternehmen aber nicht die maximale Effizienz. Nur die effizienten Unternehmen decken die Kapitalkosten. Bei ihren Investitionsentscheidungen müssen die meisten Unternehmen damit rechnen, die Kapitalkosten nicht in vollen Umfang erwirtschaften zu können. Dieses *asymmetrische Risiko* reduziert die Investitionsanreize. Daher sprechen gute Gründe dafür, den Effizienzvergleich und die aus ihm resultierenden genehmigten Netzentgelte an der *durchschnittlichen Effizienz* zu orientieren. Dadurch ergibt sich die Chance, über die Kapitalkosten hinaus gehende Gewinne zu erzielen. Abgesehen von dem nur theoretischen Fall der vollständigen Konkurrenz bildet sich der Marktpreis nach den Grenzkosten der Grenzanbieter, so dass die Chance zur Erzielung von Überrenditen besteht. Ob bei der Anreizregulierung mit dem Referenzpunkt der maximalen Effizienz für die nicht an der Effizienzgrenze liegenden Unternehmen noch eine hinreichende Chance besteht, im Laufe der Regulierungsperiode durch Rationalisierungsanstrengungen Übergewinne oder zumindest die Deckung der Kapitalkosten zu erzielen, ist zu bezweifeln.

10.) Für die vier großen *Übertragungsnetzbetreiber* in Deutschland erscheint für die Festsetzung der Netznutzungsentgelte mangels hinreichender Vergleichsmöglichkeiten im Inland ein internationales Benchmarking notwendig.

---

6 Bericht der BNetzA, Rdnrn. 113ff.; 853ff.

Anhang I
Auszug aus dem Bericht der Bundesnetzagentur nach § 112 a Abs. 6 EnWG zur Einführung der Anreizregulierung nach § 21 a EnWG vom 30.06.2006

3 Empfehlungen für die Umsetzung im Rahmen einer Rechtsverordnung nach § 21a Abs. 6 EnWG

3.1 Umsetzungsempfehlungen

(344) Im Folgenden werden Empfehlungen der Bundesnetzagentur für den Erlass einer Rechtsverordnung zur Durchführung der Anreizregulierung ausgesprochen. Für diese Verordnung wird folgende Bezeichnung vorgeschlagen: Rechtsverordnung zur Anreizregulierung für die Strom- und Gasnetzentgelte (Anreizregulierungsverordnung – AnreizVO).

(345) Die Verordnung sollte in fünf Teile gegliedert werden:
- Allgemeine Vorschriften;
- Allgemeine Bestimmungen zur Anreizregulierung;
- Besondere Bestimmungen zur Anreizregulierung;
- Befugnisse, Verfahren und Zuständigkeiten;
- Schlussvorschriften.

3.2 Allgemeine Vorschriften

(346) In den allgemeinen Vorschriften sollte zunächst der Anwendungsbereich der Verordnung bestimmt werden. Geregelt werden soll die Festlegung der Methode zur Bestimmung der Entgelte für den Zugang zu den Energieversorgungsnetzen im Sinne des § 3 Nr. 16 des Energiewirtschaftsgesetzes (Netzentgelte) mittels Anreizen für eine effiziente Leistungserbringung (Anreizregulierung). Die Anreizregulierung soll auf alle Netzbetreiber Anwendung finden, die der kostenorientierten Entgeltbildung nach § 21 Abs. 2 des Energiewirtschaftsgesetzes unterliegen.

(347) Der allgemeine Teil sollte des Weiteren eine Darstellung der Grundsätze der Anreizregulierung enthalten. Dazu zählen neben dem Ziel der Verordnung auch das grundsätzliche Konzept der Anreizregulierung:
- Das Ziel der Anreizregulierung ist die Bildung eines langfristigen, stabilen und wettbewerbsähnlichen Regulierungssystems, das sich an den Zielen des § 1 des Energiewirtschaftsgesetzes(EnWG) ausrichtet. Hierbei setzt die Anreizregulierung Anreize zur sachgerechten Kostensenkung unter Berücksichtigung der Versorgungsqualität und beteiligt die Verbraucher frühzeitig an den Erträgen aus Effizienz- und Produktivitätssteigerungen.
- Zum Konzept ist grundsätzlich festzuhalten, dass die Anreizregulierung aus zwei Phasen bestehen soll. Die erste Phase der Anreizregulierung erstreckt sich über zwei Regulierungsperioden, in denen mittels Erlösobergrenzen als Ziel die Angleichung der regulierten Netzbetreiber an ein einheitliches Effizienzniveau verfolgt wird. Die zweite Phase der Anreizregulierung soll aus zweijährigen Regulierungsperioden bestehen. Hierfür soll ein Übergang zum Konzept des Vergleichswettbewerbs erfolgen.

(348) Zum besseren Verständnis und im Hinblick auf die Bestimmbarkeit der Vorgaben der Verordnung werden insbesondere folgende Begriffsbestimmungen vorgeschlagen:
- Analytische Kostenmodelle: Technisch-wirtschaftliche Planungs- oder Optimierungsmodelle für die Ermittlung eines Anlagen-Mengen-Gerüsts für ein Energieversorgungsnetznetz;

- Beeinflussbare Kostenanteile: alle Kostenanteile, die nicht zu den dauerhaft oder vorübergehend nicht beeinflussbaren Kostenanteilen zählen;
- Dauerhaft nicht beeinflussbare Kostenanteile: Kostenanteile, die auf gesetzlichen Abnahme- und Vergütungspflichten, Konzessionsabgaben, Betriebssteuern, Entgeltzahlungen an vorgelagerte Netzbetreiber oder wirksamer Verfahrensregulierung beruhen;
- Erlösobergrenze: Obergrenze der für das jeweilige Kalenderjahr zulässigen Gesamterlöse eines Netzbetreibers aus den Netzentgelten;
- Effizient: das optimale Verhältnis zwischen netzwirtschaftlicher Leistungserbringung und Aufwand;
- Effizienzwert: das Verhältnis zwischen netzwirtschaftlicher Leistungserbringung eines Netzbetreibers und Aufwand;
- Effizienzvergleich: Die Ermittlung des Effizienzwertes auf Basis anerkannter ökonometrischer oder ingenieurwissenschaftlicher Vergleichsmethoden; hierzu zählen insbesondere die Dateneinhüllungsanalyse (Data Envelopment Analysis, DEA), die Stochastische Effizienzgrenzen-Analyse (Stochastic Frontier Analysis, SFA) und die Analytischen Kostenmodelle (AKM);
- Effizienzvorgabe: Anpassung der Erlösobergrenze eines oder mehrerer Netzbetreiber;
- Effizienzziel: Eine aus dem bestehenden Effizienzwert des Netzbetreibers und dem Abstand zu einem effizienten Netzbetreiber rechnerisch ermittelte Effizenzvorgabe;
- Genereller sektoraler Produktivitätsfortschrift; Die Summe der Differenzen zwischen gesamtwirtschaftlicher und netzwirtschaftlicher Produktivitätsfortschrittsrate und Einstandspreisentwicklung;
- Kostentreiber: die Merkmale einer Situation oder auch deren zeitlicher Entwicklung, die für die Kosten für Errichtung und Betrieb eines Netzes von Bedeutung sind, nicht jedoch die einzelnen Vorgänge, die im Rahmen der Tätigkeit eines Netzbetreibers auftreten (Kostenauslöser);
- Modellnetzanalyse: Analytisches Kostenmodell, das auf der Annahmen homogener Netzteilgebiete basiert;
- Netzwirtschaftliche Leistungserbringung: Die Gesamtheit der Dienstleistungen und Produkte eines Netzbetreibers in Betrieb, Wartung und bedarfsgerechtem Ausbau eines sicheren, zuverlässigen und leistungsfähigen Energieversorgungsnetzes;
- Nicht beeinflussbare Kostenanteile: Die Summe aus vorübergehend und dauerhaft nicht beeinflussbaren Kostenanteilen;
- Produktqualität: Die technische Qualität der netzwirtschaftlichen Leistungserbringung hinsichtlich der technischen Eigenschaften des Produktes Strom bzw. Gas insbesondere in Bezug auf den zeitlichen Verlauf der elektrischen Spannung, die chemische Zusammensetzung von Gas und die Einhaltung eines bestimmten Gasdruckniveaus;
- Referenznetzanalyse: Analytisches Kostenmodell, das die geographische Lage einzelner Netzbetriebsmittel berücksichtig;
- Servicequalität: Die kundenorientierte Güte der netzwirtschaftlichen Leistungserbringung, insbesondere im Hinblick auf die Einhaltung von Terminen, die Qualität der Rechnungslegung und die Reaktion auf und die Beantwortung von anfragen;
- Strukturparameter: Die von außen auf den Netzbetrieb wirkenden (exogen) und durch die gebietsstrukturellen Gegebenheiten eines Netzgebietes bedingten Kos-

tentreiber; hierzu gehören geographische, geologische und topographische Merkmale;

- Technische Sicherheit: Die Gewährleistung des Netzbetriebs unter Vermeidung von Schäden für Personen und Sachen;
- Leistungsparameter: Die von außen auf den Netzbetrieb wirkenden (exogen) und durch die netzwirtschaftliche Leistungserbringung bedingten Kostentreiber; hierzu gehören die versorgte Fläche, die Jahreshöchstlast und die Anzahl der Anschlusspunkte;
- Verfahrensregulierte Kosten: Kosten, deren Entstehung, Umfang und Höhe durch staatliche oder gemeinschaftsrechtliche Vorgaben wirksam reguliert sind;
- Vergleichsparameter: Strukturparameter und Leistungsparameter
- Versorgungszuverlässigkeit: Die Fähigkeit eines Energieversorgungsnetzes, Kunden jederzeit unterbrechungsfrei die Entnahme von elektrischer Energie bzw. Gas unter Einhaltung der Produktqualität zu ermöglichen;
- Vorübergehend nicht beeinflussbare Kostenanteile: Auf exogenen, gebietsstrukturellen und unvermeidbaren Gegebenheiten beruhende Kostenanteile, die jeden anderen Netzbetreiber im gleichen Netzgebiet in gleicher Weise betreffenden würden.

3.3 Allgemeine Bestimmungen zur Anreizregulierung

(349) Die allgemeinen Bestimmungen zur Anreizregulierung sollen den Kern der Verordnung darstellen und alle allgemeinen inhaltlichen Regelungen umfassen, die im Hinblick auf die Ausgestaltung eines Anreizregulierungskonzepts notwendig sind.

3.3.1 Regulierungsperiode

(350) Die erste Regulierungsperiode der Anreizregulierung soll auf einen Zeitraum von drei Jahren, beginnend mit dem 01.01.2008, festgelegt werden. Die Dauer der weiteren Regulierungsperioden soll nach Maßgabe des § 21a Abs. 3 S. 1 EnWG durch die Bundesnetzagentur bestimmt werden.

3.3.2 Erlösobergrenzen und Anreizformel

(351) Die Erlösobergrenzen sind durch die Regulierungsbehörde rechtzeitig vor Beginn der Regulierungsperiode für jedes Jahr der Regulierungsperiode festzusetzen. Das Ausgangsniveau der Regulierungsperiode wird jeweils in entsprechender Anwendung der Stromnetzentgeltverordnung und der Gasnetzentgeltverordnung basierend auf den Daten des letzten abgeschlossenen Geschäftsjahres (Basisjahr) ermittelt. Die Erlösobergrenzen für die einzelnen Jahre der Regulierungsperiode werden jeweils unter Berücksichtigung von allgemeiner Geldentwertung, generellem sektoralen Produktivitätsfortschritt, individuellen Effizienzvorgaben und Qualitätskennzahlen bestimmt.

(352) Es wird eine Bestimmung der Erlösobergrenze nach der folgenden Anreizformel empfohlen:

$$EO_t = KA_{dnb,t} + (KA_{vnb,0} + (1 - EV_{ind,t}) \cdot KA_{b,0}) \cdot \left(\frac{VPI_t}{VPI_0} - PF_t\right) \cdot EF_t + Q_t \geq \sum_{i=1}^{n} P_{i,t} \cdot M_{i,t} + E_{sonst,t} + \Delta RK_t$$

Dabei ist:

EO_t Erlösobergrenze aus Netzentgelten im Jahr t der Regulierungsperiode

$KA_{dnb,t}$ Dauerhaft nicht beeinflussbarer Kostenanteil im Jahr t

$KA_{vnb,0}$ Vorübergehend nicht beeinflussbarer Kostenanteil im Basisjahr

$KA_{vnb,\,max,\,0}$ Obere Schranke für den vorübergehend nicht beeinflussbaren Kostenanteil im Basisjahr, mit

$KA_{vnb,\,max,\,0} = EW_0 \cdot (GK_0 - KA_{dnb,0})$

$EV_{ind,t}$ Unternehmensindividuelle Effizienzvorgabe für das Jahr t (entspricht X_{ind})

$KA_{b,min,0}$ Untere Schranke für den beeinflussbaren Kostenanteil im Basisjahr, mit

$KA_{b,mion,0} = IE_0 \cdot (GK_0 - KA_{dnb,0})$

VPI_t Durch Statistisches Bundesamt veröffentlichter Verbraucherpreisgesamtindex im Jahr t

PF_t Genereller sektoraler Produktivitätsfortschritt für das Jahr t (entspricht X_{gen})

EF_t Erweiterungsfaktor für das Jahr t (entspricht hybridem Element)

Q_t Mehr-/Mindererlöse für Versorgungsqualität im Jahr t

$P_{i,t}$ Netzentgelt für Produktelement i im Jahr t

$M_{i,t}$ Menge von Produktelement i im Jahr t

$E_{sonst,t}$ Kostenmindernde Erlöse im Jahr t

ΔRK_t Buchung auf das Regulierungskonto am Ende von Jahr t

(353) So weit Zahlenwerte für die Anwendung der Formel vor Beginn der Regulierungsperiode noch nicht vorliegen, sind die Erlöse auf der Grundlage von Daten für das letzte verfügbare Jahr zu berechnen. Bei Vorliegen aller erforderlichen Daten ist eine nachträgliche rechnerische Berichtigung durchzuführen.

(354) Da die Verwirklichung eines effizienten Netzzugangs sowie der in § 1 Abs. 1 EnWG genannten Zwecke ein hinreichend flexibles Anreizregulierungssystem erfordert, das sich künftig veränderten Gegebenheiten anpassen lässt, sollte die Bundesnetzagentur ab der zweiten Regulierungsperiode die Möglichkeit haben, eine von der dargestellten Formel abweichende Formel zur Festlegung der Erlösobergrenze zu bestimmen.

(355) Es wird empfohlen, eine Bestimmung zur Unterscheidung zwischen dauerhaft und vorübergehend nicht beeinflussbaren Kostenanteilen aufzunehmen. Als vorübergehend nicht beeinflussbar gelten Kostenanteile, die auf nicht zurechenbaren strukturellen Unterschieden der Versorgungsgebiete beruhen. Als dauerhaft nicht beeinflussbar gelten Kostenanteile, die auf gesetzlichen Abnahme- und Vergütungspflichten, Konzessionsabgabe, Betriebssteuern und Kosten für die vorgelagerte Netzebene beruhen, sowie verfahrensregulierte Kostenanteile.

(356) Bei der Bestimmung der Erlösobergrenze sollte eine Änderung der Versorgungsaufgabe, die auf einer Änderung der Leistungsparameter Fläche des versorgten Gebiets, Anzahl der Anschlusspunkte oder Jahreshöchstlast beruht, durch entsprechende Anpassung der Erlösobergrenze berücksichtigt werden (Erweiterungsfaktor). Der Erweiterungsfaktor lässt sich wie folgt bestimmen:

Für die Spannungsebenen HS, MS und NS (Strom) bzw. die Ebene der Gesamtheit aller Leitungsnetze unabhängig von Druckstufen (Gas) ist:

$$EF_{t,\text{Ebene } i} = 1 + \frac{1}{2} \cdot \max\left(\frac{F_{t,i} - F_{0,i}}{F_{0,i}};0\right) + \frac{1}{2} \cdot \max\left(\frac{AP_{t,i} - AP_{0,i}}{AP_{0,i}};0\right)$$

Für die Umspannebenen HS/Ms und MS/NS (Strom) bzw. die Ebene der Gesamtheit aller Regelanlagen unabhängig von Druckstufe (Gas) ist:

$$EF_{t,\text{Ebene } i} = 1 + \max\left(\frac{L_{t,i} - L_{0,i}}{L_{0,i}};0\right)$$

$F_{t,i}$ Fläche des versorgten Gebiets der Ebene i im Jahr t

$AP_{t,i}$ Anzahl der Anschlusspunkte in der Ebene i im Jahr t

$L_{t,i}$ Höhe der Last in der Ebene i im Jahr t

Der Erweiterungsfaktor für das gesamte Netz ist der gewichtete Mittelwert über alle Netzebenen:

$$EF_t = \sum_{Ebenen\,i} \left(EF_{t,\,Ebene\,i} \cdot \frac{GK_{0,\,Ebene\,i}}{GK_0} \right)$$

(357) Des Weiteren soll die Bundesnetzagentur die Möglichkeit haben, zur Verwirklichung eines effizienten Netzzugangs und der in § 1 Abs. 1 EnWG genannten Zwecke weitere Strukturparameter zu bestimmen, die eine Änderung der Versorgungsaufgabe begründen.

(358) Es wird ferner die Einführung eines von der Regulierungsbehörde zu führenden Regulierungskontos empfohlen: Differenzen zwischen zulässigen und tatsächlich erzielten Erlösen sind auf diesem Regulierungskonto zu verbuchen. Der Netzbetreiber hat sein Regulierungskonto zeitnah auszugleichen; spätestens hat der Ausgleich für die abgelaufene Regulierungsperiode im Jahr nach deren Ablauf zu erfolgen. Damit ein solches Regulierungskonto von der Regulierungsbehörde geführt werden kann, ist es notwendig, dass der Regulierungsbehörde bis zum 31. März eines Jahres die Angaben über die zulässigen und die tatsächlichen Erlöse des abgelaufenen Kalenderjahres sowie zumindest über die prognostizierten und die tatsächlichen Absatzmengen des abgelaufenen Kalenderjahres übermittelt werden. Im Hinblick auf die Verwirklichung eines effizienten Netzzugangs und der in § 1 Abs. 1 EnWG genannten Zwecke erscheint außerdem eine Festlegungskompetenz für die Bundesnetzagentur hinsichtlich der weiteren Vorgaben zum Regulierungskonto sinnvoll. Ferner sollte geregelt werden, dass auf dem Regulierungskonto verbuchte Erlöse, die die Erlösobergrenze übersteigen, mit Ende des Jahres, in dem sie erzielt wurden, zu verzinsen sind. Dabei sollten unterschiedliche Zinssätze vorgesehen werden, die sich nach der Höhe des auf dem Regulierungskonto verbuchten Betrags richten. Eine Anpassungsmöglichkeit für die genannten Beträge und Zinsen durch die Bundesnetzagentur erscheint zur Verwirklichung eines effizienten Netzzugangs und der in „ 1 Abs. 1 EnWG genannten Zwecke notwendig.

3.3.3 Kostenprüfung

(359) Vor Beginn der Regulierungsperiode soll das Ausgangsniveau in einer regulatorischen Kostenprüfung auf Basis der Daten des letzten abgelaufenen Geschäftsjahres und entsprechend den Kostenrechnungsvorschriften der geltenden Netzentgeltverordnungen bestimmt werden. Es erscheint sachgerecht, die notwendigen Kostendaten entsprechend den Regelungen der jeweiligen Abschnitte 1 bis 3 Teil 2 der Netzentgeltverordnungen Strom und Gas zu ermitteln.

3.3.4 Festlegung der Netzentgelte

(360) Es wird empfohlen, dass die Preisbildung durch die Netzbetreiber entsprechend den Regelungen erfolgt, die in den Abschnitten 2 und 3 des Teils 2 der Netzentgeltverordnungen Strom und Gas bestimmt sind oder nach § 30 dieser Verordnungen festgelegt werden können. Die Einhaltung dieser Regeln ist im Bericht nach § 28 dieser Verordnungen zu dokumentieren.

3.3.5 Vorgaben für Erlösobergrenzen

(361) Für die Berücksichtigung der allgemeinen Geldwertentwicklung wird angeraten, den durch das Statischtische Bundesamt veröffentlichten Verbraucherpreisgesamtindex (VPI) zu verwenden. Zur Verwirklichung eines effizienten Netzzugangs und der in § 1 Abs. 1 EnWG genannten Zwecke sollte des Weiteren eine Festlegungskompetenz für

die Bundesnetzagentur vorgesehen werden, wonach diese eine abweichende Berücksichtigung der allgemeinen Geldentwertung bestimmen kann.

(362) Es wird empfohlen, den generellen sektoralen Produktivitätsfortschritt auf 1,5 bis 2 Prozent pro Jahr festzulegen. Nach Ablauf der ersten Regulierungsperiode soll die Bundesnetzagentur den generellen sektoralen Produktivitätsfortschritt zur Verwirklichung eines effizienten Netzzugangs und der in § 1 Abs. 1 EnWG genannten Zwecke anpassen können. Dabei hat die Bundesnetzagentur den generellen sektoralen Produktivitätsfortschritt durch eine Berechnung anhand wissenschaftlich anerkannter Methoden oder durch einen internationalen Vergleich zu bestimmen. Als wissenschaftlich anerkannt gelten insbesondere der Törnquist-Index und der Malmquist-Index. Die Bundesnetzagentur soll hierbei zwischen Stromversorgungsnetzen und Gasversorgungsnetzen unterscheiden.

3.3.6 Effizienzvorgaben

(363) Durch einen Effizienzvergleich sollen die Effizienzwerte und die bestehenden Ineffizienzen der Netzbetreiber ermittelt werden. Dieser Effizienzvergleich ist von der Bundesnetzagentur auf der Grundlage wissenschaftlich anerkannter Methoden durchzuführen. Als wissenschaftlich anerkannt gelten insbesondere ökonometrische und statistische Vergleichsanalysen sowie ein relativer Vergleich auf Basis einer Modellnetz- oder Referenznetzanalyse. Eine Kombination verschiedener Methoden ist zur Gewinnung robuster Daten und Ergebnisse sachgerecht und sollte daher zulässig sein.

(364) Als geeignete Aufwandsparameter (Input-Parameter) sollen zumindest die Gesamtkosten (Total Expenditures, TOTEX), die Kapitalkosten (Capital Expenditures, CAPEX) und die Betriebskosten (Operational Expenditures, OPEX) zulässig sein. Eine Erweiterung um monetär bewertete Kenngrößen der Versorgungsqualität ist möglich.

(365) Als geeignete Leistungsparameter (Output-Parameter) für den Effizienzvergleich sollen zumindest die versorgte Fläche, die Anzahl der Anschlusspunkte und die Jahreshöchstlast zulässig sein.

(366) Als geeignete Strukturparameter sollen zumindest geographische, geologische und topographische Merkmale berücksichtig werden.

(367) Die Bundesnetzagentur soll zur Verwirklichung eines effizienten Netzzugangs und der in § 1 Abs. 1 des Energiewirtschaftsgesetzes genannten Zwecke zusätzliche Aufwandsparameter, Leistungsparameter und Strukturparameter bestimmen können.

(368) Dauerhaft nicht beeinflussbare Kostenanteile sind vor der Durchführung des Effizienzvergleichs von den Kosten, die dem Effizienzvergleich zugrunde gelegt werden, abzuziehen. Die Höhe der vorübergehend nicht beeinflussbaren Kostenanteile soll ermittelt werden, indem durch geeignete Strukturparameter die wesentlichen nicht zurechenbaren strukturellen Gegebenheiten der Netzgebiete im Effizienzvergleich berücksichtig werden.

(369) Als Höchstwert der vorübergehend nicht beeinflussbaren Kostenanteile sollen die mit dem Effizienzwert multiplizierten Gesamtkosten des Netzbetriebs im Basisjahr nach Abzug der dauerhaft nicht beeinflussbaren Kostenanteile gelten. Als Mindestwert für die beeinflussbaren Kostenanteile sollen die mit dem Ineffizienzwert multiplizierten Gesamtkosten des Netzbetriebs im Basisjahr nach Abzug der dauerhaft nicht beeinflussbaren Kostenanteile gelten.

(370) Um mögliche Verzerrungen aufgrund der kalkulatorischen Kostenrechnung zu vermeiden, sollte der Effizienzvergleich auf Basis einer annuitätischen Kostenrechnung durchgeführt werden (Vergleichbarkeitsrechnung). Daher sollten die Netzbetreiber verpflichtet werden, ein technisch-wirtschaftliches Anlagenregister aufzubauen und zu führen. Dieses soll alle in Betrieb befindlichen Anlagen eines Netzbetreibers mit An-

gabe des Errichtungsjahres und der Anschaffungs- und Herstellungskosten enthalten. Gleiche Anlagegüter mit gleichem Errichtungsjahr können zusammengefasst werden.

(371) Die Bundesnetzagentur soll befugt werden, als Ersatzwerte für Annuitäten Standardkosten und als Ersatz für technisch-physikalische Anlagengrößen Ergebnisse analytischer Kostenmodelle zur Anwendung zu bringen. Die Bundesnetzagentur sollte durch Festlegung nähere Einzelheiten zur Durchführung des Verfahrens sowie zu Umfang, Format und Übermittlungsweg der Vorzulegenden Daten bestimmen können.

(372) Die Effizienzwerte werden durch den einheitlichen bundesweiten Effizienzvergleich der Bundesnetzagentur bestimmt. Die Effizienzziele werden ebenfalls von der Bundesnetzagentur bestimmt. Sie kann hierbei zwischen kapitalorientierten und betriebskostenorientierten Ineffizienzen unterscheiden.

(373) Die Bundesnetzagentur soll den zuständigen Regulierungsbehörden die ermittelten Effizienzwerte und Effizienzziele rechtzeitig vor Beginn der Regulierungsperiode übermitteln. Sofern für einzelne Unternehmen keine Effizienzwerte oder Effizienzziele ermittelt werden können, soll die Bundesnetzagentur dies den zuständigen Regulierungsbehörden mitteilen. Die Bundesnetzagentur sollte verpflichtet werden, die Basisdaten und Ergebnisse des Effizienzvergleichs, insbesondere die für die einzelnen Netzbetreiber ermittelten Effizienzwerte und Effizienzziele, zu veröffentlichen.

(374) Die Regulierungsbehörden haben für jeden Netzbetreiber individuelle Effizienzvorgaben auf Grundlage der von der Bundesnetzagentur ermittelten Effizienzziele festzulegen. Effizienzvorgaben sollten grundsätzlich so festzulegen sein, dass die ermittelten Ineffizienzen am Ende der zweiten Regulierungsperiode vollständig abgebaut sind.

3.3.7 Sicherstellung der Versorgungsqualität

(375) Es wird empfohlen, dass die Regulierungsbehörde zur Verwirklichung eines effizienten Netzzugangs und der in § 1 Abs. 1 des Energiewirtschaftsgesetzes genannten Zwecke durch Festlegung von garantierten Kundenstandards für die Versorgungszuverlässigkeit hinsichtlich der einzelnen Kunden, für die Servicequalität und für die Produktqualität Vorgaben machen kann. Die Nichteinhaltung der gesetzten Mindeststandards sollte durch die Verpflichtung der Netzbetreiber zur Zahlung eines Geldbetrags an die betroffenen Kunden sanktioniert werden, wobei die Zahlung ohne Anzeigepflicht des betroffenen Kunden durch den ihn versorgenden Netzbetreiber vorzunehmen sein soll. Die Bundesnetzagentur sollte die Möglichkeit erhalten, bei erheblichen Schwierigkeiten allgemein oder im Einzelfall Ausnahmen von der anzeigelosen Zahlungsverpflichtung zu genehmigen.

(376) Die Höhe des zu zahlenden Geldbetrags sollte von der Regulierungsbehörde im Voraus bestimmt und im Internet veröffentlicht werden. Die Netzbetreiber sollten untereinander zu einem Ausgleich der gezahlten Beträge verpflichtet sein, wobei sich die Höhe des Ausgleichs nach der jeweiligen Verantwortung richten soll. Für den Fall, dass sich die Netzbetreiber nicht auf einen Ausgleich einigen, sollte ein Rückzahlungsanspruch gegen den Netzkunden ausgeschlossen werden.

(377) Im Hinblick auf die Versorgungszuverlässigkeit erscheint es zielführend, dass die Bundesnetzagentur den Netzbetreibern Kennzahlenvorgaben (Durchschnitts-, Referenz- und/ oder Mittelwert) unter Berücksichtigung gebietsstruktureller Unterschiede setzen kann. Eine Gruppenbildung sowie eine Kombination verschiedener Kennzahlen und unterschiedlicher Vorgaben sind zu ermöglichen. Als zulässige Kriterien für die Bewertung der Versorgungszuverlässigkeit sollen insbesondere die Unterbrechungsdauer, die Unterbrechungshäufigkeit, die nicht gelieferte Energie und die nicht gedeckte last vorgesehen werden. Bei einer Abweichung von den gesetzten Vorgaben sind Zu- bzw. Abschläge auf die Erlösobergrenze zu bestimmen, wobei für die Bewer-

tung der Zu- und Abschläge insbesondere die Zahlungs- und Akzeptanzbereitschaft der Kunden als Maßstab zugrunde gelegt werden kann. Für Gasnetze sollten abweichend hiervon in der ersten Regulierungsperiode keine Zu- oder Abschläge auf die Erlösobergrenze zulässig sein.

(378) Die Berücksichtigung der Versorgungszuverlässigkeit soll sich nach folgender Qualitätsformel richten:

Q_t Mehr-/Mindererlöse für Versorgungsqualität im Jahr t

$Q_t = \varphi_{UD} \cdot q_{UD} \cdot (UD_{Ref} - UD_{Netz,t}) + \varphi_{UH} \cdot q_{UH} \cdot (UH_{Ref} - UH_{Netz,t})$
$+ \varphi_{NGE} \cdot q_{NGE} \cdot (NGE_{Ref} NGE_{Netz,t}) + \varphi_{NGL} \cdot q_{NGL} \cdot (NGL_{Ref} - NGL_{Netz,t})$

wobei

φ Gewichtungsfaktoren, mit $\varphi_{UD} + \varphi_{UH} + \varphi_{NGE} + \varphi_{NGL} = 1$

q Monetarisierung der Qualitätskenngrößen UD, UH, NGE, NGL

Ref Referenzwert der Qualitätskenngrößen UD, UH, NGE, NGL unter Berücksichtigung struktureller Eigenschaften des Versorgungsgebietes

Netz,t Im Netz des Netzbetreibers gemessener Wert der Qualitätskenngrößen im Jahr t

Qualitätskenngrößen:

UD Unterbrechungsdauer (kumuliert)
(entspricht: Anzahl Kunden multipliziert mit SAIDI – System Average Interruption Duration Index)

UH Unterbrechungshäufigkeit (kumuliert)
(entspricht: Anzahl Kunden multipliziert mit SAIFI – System Average Interruption Frequency Index)

NGE Nicht gelieferte Energie
(entspricht: ENS – Energy Not supplied)

NGL Nicht gedeckte Last
(entspricht: VOLL – Volume of Lost Load)

(379) Der Bundesnetzagentur soll im Hinblick auf die Verwirklichung eines effizienten Netzzugangs und der in § 1 Abs. 1 des Energiewirtschaftsgesetzes genannten Zwecke die Kompetenz zukommen, die Gewichtungsfaktoren, Qualitätswerte und Referenzwerte in der Qualitätsformel festzulegen. Ab der zweiten Regulierungsperiode soll dies auch für eine Änderung der Formel gelten.

(380) Daneben ist vorzusehen, dass die Bundesnetzagentur jährliche Mitteilungen der Netzbetreiber zu den festgelegten Qualitätskenngrößen erhält, auswertet und alle Ergebnisse der Auswertung mit einer angemessenen Erläuterung veröffentlicht.

(381) Des Weiteren sollte der Bundesnetzagentur ermöglicht werden, eine von den dargestellten Grundsätzen abweichende Einbeziehung von Kennzahlen für die Versorgungsqualität als Strukturparameter in das Effizienzvergleichsverfahren vorzunehmen.

(382) Zur Sicherstellung der Berücksichtigung der Versorgungsqualität in den Planungs- und Betriebsprozessen und der Belastbarkeit der an die Bundesnetzagentur gelieferten Daten sind die Netzbetreiber zu verpflichten, ein Qualitätsmanagement zu unterhalten, über das an die Regulierungsbehörde bis zum 30. Juni eines Jahres über das letzte Kalenderjahr zu berichten ist. Der Umfang und Inhalt des zu übermittelnden Berichts sollte sich an der Zahl der angeschlossenen Kunden orientieren. Diesbezüglich wird folgendes empfohlen: Netzbetreiber mit bis zu 10.000 angeschlossenen Kunden haben jährlich einen Kurzbericht an die Regulierungsbehörde zu übermitteln, der sich auf wesentliche Ereignisse und Veränderungen gegenüber dem Vorjahr beschränkt. Netzbetreiber mit mehr als 10.000 und bis zu 100.000 angeschlossenen Kunden haben jähr-

lich einen detaillierten Bericht an die Regulierungsbehörde zu übermitteln. Netzbetreiber mit mehr als 100.000 Kunden haben ein zertifiziertes Qualitätsmanagement einzurichten und hierauf basieren jährlich einen detaillierten Bericht an die Bundesnetzagentur zu übermitteln. Die Regulierungsbehörde sollte die Möglichkeit haben, Vorgaben zur formellen Gestaltung, zum Inhalt und zur Struktur des Berichts zu bestimmen sowie Ergänzungen und Erläuterungen des Berichts zu verlangen.

(383) Des Weiteren sollten die Netzbetreiber verpflichtet werden, auf der Grundlage des technisch-wirtschaftlichen Anlagenregisters aller in Betrieb befindlichen Anlagen und der betriebsgewöhnlichen Nutzungsdauern nach Anlage 1 zu den Netzentgeltverordnungen Strom und Gas einen Bericht zu ihrem Investitionsverhalten zu erstellen und den Nachweis zu führen, dass ihre Jährlichen Investitionen in einem angemessenen Verhältnis zu Alter und Zustand ihrer Anlagen, ihren jährlichen Abschreibungen und ihrer Versorgungsqualität stehen. Die Regulierungsbehörde sollte die Kompetenz haben, Vorgaben zur formellen Gestaltung, zum Inhalt und zur Struktur des technisch-wirtschaftlichen Anlagenregisters und des Berichts zum Investitionsverhalten zu bestimmen und weitergehende Erläuterungen der Berichtsinhalte sowie sonstige Auskünfte zu verlangen, die zur Verwirklichung eines effizienten Netzzugang und der in § 1 Abs. 1 des Energiewirtschaftgesetzes genannten zwecke erforderlich sind. Bei erheblichen Zweifeln an der Angemessenheit der Investitionen und bei nicht erbrachtem Nachweis des Netzbetreibers sollten die Regulierungsbehörden über Sanktionsmöglichkeiten verfügen.

3.4 Besondere Bestimmungen zur Anreizregulierung

(384) An dieser Stelle sollten die über die allgemeinen Bestimmungen zur Anreizregulierung hinausgehenden Regelungen getroffen werden.

(385) Aus Sicht der Bundesnetzagentur erscheint es sinnvoll, sowohl für Übertragungs- als auch für Fernleitungsnetzbetreiber Sondervorschriften aufzunehmen:

- Sondervorschriften für den Effizienzvergleich: Bei der Ermittlung der bestehenden Ineffizienzen für Übertragungs- und Fernleitungsnetzbetreiber soll der Bundesnetzagentur die Durchführung internationaler Effizienzvergleiche und relativer Referenznetzanalysen ermöglicht werden. Dabei ist die strukturelle Vergleichbarkeit der internationalen Unternehmen sicherzustellen.
  Soweit eine entsprechende Verfahrensregulierung eingeführt ist und die Bemessung der zu beschaffenden Menge an Leistung bzw. Energie angemessen erfolgt und die Beschaffungsmärkte als funktionierende Wettbewerbsmärkte einzustufen sind, gelten die daraus resultierenden Kosten als dauerhaft nicht beeinflussbare Kostenanteile. Hierzu können zählen: Kosten aus der Beschaffung von Regelenergie, Regelleistung sowie andere Bestandteile der Systemdienstleistungen und weitere Ausgleichsleistungen.
- Sondervorschriften für Investitionsbudgets.
  Die Bundesnetzagentur sollte Betreibern von Übertragungs- und Fernleitungsnetzen auf Antrag Investitionsbudgets genehmigen können, sofern damit neue Leitungsverbindungen oder sonstige netztechnisch erforderliche Erweiterungs- und Umstrukturierungsinvestitionen mit erheblichen Kosten finanziert werden sollen, die im Rahmen der vorgegebenen Erlösobergrenzen nicht berücksichtigt worden sind. Im Rahmen des Genehmigungsverfahrens sollten zur Definition erforderlicher Investitionsprojekte von der Übertragungs- und Fernleitungsnetzbetreibern planungsrelevante Szenarien vorgeschlagen und mit der Bundesnetzagentur abgestimmt werden. Die Betreiber von Übertragungs- und Fernleitungsnetzen sollten anhand eigener Netzberechnungs- und Planungsverfahren Schwachstellen- und

Bedarfsanalysen durchführen. Diese können auf den Angaben der Übertragungsnetzbetreiber in den Netzzustands- und Netzausbauberichten gemäß § 12 Abs. 3a EnWG und den Schwachstellenanalysen der Übertragungs- und Fernleitungsnetzbetreiber gemäß §§ 13 Abs. 6, 16 Abs. 5 EnWG basieren. Die Übertragungs- und Fernleitungsnetzbetreiber legen der Bundesnetzagentur detaillierte Investitionspläne und Kostenschützungen für spezielle Maßnahmenpakete vor.
Die Notwendigkeit der Investition und die Höhe der angesetzten Kosten sollten mittels einer Referenznetzanalyse sowie internationaler Effizienzvergleiche überprüft werden können. Über- oder Unterschreitungen des genehmigten Investitionsbudgets sollten zu entsprechend niedrigeren oder höheren Renditen führen. Weitere Einzelheiten sollte die Bundesnetzagentur im Rahmen der Genehmigung oder durch Festlegung bestimmen können.
In Ausnahmefällen sollen diese Regelungen auch für Verteilnetzbetreiber anwendbar sein, soweit vergleichbare erhebliche Umstrukturierungs- und Erweiterungsnotwendigkeiten bestehen.
Die Anwendung von Erweiterungsfaktoren ist auszuschließen.

(386) Eine weitere Ausnahmeregelung wird für den fall einer nicht zumutbaren Härte empfohlen. Diesbezüglich sollte die Regulierungsbehörde die Möglichkeit haben, auf Antrag des Netzbetreibers während der Regulierungsperiode eine Anpassung der Erlösobergrenze zu bestimmen.

(387) Um ein möglichst wettbewerbsnahes Regulierungssystem anzuwenden, sollte die Verordnung das Konzept des Vergleichswettbewerbs enthalten. Ziel eines Vergleichswettbewerbs ist es, die zukünftige Anpassung der Erlösobergrenze und der Effizienzvorgaben durch die Regulierungsbehörde von den individuellen der Effizienzvorgaben durch die Regulierungsbehörde von den individuellen Kosten des einzelnen Unternehmens zu lösen und die Kosten der effizienten, gebietsstrukturell vergleichbaren Netzbetreiber zugrunde zu legen. Hinsichtlich der Konzeptionierung und Einführung eines Vergleichswettbewerbs sollte der Bundesnetzagentur, ähnlich wie in § 112a EnWG, ein Prüfauftrag zur Erstellung eines diesbezüglichen Berichts erteilt werden. Zur Erstellung dieses Berichts sollten der Bundesnetzagentur entsprechend der Regelung des § 112a Abs. 1 S. 3 EnWG die Ermittlungsbefugnisse nach dem Energiewirtschaftgesetz zustehen. Der Bericht soll unter Beteiligung der Länder, der Wissenschaft und der betroffenen Wirtschaftskreise erstellt werden sowie die internationalen Erfahrungen mit Vergleichswettbewerbssystemen berücksichtigen; die Bundesnetzagentur soll den betroffenen Wirtschaftkreisen nach Erstellung eines Berichtsentwurfs Gelegenheit zur Stellungnahme geben und die erhaltenen Stellungnahmen im Internet veröffentlichen. Auf Basis des Berichts soll die Umsetzung des Vergleichswettbewerbs durch Festlegung der Bundesnetzagentur erfolgen können.

3.5 Befugnisse, Verfahren und Zuständigkeiten

(388) Dieser Teil sollte die notwendigen Regelungen im Hinblick auf Befugnisse, Verfahren und Zuständigkeiten enthalten:

- Datenerhebung: Im Hinblick auf die Vorbereitung und Durchführung der Anreizregulierung (insbesondere zu Durchführung eines Effizienzvergleichs) ist es empfehlenswert, dass der Bundesnetzagentur die Ermittlungsbefugnisse nach dem Energiewirtschaftgesetz zustehen. Hierbei sollte klargestellt werden, dass auch Daten von Netzbetreibern erhoben werden können, die nicht der kostenbasierten Entgeltbildung unterliegen. Ferner sind Sanktionsmöglichkeiten für die nicht fristgerechte Datenübermittlung aufzunehmen.

- Zur Verwirklichung eines effizienten Netzzugangs und der in § 1 Abs. 1 des Energiewirtschaftsgesetzes genannten Zwecke sollten der Bundesnetzagentur Festlegungskompetenzen zukommen. Hierzu gehören u.a.: die Anpassung der Anreiz-, Erweiterungs- und Qualitätsformel, die Anpassung des generellen sektoralen Produktivitätsfortschritts, die Ausgestaltung des Regulierungskontos, die Vorgaben zum technisch-wirtschaftlichen Anlagenregister und die Bestimmung von garantierten Kundenstandards.
- Hinsichtlich der Vorschriften für das Verwaltungsverfahren sollte auf die Regelungen der §§ 65 ff. des Energiewirtschaftsgesetzes Bezug genommen werden.
- Die Zuständigkeiten sollten entsprechend der Regelung in § 54 des Energiewirtschaftsgesetzes geregelt werden. Das bedeutet, die Aufgaben der in der Verordnung adressierten Regulierungsbehörde nehmen die Bundesnetzagentur für Elektrizität, Gas, Telekommunikation, Post und Eisenbahnen und – nach Maßgabe eines Aufgabenkatalogs – die Landesregulierungsbehörden wahr, soweit die Aufgaben nach § 54 Abs. 2 des Energiewirtschaftsgesetzes in die Zuständigkeit der Landesregulierungsbehörden fallen. Aus Gründen der Klarstellung erscheint es sinnvoll, eine § 54 Abs. 3 des Energiewirtschaftgesetzes entsprechende Regelung aufzunehmen.

3.6 Schlussvorschriften

(389) Es wird empfohlen, in die Schlussvorschriften neben der Regelung des Inkrafttretens der Verordnung und neben Übergansvorschriften Bestimmungen aufzunehmen, die eine vorsätzliche oder fahrlässige Zuwiderhandlung einer nach dem Energiewirtschaftsgesetz oder der Verordnung vollziehbaren Handlung als Ordnungswidrigkeit sanktionieren.

Anhang II

Eckpunkte der Bundesregierung zur Anreizregulierung vom 16.11.2006

Eckpunkte Anreizregulierungsverordnung

(1) Erlösobergrenzenregulierung

- Vorgabe von Erlösobergrenzen
- Ausgleich von Mengenschwankungen durch ein Regulierungskonto (Verhinderung von Preisschwankungen)

(2) Anzahl/Dauer der Regulierungsperioden

- Startphase: zweite Netzentgeltgenehmigungsrunde zu 2008;
- 2 weitere Regulierungsperioden ab 2009: 4+4 Jahre, innerhalb derer die Unternehmen an die Effizienzgrenze herangeführt werden sollen;
- d.h. Gesamtdauer zum Abbau von Ineffizienzen: 9 Jahre.

(3) Startphase

- Um einheitliches Ausgangsniveau sicherzustellen, erfolgt 2007 eine zweite Netzentgeltgenehmigungsrunde: Genehmigung der Netzentgelte (Strom) zum 1.1.2008 bzw. 1.4.2008 (Gas): Geltung jeweils bis 31.12.2008.
- Genehmigungen bilden die Ausgangsbasis für den Start der Anreizregulierung (d.h. Effizienzvorgaben für die Unternehmen in der 1. Regulierungsperiode setzen auf den der Genehmigung zugrunde liegenden Kosten auf).
- Kostendaten aus der Netzentgeltgenehmigungsrunde werden dem Effizienzvergleich für die 1. Regulierungsperiode zugrunde gelegt (d.h. vor der 1. Regulierungsperiode keine neue Erhebung der Kostendaten bei den Unternehmen notwendig).
- 2007/2008 sonstige noch notwendige Datenerhebungen und Weiterentwicklung des Regulierungssystems durch BNetzA (z.B. Entwicklung Qualitätsregulierung, technisch-wirtschaftliches Anlagenregister).
- 2008: Durchführung des Effizienzvergleichs zur Ermittlung der Effizienzvorgaben für die 1. Regulierungsperiode.

(4) Vorgabe für den sektoralen Produktivitätsfortschritt ($X_{allg.}$)

- 1. Regulierungsperiode: Bestimmung durch Verordnungsgeber (Vorschlag BNetzA: 1,5 bis 2%);
- 2. Regulierungsperiode: Bestimmung von $X_{allg.}$ durch BNetzA nach den in VO festgelegten Methoden; Datensammlung ab 2007.

(5) Effizienzvergleich und Ausgestaltung der Vorgaben

- Prüfung, welche Parameter unmittelbar in VO geregelt werden und inwieweit Regulierungsbehörde Möglichkeit zur Auswahl weiterer Parameter bzw. für Abweichungen hat.
- Effizienzvergleich mit DEA/SFA;
- Orientierung der Vorgaben am sog. Frontler-Unternehmen (d.h. am – jeweils strukturell vergleichbaren – besten Netzbetreiber , nicht am Durchschnitt).
- bei abweichenden Benchmark-Ergebnissen von DEA oder SFA erfolgt Effizienzvorgabe nach dem für den Netzbetreiber günstigeren Ergebnis (sog. Best-Abrechnung);

- keine Aufteilung des Abbaus der Ineffizienzen nach Betriebskosten und Kapitalkosten;
- BNetzA führt einen bundesweiten Effizienzvergleich durch; veröffentlicht dessen Ergebnisse und stellt sie den Ländern zur Verfügung;
- Regulierungsbehörde kann aufgrund struktureller Besonderheiten des Unternehmens Zu- oder Abschläge zu den Effizienzzielen festlegen.

(6) Abgrenzung beeinflussbare/nicht beeinflussbare Kosten

Abgrenzung von dauerhaft nicht beeinflussbaren Kosten (insbesondere Steuern, Abgaben und Kosten vorgelagerter Netze), vorübergehend nicht beeinflussbaren Kosten (strukturelle Unterschiede der Versorgungsgebiete) und beeinflussbare Kosten (sonstige Kosten)

(7) Gewährleistung von Investitionen

- Ersatzinvestitionen: zur Vermeidung von Investitionshemmnissen durch den Effizienzvergleich Erstellung eines technisch-wirtschaftlichen Anlagenregisters für Netzbetreiber auf Verteilerebene (Zeitraum: Startphase 2007/2008); Ziel: Vermeidung von Verzerrungen durch unterschiedliche Aktivierungspraktiken und unterschiedliche Aktivierungspraktiken und unterschiedliche Investitionszyklen.
- Erweiterungsinvestitionen:
  - Erweiterungsfaktor für Verteilernetze
  - Übertragungsebene: Investitionsbudgets

(8) Qualitätsregulierung

- 1. Regulierungsperiode: Einführung von Qualitätsregulierungselementen:
  - Direktzahlungen (Pönalen) an Kunden bei Versorgungsstörungen und Servicemängeln,
  - Einführung eines Qualitätsmanagementsystems und Veröffentlichung von Qualitätskennzahlen,
  - weitere Datensammlungen durch BNetzA und Ausarbeitung eines umfassenden Qualitätsregulierungssystems;
- 2. Regulierungsperiode: Einführung eines Q-Faktors (bonus-malus-Zahlungen)

(9) Vereinfachtes Verfahren für kleinere Unternehmen

- Wahlrecht für kleine EVU (bis zu 10.000 angeschlossene Kunden jeweils bei Strom und Gas) zu Beginn der Regulierungsperiode zwischen
  - Teilnahme am umfassenden Regulierungssystem,
  - Kostenregulierung nach NEV oder
  - Erstreckung der Vorgaben von anderen Unternehmen;

(10) Zuständigkeit der Länder

- Länder legen die individuellen Effizienzvorgaben entsprechend ihrer Zuständigkeit eigenständig fest;
- Länder können Ergebnisse des bundesweiten Effizienzvergleichs der BNetzA zur Grundlage ihrer Vorgaben machen;
- Sie können Effizienzvergleiche nach den Vorgaben der VO durchführen und notwendige Datenabfragen durchführen

(11) Datenabfragen und Datentransparenz

- BNetzA führt bundesweite Datenabfragen für weitere Ausgestaltung des Regulierungssystems (Anlagenregister, Qualitätsregulierung etc.) durch;
- Einrichtung eines Datenpools bei der BNetzA, auf den die Landesregulierungsbehörden Zugriff haben; dadurch gegebenenfalls Vermeidung von Doppelabfragen,
- Ergebnisse des Effizienzvergleichs der BNetzA und der Landesregulierungsbehörden werden veröffentlicht

(12) Weiterentwicklung des Regulierungssystems

- In jeder Regulierungsperiode Evaluierung des Standes der Regulierung durch BNetzA

Literaturverzeichnis

Adler, H. / Düring, W. / Schmaltz, K. Rechnungslegung und Prüfung der Unternehmen: Kommentar zum HGB, AktG, GmbHG, PublG nach den Vorschriften des Bilanzrichtlinien-Gesetzes, Teilbd. 5, 6. Aufl., Stuttgart 1997

Ajodhia, V.S. / Haakvort, R. Economic Regulation of Quality in Electricity Distribution Networks, Utilities Policy, Vol. 13 (2005), S.211ff.

Alexander, I. / Estache, A. / Oliveri, A. A Few Things Transport Regulators Should Know About Risk and the Cost of Capital, in: Utilities Policy, Vol. 9 (2000), S.1ff.

Alexander, I. / Mayer, C. / Weeds, H. Regulatory Structure and Risk and Infrastructure Firms: An International Comparison, Policy Research Working Paper 1698, The World Bank, December 1996

Areeda, P. Essential Facilities: An Epithet in Need of Limiting Principles, in: Antitrust Law Journal, Vol. 58 (1990), S.841ff.

Averch, H /, Johnson, L.L. Behavior of the Firm under Regulatory Constraint, in: American Economic Review, Vol. 52 (1962), S.1052ff.

Baumol, W.J. / Klevorick, A.K. Input Choices and Rate-of-Return Regulation: An Overview of the Discussion, in: Bell Journal of Economics and Management Science, Vol. 1 1970), S.162ff.

Baur, J.F. / Pritzsche, K.U./ Garbers, M. Anreizregulierung nach dem Energiewirtschaftsgesetz 2005, Baden-Baden 2006

Baur, J.F. / Pritzsche, K.U./ Klaue, S. Ownership Unbundling: Wesen und Vereinbarkeit mit Europarecht und Verfassungsrecht, Baden-Baden 2006

BDI Empfehlungen zur Kosten- und Erlösrechnung als Istrechnung, Bd. 1, 3. Aufl., 1991

Beisheim C.E. / Edelmann, H. Unbundling: Handlungsspielräume und Optionen für die Entflechtung von EVU, 2006

Belfin, R. / Lukanowicz, M. Ansatz der Forward Looking Long Run Incremental Costs zur Berechnung von kostenorientierten Zusammenschaltungsregeln, Österreichische Gesellschaft für Telekommunikationsregulierungen mbH, 1999

Berg, S.V. / Tschirhart, J. Contributions of Neoclassical Economics to Public Utility Analysis, in: Land Economics, Vol. 71 (1995), S.310ff.

Bier, C. Regulierter oder verhandelter Zugang zum Stromnetz? Eine ökonomische Analyse unter Berücksichtigung imperfekter Aufsichtsbehörden, Hamburg 2002

Blackmon, G. Incentive Regulation and the Regulation of Incentives, Boston u.a. 1994

BMWA Bericht des BMWA an den Deutschen Bundestag über die energiewirtschaftlichen und wettbewerblichen Wirkungen der Verbändevereinbarungen (Monitoring-Bericht), Berlin 2003

Böck, R. / Missling, S. Die Berücksichtigung der Gewerbesteuer in der Netzentgeltkalkulation nach § 8 NEV, in: IR 2006, S.98ff.

Bresser, R.K.F. u.a. (Hrsg.) Winning Strategies in a Deconstructing World, Chichester u.a. 2000

Brockmann, K.L. / Stronzik, M. / Bergmann, H. Emissionsrechtehandel: Eine neue Perspektive für die deutsche Klimapolitik nach Kioto, Heidelberg 1999

Brunekreeft, G. Regulation and Competition. Policy in the Electricity Market: Economic Analysis and German Experience, Baden-Baden 2003

Brunekreeft, G. / Keller, K. Sektorspezifische Ex-ante-Regulierung der der deutschen Stromwirtschaft?, Diskussionsbeitrag Nr. 80 des Instituts für Verkehrswissenschaft und Regionalpolitik, Universität Freiburg, 2001

Brunekreeft, G. / Keller, K. Elektrizität: Verhandelter versus regulierter Zugang, in Knieps, G. / Brunekreeft, G. (Hrsg): Zwischen Regulierung und Wettbewerb Netzsektoren in Deutschland, Heidelberg 2003, S.131ff.

Büchner, W. (Hrsg.), Beck'scher TKG-Kommentar: Telekommunikationsgesetz, 2. Aufl., München 2000

Büdenbender, U. Die Ausgestaltung des Regulierungskonzeptes für die Elektrizitäts- und Gaswirtschaft, in: RdE 2004, S.284ff.

Büdenbender, U. Auswirkungen der Energierechtsreform 2005 auf die Personalpolitik der Energieversorgungsunternehmen, in: et 56 (2006), Heft 4, S.81ff.

Büdenbender, U. / /Rosin P. Energierechtsreform 2005, Bd. 1, Essen / Ruhr 2005

Büdenbender, U. / Rosin, P. Zulässigkeit von Maßnahmen des Regulierungsmanagements vor dem Hintergrund der Entflechtungsvorgaben des neuen Energiewirtschaftsgesetzes, Düsseldorfer Schriften zum Energie- und Kartellrecht, Band 2, 2005

Bühler, S. Deregulation in Network Industries: A Policy in Search of a Rationale?, in: v. Hirschhausen, C. / Beckers, T. / Mitusch, K. (Hrsg.): Trends in Infrastructure Regulation and Financing, Cheltenham, Northampton 2004, S.13ff.

Bühler, S. Pitfalls and Promises of Restructuring Network Industries, in: German Economic Review, Vol. 6 (2005), S.205ff.

Bundesnetzagentur Bericht der Bundesnetzagentur nach § 112a EnWG zur Einführung der Anreizregulierung nach § 21a EnWG, Bonn vom 30.06.2006

Burgi, M. Das subjektive Recht im Energie-Regulierungsverwaltungsrecht, in: DVBl. 2006, S.269ff.

Busse von Colbe, W. Bewertung von örtlichen Stromversorgungsanlagen bei Wechsel der Versorgungszuständigkeit, Stuttgart, Berlin u.a. 1995

Busse von Colbe, W. / Lassmann, G. Betriebswirtschaftstheorie, Bd. 3 Investitionstheorie, 3. Aufl., Berlin u.a. 1990

Crew, M.A. / Kleindorfer, P. Economic Depreciation and the Regulated Firm under Competition and Technological Change, in: Journal of Regulatory Economics, Vol. 4 (1992) 1, S.51ff.

Czakainski, M. / Lamprecht, F. „Shared Services" – Erfolgsfaktor für Utilities, Interview mit Appel, B. / Benkenstein, M. / Pottgießer, E. / Resch, A. in: et 56 (2006), Heft 6, S.14ff.

Daily, C.M. / Dalton, D.R. Bankruptcy and Corporate Governance: The Impact of Board Composition and Structure, in: Academy of Management Journal, Vol. 37 (1994), S. 1603ff.

Dales, J.H. Pollution, Property and Prices: An Essay in Policy-making and Economics, Toronto 1968

Dannischewski, J. Unbundling im Energierecht: Konzept und Funktion von Entflechtungsmaßnahmen, Baden-Baden 2003

De Martino, B. u.a. Frames, Biases, and Rational Decision-Making in the Human Brain, in: Science, Vol. 313 (2006), S.684ff.

Diedrich, R. Eigenkapitalkosten von Gasnetzbetreibern: Gutachten zur Bestimmung und zur Höhe des kalkulatorischen Eigenkapitalkostensatzes von Netzbetreibern in der Gaswirtschaft im Auftrag des Bundesverbandes der deutschen Gas- und Wasserwirtschaft e.V. und des Verbandes kommunaler Unternehmen e.V., Frankfurt am Main 2005

Dixit, A.K. The Making of Economic Policy: A Transaction-Cost Politics Perspective, Cambridge, MA 1996

Doll, R. / Wiek, R. Analytische Kostenmodelle als Grundlage für Entgeltregulierungsentscheidungen, MMR 1998, S.280ff.

Drobak, J.N. Constitutional limits on price an rent control: The lesson of utility regulation, in: Washington U.L.Q., Vol. 64 (1986), S.107ff.

Ehricke, U. Gesetzliche Vorgaben für eine Rechtsverordnung zur Einführung der Anreizregulierung, in: et 56 (2006) Special, S.13ff.

Eisenhardt, K.M. Control: Organizational and Economic Approaches, in: Management Science, Vol. 31 (1985), S.134ff.

Elder, A.H. Government Regulation of Railroad Competitors, in: Annals of the American Academy of Political and Social Science, Vol. 171 (1934), S.263ff.

Ennuschat, J. Infrastrukturgewährleistung durch Privatisierung und Regulierung, 2006

FCC Triennial Review Order. Federal Communications Commission (FCC 03-36), Report and Order and Order on Remand and Further Notice of Proposed Rulemaking, Washington, released August 21, 2003

Fox, E.M. We Protect Competition, You Protect Competitors, in: World Competition 26 (2003), S.149ff.

Franz, O. Die künftige Anreizregulierung der deutschen Strom- und Gasnetzbetreiber, in: IR 2006, S.7ff.

Fritsch, M. / Wein. T. / Ewers, H.-J. Marktversagen und Wirtschaftspolitik: mikroökonomische Grundlagen staatlichen Handelns, 6. Aufl., München 2005

Gerke, W. Risikoadjustierte Bestimmung des Kalkulationszinssatzes in der Stromnetzkalkulation, VWEW (Hrsg.), Frankfurt am Main und Heidelberg 2003

Gonzales Lopez, F. / Hackbarth, K. / Kuhlenkampf, G., WIK (Hrsg.), Cost and Network Models and their Application in Telecom Regulation Issues, 2002

Grayburn, J. / Hern, R. /Lay, H. A Report for the National Audit Office on Regulatory Risk by NERA, in: Pipes and Wires, National Audit Office, 10. April 2002

Grimm, D. Der Wandel der Staatsaufgaben und die Zukunft der Verfassung, in: Grimm, D. (Hrsg,), Staatsaufgaben, Frankfurt 1994, S.613ff.

Groebel, A. Die Entgeltgenehmigungspraxis der RegTP – Erfahrungen aus dem Telekommunikationsbereich, in: TKMR 2004, S.39 ff.

Hale, R.L. The Constitution and the price system: some reflections on Nebbia v. New York, in: Columbia Law Review, Vol. 34 (1934), S.401ff.

Harbeson, R.W. The public interest concept in law and in economics, in: Michigan Law Review, Vol. 37 (1938), S.181ff.

Haucap, J. / Heimeshoff, U. / Uhde, A. Credible Threats as an Instrument of Regulation for Network Industries, in: Welfens, P. / Weske, M. (Hrsg.), Digital Economic Dynamics: Innovations, Networks and Regulations, Berlin 2006, S.161ff.

Haucap, J. / Kruse, J. Ex-Ante-Regulierung oder Ex-Post-Aufsicht für netzgebundene Industrien?, WuW Bd. 54 (2004), S.266ff.

Haucap, J. / Uhde A. Regulierung und Missbrauchskontrolle in einer liberalisierten Elektrizitätswirtschaft aus Sicht der Neuen Institutionenökonomik, erscheint in Salje, P. (Hrsg.), Regulierung der Stromversorgung, Braunschweig 2006

Hayek, F.A. Der Wettbewerb als Entdeckungsverfahren, Kiel 1968

Hayek, F.A. Der Sinn des Wettbewerb, in: Ders. (Hrsg.), Individualismus und wirtschaftliche Ordnung, 2. Aufl., Salzburg 1976, S.122ff.

Heine, K. / Oltmanns, E. Zur Politischen Ökonomie der Statistik, in: AStA Bd. 86 (2002), S.242ff.

Hellwig, M., in: Deutscher Bundestag, Ausschuss für Wirtschaft und Arbeit, Schriftliche Stellungnahme (Manuskript), 2004

Henisz, W. / Holburn, G.L.F. / Zelner, B.A. Deinstitutionalization and Institutional Replacement: State-Centered and Neo-Liberal Models in the Global Electricity Supply, Papier vorgestellt auf der 10. Jahrestagung der International Society for New Institutional Economics (ISNIE), Boulder, CO, 21.-24. September 2006

Hense, A. / Schäffner, D. Regulatorische Aufgaben im Energiebereich – ein europäischer Vergleich, Wissenschaftliches Institut für Kommunikationsdienste, Diskussionsbeitrag Nr. 254, Bad Honnef 2004

Herrmann J. Europäische Vorgaben zur Regulierung der Energienetze: Eine Analyse der „Beschleunigungsrichtlinien" zur Vollendung des Energiebinnenmarktes, Baden-Baden 2005

Hicks, J.R. Review of Monopoly, in: Econometrica, Vol. 3 (1935), S.1ff.

von Hirschhausen, C. Infrastrukturpolitik: Mehr Wachstum durch Wettbewerb, Regulierung und Privatbeteiligung, in: Zimmermann, Klaus F. (Hrsg.) Deutschland - was nun? Reformen für Wirtschaft und Gesellschaft, München 2006, S.251ff.

Hoffmann-Riem, W. / Schmidt-Assmann, E. / Vosskuhle, A. (Hrsg.) Grundlagen des Verwaltungsrechts, München 2006

Hummel, K. / Ochsenfahrt, V. Die Ermittlung der kalkulatorischen Restwerte nach § 32 III StromNEV, in: IR 2006, S.74ff.

Immenga U. / Mestmäcker E.-J. EG-Wettbewerbsrecht, Band I, München 1997

Jensen, M.C. / Meckling, W.H. Theory of the Firm: Managerial Behavior, Agency Costs and Ownership Structure, in: Journal of Financial Economics, Vol. 3 (1976), S.305ff.

Jones, C. EU-Energy Law, Bd. 1, Leuven 2004

Joskow, P.L. The Role of Transaction Cost Economics in Antitrust and Public Utility Regulatory Policies, in: Journal of Law, Economics, and Organization, Vol. 7 (1991), Special Issue, S.53ff.

Joskow, P.L. Incentive Regulation in Theory and Practice: Electricity Distribution and Transmission Networks, MIT Working Paper (January 21, 2006), Paper No.05-18

Joskow, P.L. / Noll, R.G. The Bell Doctrine: Applications in Telecommunications, Electricity, and other Network Industries, in: Stanford Law Review, Vol. 51 (1999), S.1249ff.

Joskow, P.L. / Schmalensee, R. Markets for Power: An Analysis of Electric Utility Deregulation, Cambridge, MA 1983

Kahn, A.E. The Deregulatory Tar Baby: The Precarious Balance Between Regulation and Deregulation, 1970-2000 and Henceforward, in: Journal of Regulatory Economics, Vol. 21 (2002), S.35ff.

Kahneman, D. / Slovic, P. / Tversky, A. Judgement under Uncertainty: Heuristics and Biases, Cambridge 1982

Kaufer, E. Industrieökonomik, eine Einführung in die Wettbewerbstheorie, München 1980

Kim, B. / Prescott, J.E. Deregulatory Forms, Variations in the Speed of Governance Adaptation, and Firm Performance, in: Academy of Management Review, Vol. 30 (2005), S.414ff.

Kirchner, C. Regulierung durch Unternehmensführungskodizes (Codes of Corporate Governance), in: ZfbF 2002, Sonderheft 48, S.93ff.

Kleindorfer, P.R. / Pedell, B. Regulierung, erscheint in: Köhler, R. / Küpper, H.-U. / Pfingsten, A. (Hrsg.), Handwörterbuch der Betriebswirtschaftslehre, 6. Aufl., Stuttgart 2006

Knieps, G. Zur Regulierung monopolistischer Bottlenecks, in: Zeitschrift für Wirtschaftspolitik, Bd 48 (1999), S. 297ff.

Knieps, G. Der Wettbewerb und seine Grenzen: Netzgebundene Leistungen aus ökonomischer Sicht, Diskussionsbeitrag Nr. 93 des Instituts für Verkehrswissenschaft und Regionalpolitik, Universität Freiburg, 2003

Knieps, G. / Küpper, H.-U. / Langen, R. Abschreibungen bei fallenden Wiederbeschaffungspreisen in stationären und nicht-stationären Märkten, in: ZfbF, Bd. 53 (2001), Heft 8, S.759ff.

Koenig, C. / Kühling, J. / Rasbach, W. Das energierechtliche Unbundling-Regime, in: RdE 2003, S.221ff.

Kolbe, A.L. / Tye, W.B. / Myers, S.C. Regulatory Risk: Economic Principles and Applications to Natural Gas Pipelines and Other Industries. Boston u.a. 1993

Kole, S.R. / Lehn, K.M. Deregulation, the Evolution of Corporate Governance Structure, and Survival, in: American Economic Review, Vol. 87 II (1997), Papers and Proceedings, S.421ff.

Kole, S.R. / Lehn, K.M. Deregulation and the Adaptation of Governance Structure: The Case of the U.S. Airline Industry, in: Journal of Financial Economics, Vol. 52 (1999), S.79ff.

Kreis, C. Deregulierung und Liberalisierung der europäischen Elektrizitätswirtschaft – Theoretische und empirische Befunde, Baden-Baden 2004

Kruse, J. Entgeltregulierung bei Fern- und Auslandsverbindungen?, in: Immenga, U. u.a. (Hrsg.): Telekommunikation im Wettbewerb. Eine ordnungspolitische Konzeption nach drei Jahren Marktöffnung, München 2001, S.111ff.

Kühling, J. Sektorspezifische Regulierung in den Netzwirtschaften: Typologie, Wirtschaftsverwaltungsrecht, Wirtschaftsverfassungsrecht, München 2004

Kumkar, L. Wettbewerbsorientierte Reformen der Stromwirtschaft, Tübingen 2000

Laffont, J.-J. / Tirole, J. A Theory of Incentives in Regulation and Procurement, Cambridge, MA (u.a.) 1993

Lecheler, H. / Herrmann, J. Energierechtliches Unbundling und EG-Wettbewerbsrecht, in: WuW 2005, S.482ff.

Leibenstein, H. Allocative Efficiency vs. X-Efficiency, in: American Economic Review, Vol. 56 (1966), S.392ff.

Lipsky, A.B. / Sidak, G.J. Essential Facilities, in: Stanford Law Review, Vol. 51 (1999), S.1187ff.

Lorsch, J.W. Pawns or Potentates: The Reality of America's Corporate Boards, Boston 1989

Männel, W. Gutachtliche Stellungnahme zur Bedeutung der Körperschaftsteuer für die Kalkulation von Netznutzungsentgelten in der Stromverteilungswirtschaft, Nürnberg und Lauf an der Pegnitz 2004

Männel, W. Risikoorientierte Kalkulation von Netznutzungsentgelten in der Stromwirtschaft, in: et 2004, S.256ff.

Männel, W. Körperschaftssteuer in der Netzentgeltkalkulation, in: et 2005, S.556ff.

Markert, K. Zur Billigkeitskontrolle des Entgelts nach dem Netznutzungsvertrag, in: RdE 2006, S.84ff.

Möschel, W. Service public und europäischer Binnenmarkt, in: JZ 2003, S.1021ff.

Müller, C. Eine preistheoretische Betrachtung des Ownership Unbundling, in: et 56 (2006), Heft 1/2, S.34ff.

Nelson, R.R. / Winter, S.G. An Evolutionary Theory of Economic Growth, Cambridge, MA 1982

von Oelhafen, A. Legal Unbundling – Vergaberechtliche Aspekte: Die vergaberechtliche Situation im (Stadtwerke-) Konzern, in: VersorgungsW 2006, S.105ff.

Offe, C. Die Aufgabe von staatlichen Aufgaben: „Thatcherismus" und die populistische Kritik der Staatstätigkeit, in: Grimm, D (Hrsg.), Staatsaufgaben, Frankfurt 1994

Ofgel The Application of the Competition Act in the Telecommunications Sector, London 2000

Otto, P. Organisatorisches und informatorisches Unbundling, in: RdE 2005, S.261ff.

Palandt, Otto (Begr.) Bürgerliches Gesetzbuch, Kommentar, 65. Aufl., München 2006

Panzar, J.C. Technological Determinants of Firm and Industry Structure, in Schmalensee, R. / Willig, R.D. (Hrsg.): Handbook of Industrial Organization, Vol. I, North Holland, Amsterdam 1989, S.3ff.

Pedell, B. Cost of Capital Assessment for Rate Regulated Utilities: A Critical Overview of Methods Used in Regulatory Hearings, in: Piepenbrock, H.-J. / Schuster, F. / Ruhle E.-O. (Hrsg.), Regulation and Capital Market Evaluation in Telecommunications, Köln 2004, S.51ff.

Pedell, B. Regulierung von TIME-Märkten und ihre Implikationen für die Kostenrechnung regulierter Unternehmen, in: Zeitschrift für Controlling & Management, Bd. 49 (2005), Sonderheft 2, Controlling in TIME-Unternehmen, Hess, T. (Hrsg.), S.4ff.

Pedell, B. Regulatory Risk and the Cost of Capital. Determinants and Implications for Rate Regulation, Berlin u.a. 2006

Peltzman, S. Towards a More General Theory of Regulation, in: Journal of Law and Economics, Vol. 19 (1976), S.211ff.

Robertson, T.S. / Ward, S. / Caldwell, W. Deregulation: Surviving the Transition, in: Harvard Business Review, Vol. 60 (1982), S.20ff.

Röller, L.-H. / Stehmann, O. Grenzen der Wettbewerbspolitik bei der Öffnung von Netzwerkindustrien, in: Perspektiven der Wirtschaftspolitik 2006, Bd. 7, S.355ff.

Röpke, K. Gläubigerschutzregime im europäischen Wettbewerb der Gesellschaftsrechte, Berlin 2007

Rottenbiller, S. Essential Facilities als ordnungspolitisches Problem, Frankfurt am Main 2002

Ruffert, M Regulierung im System des Verwaltungsrechts, in: AöR 124 (1999), S.237ff.

Ruge, R. Rechtsfragen der Anreizregulierung nach § 21 a EnWG, in: ZNER 2006, S.200ff.

Russo, M.V. Bureaucracy, Economic Regulation, and the Incentive Limits of the Firm, in: Strategic Management Journal, Vol. 13 (1992), S.105ff.

Säcker, F.-J. Entflechtung von Netzgeschäft und Vertrieb bei den Energieversorgungsunternehmen: Gesellschaftsrechtliche Möglichkeiten zur Umsetzung des sog. Legal Unbundling, in: DB 2004, Heft 13, S.691ff.

Säcker, F.J. Neues Energierecht: Gesetzestexte, Materialien und Beiträge zum neuen deutschen und europäischen Energierecht, 2. Aufl., Heidelberg 2004

Säcker, F. J. Aktuelle Rechtsfragen des Unbundling in der Energiewirtschaft, in: RdE 2005, S. 85ff.

Säcker, F.J. Das Regulierungsrecht im Spannungsfeld von öffentlichem und privatem Recht, in: AöR 2005, S.180ff.

Säcker, F.J. Die wettbewerbsrechtliche Beurteilung von Netzkooperationen, Beteiligungen an Netzgesellschaften, Netzpacht und Betriebsführungsverträgen, in: ZNER 2005, S.270ff.

Säcker, F.J. Zum Verhältnis von § 315 BGB, § 30 AVBElt, § 30 AVBGas, § 24 AVB Fernwärme und § 19 GWB - Zur MVV-Entscheidung des Bundesgerichtshofs vom 18-10-2005, in: RdE 2006, S.65ff.

Säcker, F.J. (Hrsg.) Berliner Kommentar zum Energierecht, 2. Aufl., München 2006

Säcker, F.J. (Hrsg.) Berliner Kommentar zum Telekommunikationsgesetz, Frankfurt am Main 2006

Schanze, E. Hare and Hedgehog Revisited: The Regulation of Markets that Have Escaped Regulated Markets, in: Journal of Institutional and Theoretical Economics, Vol. 151 (1995), S.162ff.

Scheurle, K.-D. / Mayen, (Hrsg.) Telekommunikationsgesetz (TKG), München 2002

Schlotjunker, S. / Rubner, H. Managementherausforderung Unbundling, Bestandsaufnahme mit integrierter Checkliste für Entscheider in der Energiewirtschaft, in: et 54 (2004), S.11ff.

Schmidt-Preuß, M. Substanzerhaltung und Eigentum: Verfassungsrechtliche Anforderungen an die Bestimmung von Netznutzungsentgelten im Stromsektor, Baden-Baden 2003

Schneider, J.P. Liberalisierung der Stromwirtschaft durch regulative Marktorganisation, Baden-Baden 1999

Schwarz, B. Outsourcing in der Energiewirtschaft: Wo die Reise hingeht, in: et 56 (2006), Heft 1/2, S.22f.

Schwarze, R. Yardstick-Regulierung oder kartellrechtliches Vergleichsmarktkonzept – ein Vergleich am Beispiel der Wasserwirtschaft, in: WuW 2003, S.241ff.

Schweitzer, M. / Küpper, H.-U. Systeme der Kosten- und Erlösrechnung, 8. Aufl., München 2003

Scotchmer, S. Innovation and Incentives, Cambridge, MA 2004

Sheshinski, E. Price, Quality and Quantity Regulation in Monopoly Situations, in: Economica, Vol. 43 (1976), S.71ff.

Spence, A.M. Monopoly, Quality and Regulation, in: Bell Journal of Economics, Vol. 6 (1975), S.417ff.

Tietenberg, T.H. Environmental and Natural Resource Economics, Glenview 1984

Train, K.E. Optimal Regulation: The Economic Theory of Natural Monopoly, Cambridge, MA 1991

Tullock, G. The Welfare Cost of Tariffs, Monopolies, and Theft, in: Western Economic Journal, Vol. 5 (1967), S.224ff.

Tversky, A. / Kahneman, D. The Framing of Decisions and the Psychology of Choice, in: Science, Vol. 211 (1981), S.453ff.

Vanberg, V.J. Organizations as Constitutional Systems, in: Ders. (Hrsg.), Rules and Choice in Economics, London und New York 1994, S.125ff.

VDN Netznutzungsentgelte der deutschen Netzbetreiber, Berlin 2005, www.vdn-berlin.de

Verma, K. / Mitnick, B.M. / Marcus, A.A. Making Incentive Systems Work: Incentive Regulation in the Nuclear Power Industry, in: Journal of Public Administration Research and Theory, Vol. 9 (1999), S.395ff.

VIK VIK-Mitteilungen, Essen 2004, www.vik-online.de

Viscusi, K. / Vernon, J. / Harrington, J. The Economics of Regulation and Antitrust, 3. Aufl., Cambridge, MA 2000

VKU Unbundling im Elektrizitätsbinnenmarkt, 2002, Folge 644, S.4ff.

Vogelsang, I. The German Telecommunications Reform – Where Did it Come From, Where is it, and Where is it Going?, in: Perspektiven der Wirtschaftspolitik, Band 4 (2003), S.313ff.

Vogelsang, I. Analytische Kostenmodelle – ein notwendiges Übel, in: MMR 1998, S.594 ff.

Warther, V.A. Board Effectiveness and Board Dissent: A Model of the Board's Relationship to Management and Shareholders, in: Journal of Corporate Finance, Vol. 4 (1998), S.53ff.

von Weizsäcker, C.C. Staatliche Regulierung – positive und normative Theorie, in: Schweizerische Zeitschrift für Volkswirtschaft und Statistik, Band 118 (1982), S.325ff.

Williamson, O.E. Markets and Hierarchies: Analysis and Antitrust Implications, New York 1975

Williamson, O.E. The Economic Institutions of Capitalism: firms, markets, relational contracting, New York 1985

Williamson, O. E. The Mechanisms of Governance, Oxford 1996

Williamson, O.E. Transaction Cost Economics: How it Works; Where it is Going, in: The Economist, Vol. 146 (1998), S.23ff.

Zimmermann, G. Die kalkulatorischen Kosten bei der Kalkulation von Netznutzungsentgelten, Oldenburg 2003

Veröffentlichungen des Instituts für deutsches und europäisches Wirtschafts-, Wettbewerbs- und Regulierungsrecht der Freien Universität Berlin

Herausgegeben von Franz Jürgen Säcker

Band 1 Franz-Jürgen Säcker (Hrsg.): Deutsch-russisches Energie- und Bergrecht im Vergleich. Ergebnisse einer Arbeitstagung vom 31. März / 1. April 2006. 2007.

Band 2 Franz Jürgen Säcker / Walther Busse von Colbe (Hrsg.): Wettbewerbsfördernde Anreizregulierung. Zum Anreizregulierungsbericht der Bundesnetzagentur vom 30. Juni 2006. 2007.

Band 3 Dirk Zschenderlein: Die Gleichbehandlung der Aktionäre bei der Auskunftserteilung in der Aktiengesellschaft. Zum Problem der Zulässigkeit der Weitergabe von Informationen an einzelne Aktionäre und Dritte. 2007.

www.peterlang.de

Peter Lang · Europäischer Verlag der Wissenschaften

Jürgen F. Baur / Kai Uwe Pritzsche / Christopher Bremme (Hrsg.)

Basistexte zum Europäischen Energierecht

Frankfurt am Main, Berlin, Bern, Bruxelles, New York, Oxford, Wien, 2007.
XV, 783 S., zahlr. Tab.
ISBN 978-3-631-56189-8 · br. € 98.–*

Die zunehmende Vernetzung der nationalen Volkswirtschaften zeigt sich besonders deutlich im Bereich der Versorgung mit Strom und Gas. Der entstehende Wettbewerb hat zu einem starken Konzentrationsprozess auf diesen Märkten geführt. Ein Ende ist hierbei nicht abzusehen. Daneben spielen Fragen der Versorgungssicherheit, einer wettbewerbsfähigen Energieversorgung und des Umweltschutzes auf der nationalen, aber insbesondere auch auf der internationalen Ebene eine bedeutende Rolle. Zur Lösung vielfältiger Herausforderungen im Energiebereich wird deswegen ein transnationaler Rechtsrahmen immer wichtiger. Europäisches Recht aus Brüssel füllt ihn zunehmend aus. Die dort erlassenen Richtlinien und Verordnungen stellen allerdings einen sehr unübersichtlichen Rechtskomplex dar. Aufgabe dieser Sammlung ist es, dieses europäische Recht sowie die wichtigsten deutschen Umsetzungsakten in übersichtlicher, systematischer Form dem Benutzer zur Verfügung zu stellen.

Aus dem Inhalt: Sammlung der wichtigsten europäischen Verordnungen, Richtlinien und Vermerke zum Energierecht · Unter anderem Richtlinien und Verordnungen aus dem Bereich Elektrizität, Gas und Erneuerbare Energien · Die wichtigsten europäischen Kartell- und Wettbewerbsvorschriften sowie die wichtigsten deutschen Umsetzungsgesetze

Frankfurt am Main · Berlin · Bern · Bruxelles · New York · Oxford · Wien
Auslieferung: Verlag Peter Lang AG
Moosstr. 1, CH-2542 Pieterlen
Telefax 0041(0)32/3761727

*inklusive der in Deutschland gültigen Mehrwertsteuer
Preisänderungen vorbehalten

Homepage http://www.peterlang.de

MIX
Papier | Fördert
gute Waldnutzung
FSC® C083411

Kolibri 360 GmbH
Ferdinand-Jühlke-Straße 7
99095 Erfurt, Deutschland
produktsicherheit@kolibri360.de

Druck:
CPI Druckdienstleistungen GmbH
im Auftrag der
Kolibri 360 GmbH
Ferdinand-Jühlke-Str. 7
99095 Erfurt